Das Handbuch der Gartengestaltung

THE ROYAL HORTICULTURAL SOCIETY

Das Handbuch
der Gartengestaltung

Text und Zeichnungen
ROBIN WILLIAMS

Christian Verlag

INHALT

*Für meinen Sohn Robin,
meine Tochter Viktoria
und ihre Familien.*

Aus dem Englischen übersetzt von
Cornell Ehrhardt und Angelika Feilhauer
Redaktion: Angelika Franz
Korrektur: Irmgard Perkounigg
Umschlaggestaltung: Horst Bätz
Herstellung: Dieter Lidl
Satz: vwi typo, Herrsching

Copyright © 1996 der deutschsprachigen Ausgabe
by Christian Verlag, München

Copyright © 1995 der Originalausgabe
mit dem Titel *The Garden Designer*
by Frances Lincoln Limited

Copyright © 1995 für den Text
by Robin Williams

Copyright © 1995 für Artwork
by Frances Lincoln Limited

Art Editor: Louise Tucker
Project Editor: Sarah Mitchell
Picture Editor: Anne Fraser
Contribution Editor: Penny David
Editors: Alison Freegard, Hilary Hockman
Design: Sally Cracknell, John Laing
Horticultural Consultant: John Elsley

Druck und Bindung: New Interlitho, Mailand
Printed in Italy

Alle deutschsprachigen Rechte vorbehalten
ISBN 3-88472-279-4

Einleitung 6

DIE GRUNDLAGEN DER GARTENGESTALTUNG 8

Gestaltungselemente 12 · Grundregeln 12 · Gestaltungsstil 13 · Der formale Garten 14 · Der freigestaltete Garten 16 · Der kombinierte Garten 16

Vorüberlegungen 18 · Zeit für die Planung 18 · Entscheiden, was man möchte 18 · Planen für die Zukunft 19 · Quellen für Anregungen 19 · Eine Checkliste erstellen 20

Bestandsaufnahme 21 · Einen Grundriß anfertigen 22

Die Analyse 24

Der Nutzungsplan 25

Der fertige Entwurf 26

Der Werkplan 27 · Arbeitsablauf 27

Arbeitsbeginn 28 · Gestaltung des Geländes 28 · Wasserprobleme 30 · Drainage 30 · Bewässerung 32 · Umrisse markieren 33

HORIZONTALE FLÄCHEN 34

Raum und Proportion 34 · Charakteristische Materialien 36 · Muster und Maßstab 37

Horizontale Pflanzungen 38 · Rasenflächen 38 · Dekorative Bodendecker 39 · Natürliche Effekte 40

Flexible Oberflächen 41 · Weichere Oberflächen 41 · Harte Oberflächen 42 · Holz 44

Randeinfassungen 46

Starre Oberflächen 48 · Naturstein 48 · Betonwerkstein und Betonpflaster 50 · Ziegel und Fliesen 52 · Ortbeton 54

Treppen und Rampen 56 · Planung von Treppen 56 · Sicherheitsvorkehrungen 57 · Rampen 61

DIE AUSSTATTUNG DES GARTENS 124

Gegenstände einbeziehen 126 · Kontraste und Blickfänge 126 · »Bilder« entstehen lassen 127

Pflanzen und Pflanzgefäße 128 · Pflanzen als Blickfänge 128 · Pflanzengruppen und Muster 130 · Auswahl von Pflanzgefäßen 131 · Dekorative Pflanzgefäße 133 · Pflanzgefäße für Fenster, Mauern und Dachgärten 134 · Ausstattungen für besondere Bedürfnisse 136

Schmückendes Gartenzubehör 138 Kunst- und Zierobjekte 138 · Sonnenuhren 140 · Vogelhäuschen und Vogeltränken 141 · Beleuchtung 142

Wasser und Steine 144 · Wahl des Gewässertyps 144 · Zierteiche 146 · Ufergestaltungen 148 · Brunnen 151 · Kaskaden und Wasserfälle 154 · Trittsteine und Brücken 155 · Verwendung von Naturstein 157

Freizeit und Spiel 159 · Sitzplätze 160 · Grills 163 · Spielbereiche für Kinder 164 · Improvisierte Spiele 166 · Besondere Spielbereiche 167 · Swimmingpools 169

VERTIKALE ELEMENTE 62

Gartenräume definieren 62 · Wind- und Sichtschutz 64 · Der Zeitfaktor 65

Vertikale Pflanzungen 66 · Mit Pflanzen gestalten 66 · Hecken 67 · Vertikale Konstruktionen durch Pflanzen verschönern 69

Mauern 70 · Freistehende Mauern 70 · Stützmauern 72 · Bewegungsfugen im Mauerwerk 73 · Fundamente 74 · Ziegelmauern 76 · Gestaltung der Fugen 76 · Natursteinmauern 80 · Betonsteinmauern 84 · Mauern aus gegossenem Beton 86 · Holzwände 88

Zäune 90 · Latten- oder Staketenzäune 90 · Palisaden 92 · Bambus 93 · Zäune aus Pfosten und Riegeln 94 · Zaunfelder und Flechtzäune 96 · Metallzäune und -geländer 98

Tore und Maueröffnungen 100 · Durchbrochene Abschirmungen 100 · Tore 102 · Ziergitter und Maueröffnungen 105

Dekorative Konstruktionen 106 · Pergolen 107 · Pergolapfosten 108 · Dachkonstruktionen für Pergolen 110 · Bogen- und Laubengänge 112 · Girlanden und Pfeiler 113 · Holzgitter 114 · *Trompe-l'œil*-Effekte 116 · Gartenbauten 118

GARTENENTWÜRFE 174

Gärten für Familien 176

Wassergärten 178

Rosengärten 180

Steingärten 182

Grasgärten 184

Gärten für Küstenregionen 186

Gärten für Pflanzenliebhaber 188

Gärten im ländlichen Stil 190

Naturnahe Gärten 192

Deck-Gärten 194

Stadtgärten 196

Gärten für trockene Gegenden 198

RATSCHLÄGE FÜR DIE GARTENPFLEGE 200

Register 202
Bildnachweis 208

EINLEITUNG

Die Kunst der Gartengestaltung besteht darin, einen Garten anzulegen, in dem sich die einzelnen Teile zu einem harmonischen Ganzen zusammenfügen. Man sollte in der Lage sein, Ideen in Pläne umzusetzen und jedes einzelne Element der Komposition mit Sorgfalt auszusuchen. Dies erfordert, daß man die Besonderheiten seines Grundstücks kennt und ein Gespür dafür entwickelt, wie die verschiedenen Komponenten, die man verwendet, aufeinander wirken beziehungsweise die Atmosphäre und die Fläche des Gartens prägen.

Heutigen Gärtnern steht eine Fülle von Möglichkeiten offen. Alle nur denkbaren schmückenden und praktischen Elemente für den Garten – von Lauben und Brunnen über Zäune bis zu Pflasterplatten – sind in einer noch nie dagewesenen Vielfalt von Materialien und Stilen erhältlich. Es ist wichtig, bei der Auswahl fundierte Entscheidungen zu treffen, sowohl in ästhetischer als auch praktischer Hinsicht. Wenn ein professioneller Gartengestalter ein neues Projekt in Angriff nimmt, kann er aus einem großen Schatz an Wissen und Erfahrung schöpfen. Er zieht Hunderte von Möglichkeiten in Betracht und verwirft diese oder variiert jene Gestaltung, bevor er sich schließlich für eine entscheidet. Dieses Buch macht Ihnen dieses Wissen und diese Erfahrung zugänglich. Es ist ein Handbuch der Gartengestaltung, in dem verschiedene Möglichkeiten erläutert und diskutiert werden.

Das Buch zeigt, wie Fachleute gelungene Gestaltungen erarbeiten. Überdies möchte es seinen Lesern diesen Prozeß verdeutlichen, indem es die Vor- und Nachteile, die in jeder Gestaltungslösung liegen, beleuchtet. Das erste Kapitel – *Die Grundlagen der Gartengestaltung* – zeigt, wie ein Profi an ein neues Projekt herangeht, eine Bestandsaufnahme macht und seine Ideen skizziert, bis er schließlich detaillierte Pläne zeichnet und die Fläche säubern läßt, um mit der eigentlichen Arbeit zu beginnen. Hinter diesen praktischen Dingen verbergen sich komplexe Gestaltungsregeln. Ich habe versucht, diese Regeln – denen zum Beispiel Begriffe wie Schlichtheit,

Harmonie und Rhythmus zugrunde liegen – zu erklären, so daß der Leser erkennen kann, was sie auf einen Garten bezogen bedeuten. Ich möchte zeigen, wie man in einem Garten den Eindruck von Bewegungen oder Ruhe entstehen lassen kann, indem man für den Grundriß bestimmte Formen verwendet, die letztlich dreidimensional realisiert werden.

Die folgenden Kapitel machen Sie mit der ganzen Palette der Materialien, Gestaltungsstile und Einsatzmöglichkeiten einzelner Gartenelemente bekannt. Natürlich beeinflussen sich diese Elemente in der Praxis gegenseitig, doch um die verschiedenen Möglichkeiten besser vergleichen zu können, ist es einfacher, sie getrennt zu behandeln. Jedes Element ist abgebildet und ausführlich erklärt, damit Sie eine fundierte Wahl treffen können. Das Kapitel *Horizontale Flächen* behandelt sämtliche Bodenbeläge, die zur Verfügung stehen, von Kies über Pflasterplatten und Beton bis hin zu Gras. Das Kapitel *Vertikale Elemente* beschäftigt sich mit den vielen Arten von Mauern und Zäunen, dekorativen Gestaltungselementen wie Pergolen oder Sommerhäuschen und auch Pflanzen, die für senkrechte Strukturen im Garten sorgen. Das Kapitel *Die Ausstattung des Gartens* präsentiert unter anderem Pflanzgefäße und Skulpturen, Möbel und sogar Swimmingpools – all jene Dinge, die dem Garten Atmosphäre und Reiz verleihen und es möglich machen, daß man sich in ihm erholen oder Freizeitaktivitäten nachgehen kann.

Das Schlußkapitel, *Gartenentwürfe*, enthält eine Reihe von Gestaltungsbeispielen für die verschiedensten Situationen, wie etwa Wassergärten, Gärten in trockenen Gegenden, Stadtgärten und Gärten in Küstennähe. Es zeigt eine Reihe von Lösungen und Vorschlägen, die ganz verschiedenen Bedürfnissen oder den Beschränkungen spezieller Grundstücke gerecht werden. Dennoch beinhaltet jeder Plan eine Fülle von Ideen, die Sie auch auf die besonderen Gegebenheiten Ihres Gartens übertragen können. Somit beinhaltet dieses Buch alle Elemente, die notwendig sind, damit Sie Ihren Garten erfolgreich selbst gestalten können.

Gegenüber *In diesem Garten fügen sich sämtliche Details zu einem harmonischen Gesamtbild zusammen. Durch die Kombination von immergrünen und blühenden Sträuchern entsteht an dem halbrunden Sitzbereich das angenehme Gefühl von Schutz und Geborgenheit. Der strahlenförmig verlegte Ziegelbelag geht in eine Rasenfläche über, und der schöne alte Holzstuhl mit seinen geschwungenen Armlehnen schmiegt sich in das Blattwerk. Beidseits zu seinen Füßen befinden sich Gruppen aus einfachen Tontöpfen, die aber zusammen sehr wirkungsvoll aussehen.*

DIE GRUNDLAGEN DER GARTEN-GESTALTUNG

Planung und Anlage
eines Gartens

Gestaltungselemente 12
Vorüberlegungen 18
Bestandsaufnahme 21
Die Analyse 24
Der Nutzungsplan 25
Der fertige Entwurf 26
Der Werkplan 27
Arbeitsbeginn 28

Gegenüber *Dieser gelungene Garten basiert auf
einem Grundriß aus geraden Linien,
der durch eine einfallsreiche, üppige Bepflanzung aufgelockert wird.
Anmutige Elemente wie der Springbrunnen
und die beiden identischen Pflanzgefäße, die den Holzsteg flankieren,
sorgen für weiteren visuellen Reiz.*

Ein Gartengestalter erkennt schnell, daß jeder Garten und auch seine Besitzer individuell sind. Eltern wünschen sich vielleicht einen sicheren Spielbereich für ihre Kinder, andere möchten möglicherweise Hochbeete haben, um sich einmal im Alter nicht mehr bücken zu müssen. Der eine Garten ist sonnig und bietet eine freie Aussicht auf grüne Wiesen, bei einem anderen handelt es sich dagegen nur um einen kleinen, schattigen Stadtgarten, der von Bäumen umgeben wird, die den Boden auszehren.

Obwohl jede Gartengestaltung immer wieder eine neue Herausforderung darstellt, haben doch alle eines gemeinsam. Stets hat es der Gestalter mit einem realen Grundstück zu tun, das er mit allen seinen Beschränkungen nach den Vorstellungen des Besitzers verändern soll, um aus ihm einen harmonisch wirkenden Garten zu formen.

Wer einen Garten hat, der bereits angelegt ist, aber nicht den eigentlichen Erfordernissen entspricht, oder ein neues Grundstück, das nach dem Abzug der Baufirmen wie ein frisch umgepflügtes Feld aussieht, der mag bei der Vorstellung, daß hier ein Wunsch Wirklichkeit werden soll, den Mut verlieren. Wenn man jedoch ebenso klar und strukturiert vorgeht wie ein professioneller Gartengestalter, dann gibt es dafür keinen Grund.

Natürlich hat ein professioneller Gartengestalter einen gewissen Vorteil: Er oder sie besitzt ein geübtes Auge und kann sich, wenn es um die eigentliche Gestaltung geht, sehr rasch vorstellen, was gefällig und harmonisch aussehen wird. Daher macht dieses Kapitel Sie – die Sie Besitzer und Gestalter zugleich sind – ausführlich mit einigen Grundregeln der Gartengestaltung bekannt, so daß auch Sie beurteilen können, ob Ihre Gestaltung gelungen ist und auch noch nach vielen Jahren eine Augenweide sein wird.

Mit diesen grundlegenden Informationen werden Sie in der Lage sein, jedes Grundstück zu gestalten. Der fast rechteckige, bereits angelegte Garten auf den Seiten 22 bis 27 zeigt Ihnen, wie einfach es auch für Sie ist, nach der Vorgehensweise eines professionellen Gestalters zu arbeiten. Sie beginnen mit einer Bestandsaufnahme und schließen mit der Gestaltung des Geländes ab. Dabei werden Sie sehen, wie jeder Schritt auf dem vorhergehenden aufbaut, um einen Garten entstehen zu lassen, der auf phantasievolle und ästhetische Weise die Bedürfnisse seines Besitzers wie auch die Beschränkungen des Grundstücks berücksichtigt.

Ein professioneller Gartengestalter muß als erstes wissen, welche Ansprüche seine Kunden an den Garten stellen und welche Prioritäten sie haben. Bei unserem Mustergrundstück haben die Eigentümer sehr konkrete Vorstellungen, was sie von ihrem Garten erwarten. In der Praxis sind sich die Besitzer jedoch nicht immer völlig im klaren und daher vielleicht für Vorschläge offen. Und mit fortschreitender Planung bekommen möglicherweise sowohl Gestalter als auch Besitzer neue Ideen, die berücksichtigt werden müssen. Da Sie Gestalter und Besitzer in einer Person sind, sollten Sie sich bewußt sein, daß Sie in jedem Planungsstadium neue Einfälle haben und sie gegebenenfalls auch verwirklichen können.

Der erste praktische Arbeitsschritt besteht darin, das Grundstück zu inspizieren, um sich ein vollständiges Bild von seinen Möglichkeiten und Grenzen zu machen. Erste Eindrücke sind wichtig, doch noch wichtiger ist eine sorgfältige Bestandsaufnahme und Analyse, wie sie auf den Seiten 21 bis 24 beschrieben wird. In diesem Stadium sollte man jede Ecke des Grundstücks abschreiten, es aus allen Winkeln und Richtungen betrachten und zahlreiche Fotos machen. Sie glauben vielleicht, Ihren Garten zu kennen, doch Sie werden erstaunt sein, wieviel Sie noch entdecken können.

Der nächste Schritt ist das Anfertigen eines Nutzungsplans, der das Grundstück ungefähr in die gewünschten Bereiche gliedert. In diesem Stadium können Sie die verschiedenen Elemente, die Sie in den Garten einbeziehen möchten, im Zusammenhang sehen – etwa wie die Beete und Rabatten zu der gewünschten Rasenfläche passen, oder ob der Sitzbereich rundum ausreichend geschützt ist. Nach und nach beginnt sich das Puzzle zusammenzufügen, und Sie können den fertigen Entwurf zu Papier bringen, der die endgültige Position und Größe jedes Elements im Garten zeigt.

Der Entwurf dient als Grundlage für den Werkplan. Dieser zeigt die Elemente, die auf dem Boden vermessen und markiert werden müssen, bevor Erdarbeiten oder bauliche Maßnahmen in Angriff genommen werden. Vor allem für umfangreiche Aushubarbeiten sollte man einen Plan über den Arbeitsablauf aufstellen, um die Arbeiten in möglichst sinnvoller Reihenfolge auszuführen. Denn es wäre zum Beispiel dumm, Erde zur Anlage eines Hochbeets zu kaufen, wenn man nach dem Ausheben eines Gartenbereichs für einen Teich genügend geeignetes Material hätte.

Schließlich ist man soweit, den erträumten Garten Wirklichkeit werden zu lassen. Man kann das Grundstück roden, gegebenenfalls die Drainage und die Bewässerung verbessern, den Grundriß markieren und mit der Geländegestaltung beginnen.

Links *Ein Blumenbeet in der Mitte eines Rasens kann oft verloren wirken, wenn es nicht eine klare gestalterische Funktion hat. Hier ziehen zu Spiralen formierte Buchsbäume und eine Sonnenuhr das ganze Jahr hindurch die Blicke auf sich und bilden zudem einen großartigen Rahmen für die Pastelltöne von Fingerhut, Vergißmeinnicht und Lavendel, der später blühen wird.*

Gegenüber *Ein Sitzbereich braucht einen Standort mit passender Atmosphäre. Dieser Platz ist besonders angenehm, weil die umliegenden Bäume und Sträucher für Schutz sorgen, aber dennoch Blicke in den Garten gestatten.*

DIE GRUNDLAGEN DER GARTENGESTALTUNG 11

GESTALTUNGSELEMENTE

Ein Gartengestalter plant einen Garten als Gesamtkomposition. Die verschiedenen Bereiche des Gartens erfordern unterschiedliche Formen und Strukturen, doch sollten sich diese harmonisch miteinander verbinden. Darüber hinaus muß der Garten zum Haus und der umliegenden Landschaft passen. Wenn Sie so erfolgreich arbeiten wollen wie ein professioneller Gartengestalter, müssen Sie die grundlegenden Gestaltungsregeln kennen und wissen, wie Sie Einheit, Gleichgewicht, Reiz, Rhythmus und Bewegung entstehen lassen können.

Grundregeln

Der einheitliche Eindruck kann auf verschiedene Weise geschaffen werden. Sie können sich bestimmte Pflanzen zum Thema machen, wie Rosen oder Gräser, oder sich auf eine sehr kleine Farbpalette beschränken, um beispielsweise einen kühlen weißen Garten oder einen feurigen roten entstehen zu lassen. Als Belag, etwa für die Wege oder die Terrasse, können Sie Materialien verwenden, die Muster in den Gartenmauern oder den Hauswänden wiederholen.

Oder Sie arbeiten einfach in einem einheitlichen Stil, so daß Materialien und Pflanzenfarben harmonieren. Ein Garten im italienischen Stil mit grünen Hecken, die in Form geschnitten wurden, einem geometrischen Grundriß und klassischen Marmor- und Steindekorationen hat stets eine gefällige Wirkung. Doch eine solch strenge Lösung behagt nicht jedem und bedeutet möglicherweise auch, daß man auf bestimmte Dinge verzichten muß. So ist es beispielsweise nicht leicht, in einem Garten im italienischen Stil einen Spielbereich für Kinder einzubeziehen.

Bei einer freieren Vorgehensweise kann man mit Hilfe der Gestaltung die verschiedenen Gartenteile verbinden, um einen Bereich reizvoll und nahtlos in den anderen übergehen zu lassen. So kann etwa eine runde Rasenfläche in einem formal angelegten Bereich des Gartens die Form eines entfernt gelegenen runden Teichs wiederholen.

Gleichgewicht oder Ausgewogenheit verleiht einer Gestaltung den Eindruck von Ordnung. Im Extremfall kann man durch Formalität und Symmetrie (siehe Seite 14 f.) ein Gleichgewicht erreichen, indem man etwa zu beiden Seiten einer dekorativen Bank Töpfe mit der gleichen Bepflanzung aufstellt oder an jeder der vier Ecken einer quadratischen Terrasse eine als Hochstämmchen gezogene Rose plaziert.

Doch Gleichgewicht kann ebenso durch Asymmetrie erreicht werden, indem man zum Beispiel auf eine Seite des Gartens eine zwanglose Gruppe aus hohen Sträuchern oder kleinen Bäumen pflanzt, die ein Gegengewicht zu einem großen, dichten immergrünen Baum auf der anderen Seite bilden. Gleichgewicht erfordert auch ein Gefühl für Größe und Proportionen. Schmale, längliche Beete, die an große Rasenflächen grenzen, lassen den Eindruck von Ungleichgewicht entstehen. Eine mächtige Trauerweide oder zu viele große bauliche Elemente in einem kleinen Garten wirken unproportioniert und unausgewogen. Eine Fläche kleiner, niedrig wachsender Pflanzen braucht als Gegengewicht höhere Pflanzen oder kletternde Gewächse.

BEWEGUNGSRICHTUNG IM GARTEN

Bewegung kann durch eine Gestaltung entstehen, die das Grundstück in verschiedene Bereiche unterteilt, wie es dieser einfache Plan veranschaulicht. In der Ecke links oben befindet sich eine ruhige runde Fläche – zum Beispiel ein gepflasterter Sitzbereich – mit einem schmalen Durchgang, der einen flüchtigen Blick in einen dahinterliegenden Gartenteil erlaubt. Ihm schließt sich ein breiter rechteckiger Bereich – möglicherweise ein von Blumenbeeten umgebener Rasen – an, der zu gemächlichem Schlendern einlädt. Von hier führen Durchgänge zu einem noch größeren rechteckigen Erholungsbereich sowie zu einem engen geraden Weg, der sich nach einem kurzen Stück windet. Denken Sie daran, daß Sie sich waagrechte Formen auf dem Grundriß dreidimensional vorstellen müssen. Oder anders ausgedrückt: Die Formen werden teilweise durch die umliegenden Bäume und Sträucher oder vertikale bauliche Elemente, wie Zäune, Mauern und Spaliere, bestimmt.

Zudem sollte ein Garten stets etwas Interessantes bieten – etwas, das das Auge auf sich lenkt. Blickfänge, wie Spindeln, Armillarsphären, Springbrunnen, dekorative Bänke, Skulpturen, aufregende Pflanzenzusammenstellungen, Pflanzkübel oder Solitärpflanzen, sorgen für visuellen Reiz und tragen zur Struktur des Gartens bei. Jede Aussicht sollte zwar nur einen Mittelpunkt haben, aber eine Reihe von Blickfängen kann den Betrachter bewußt durch den Garten führen und ein Gefühl von Bewegung vermitteln, das außer in ganz winzigen Gärten wichtig ist.

Rhythmus und Bewegung entstehen ebenfalls durch unterschiedlich geformte – runde, elliptische, quadratische und rechteckige – Bereiche. Diese wiederum werden teilweise durch den Grundriß und teilweise durch vertikale Elemente, wie Hecken, Zäune, Mauern und Pflanzungen, die sie trennen oder umschließen, definiert. Quadratische oder runde Flächen wirken statisch und vermitteln den Eindruck von Ruhe oder Innehalten. Sie eignen sich gut, um Sitzbereiche zu schaffen. Ein breites Rechteck oder eine Ellipse deutet eine langsame Bewegung an. Sie sind gute Formen für eine Staudenrabatte oder andere interessante Pflanzeneffekte, die mit Muße betrachtet werden sollten. Ein langer, schmaler Bereich suggeriert Beschleunigung oder starke Bewegung, und dieser Eindruck verstärkt sich noch, je höher seine senkrechten Begrenzungen sind. Eine ausgewogene Kombination von Bereichen mit unterschiedlichen Formen läßt ein schönes, harmonisches Gesamtbild entstehen, und für zusätzlichen Reiz im Garten ist gesorgt, wenn einige Bereiche halb versteckt liegen und dadurch noch weitere Attraktionen verheißen.

Gestaltungsstil

Die Bestandsaufnahme und die Analyse des Grundstücks wird seine Besonderheiten zeigen, die möglicherweise einen Gestaltungsstil für Ihren Garten nahelegen. Mitunter bestimmt die Architektur des Hauses die Stilrichtung, oder sie diktiert sogar die Gartengestaltung. Ein Haus in traditioneller Bauweise erfordert eventuell einen Garten im ländlichen Stil. Ein modernes Gebäude kann gut mit einer einfachen, klaren Gestaltung harmonieren, die Pflanzen mit ausgeprägt architektonischem Charakter enthält. Ein Haus mit einem Hinterhof verlangt vielleicht nach einer Fülle von Storchschnabel und Schmiedeeisen oder einer formalen Gestaltung, die auf klassischen römischen Elementen basiert. Das Material, aus dem das Haus gebaut wurde, kann den Stil bestimmen und die Verwendung spezieller Ziegel

Rechts *Hecken und eine Pergola mit Kletterpflanzen bilden die vertikalen Elemente, die diesen Garten in einzelne »Räume« unterteilen. Einer größeren Fläche vor der Pergola wurde durch dichte Pflanzungen zu beiden Seiten des Graswegs der Eindruck von Bewegung verliehen. Weg und Bogen lenken das Auge zum nächsten »Raum« hinter der Hecke, und ein flüchtiger Blick verrät, daß es dort noch mehr zu entdecken gibt.*

oder Steine im Garten nahelegen, um das Gebäude mit dem Außenraum optisch zu verbinden.

Grundsätzlich wird zwischen zwei Stilrichtungen unterschieden: dem formalen Garten und dem freigestalteten Garten. Zahlreiche Gärten weisen Elemente beider Richtungen auf, aber für Sie ist es wichtig, die Grundregeln beider Stile zu verstehen, damit Sie sie, falls Sie dies möchten, erfolgreich miteinander kombinieren können. Wenn sich der Zugang zu Ihrem Garten in der Mitte befindet, wird diese Ausgewogenheit durch eine formale Gartengestaltung noch betont. Liegt der Zugang nicht in der Mitte, kann dies bedeuten, daß manche Bereiche des Gartens beim Betreten nicht sichtbar sind. Eine freie Gestaltung kann diesen Eindruck des Geheimnisvollen durch einen Strauch hier oder ein Spalier dort, die weitere Bereiche den Blicken entziehen, noch verstärken.

Der formale Garten

Eine formale Gestaltung basiert gewöhnlich auf exakt angeordneten geometrischen Formen, wie etwa Kreisen, Quadraten und Ellipsen, die die horizontalen Elemente – Rasen, befestigte Flächen oder Blumenbeete – bilden. Am schönsten kommen sie auf einer ebenen Fläche oder wenigstens einer breiten Geländestufe zur Geltung. Ein symmetrischer formaler Garten hat im Idealfall Nord- oder Südlage, da dadurch die Bepflanzung einfacher ist. Vertikale Elemente, die hinzugefügt werden, sind normalerweise regelmäßig plazierte Kegel, Kugeln und Pyramiden, die aus Stein oder in Form geschnittenen Gehölzen wie Buchsbaum oder Eibe sein können. Durch die paarweise Verwendung dieser vertikalen Elemente läßt sich die Symmetrie der formalen Gestaltung noch verstärken.

In einem Garten mit Ost-West-Ausrichtung liegt die eine Seite des Gartens ständig im Schatten, und dies bestimmt, was hier wachsen kann. In einer solchen Situation ist möglicherweise eine asymmetrische formale Gestaltung empfehlenswerter.

Formale Gestaltungen sind für Grundstücke ganz unterschiedlicher Größe geeignet und erfreulicherweise selbst auf kleinen Flächen möglich, weshalb sich Gartengestalter bei winzigen Stadtgärten, die von hohen, geraden Mauern umgeben sind, auch häufig für eine formale Gestaltung entscheiden. Überdies können einzelne Bereiche innerhalb eines großen Gartens formal gestaltet werden. So entsteht beispielsweise aus einem Teich, einer Skulptur oder einer Bank ein Blickfang, wenn sie durch eine Hecke oder einen Zaun eingerahmt werden.

Ein formaler Bereich kommt häufig auch in unmittelbarer Nachbarschaft des Hauses gut zur Geltung, wo er die geraden Linien und ebenen Flächen des Gebäudes widerspiegeln kann. Eine Rasenfläche oder rechteckige Terrasse trägt als Ergänzung zur Gesamtheit des Hauses bei.

Ein formaler Garten muß ordentlich aussehen und gut gepflegt werden. Die Arbeit, die damit verbunden ist, mag manchen den Mut nehmen, sich für diese Art der Gestaltung zu entscheiden. Doch durch die geschickte Verwendung pflegeleichter Pflanzen und den Einsatz von Geräten, wie elektrischen Heckenscheren und Laubbesen, ist sie relativ einfach zu bewältigen.

Links *Ein geometrischer Grundriß, weite Durchblicke, formierte Hecken und symmetrische Pflanzungen geben ein perfektes Beispiel für einen formalen Garten. Trotz des exakten Grundrisses wird die starre Wirkung durch das weiche Grün des Rasens, der Hecken und Bäume sowie die Farben der Rosen aufgelockert.*

SYMMETRISCHE FORMALE GESTALTUNG

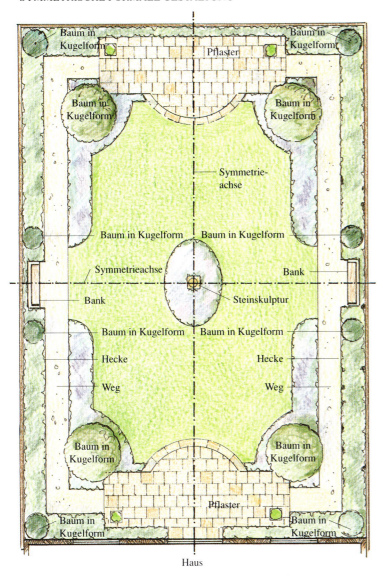

ASYMMETRISCHE FORMALE GESTALTUNG

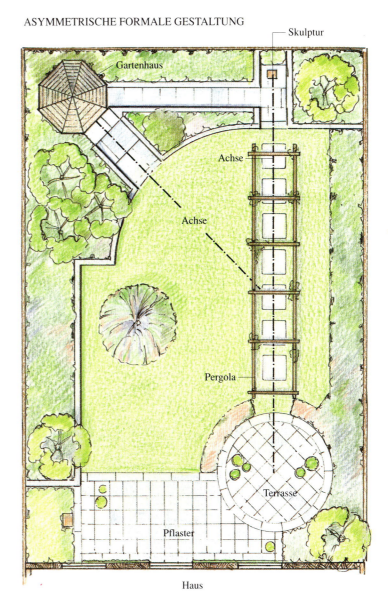

Der symmetrische formale Garten hat zwei Hauptachsen, die sich in der Mitte des Gartens schneiden; sie teilen ihn in vier Teile, die symmetrisch gestaltet werden. Jedes Viertel ist ein genaues Spiegelbild des gegenüberliegenden Teils. Materialien und Pflanzen entsprechen exakt der Erwartung, die man an einen formalen Garten hat: regelmäßige Belagmuster, immergrüne Hecken, zu Kugeln formierte Bäume und eine Steinstatue. Der Garten macht einen ruhigen, regelmäßigen Eindruck.

Auch der asymmetrische formale Garten ist noch geometrisch angelegt, doch fehlt die symmetrische Teilung. Hier verläuft eine Achse von der Mitte der runden Terrasse die Pergola entlang zu der Skulptur am Ende und eine zweite vom Gartenhaus zur Pergola. Die Gestaltung beinhaltet zwar geometrische Formen, doch ihre Wirkung wird durch die Bepflanzung und die Tatsache, daß sie kein regelmäßiges Muster entstehen läßt, gemildert.

Der freigestaltete Garten

Manche Leute finden, daß ein formaler Garten auf dem Land oder in einer waldähnlichen Umgebung deplaziert wirkt. Andere fühlen sich mit der Steifheit einer streng formalen Gartengestaltung nicht wohl. Sie bevorzugen einen »Landschaftsgarten«, der nahtlos mit der Umgebung verschmilzt, oder einen naturnahen Garten, in dem die Natur unübersehbar im Zaum gehalten wird. In diesem Fall ist jedoch ein anderer Grundriß notwendig.

Der freigestaltete Garten erfordert einen Verzicht auf Elemente und Materialien, die zu offensichtlich von Menschenhand geschaffen wurden. Falls solche Dinge notwendig sind, werden sie aus naturbelassenem Holz oder regionalem Gestein konstruiert, damit sie sich unauffällig in die umliegende Landschaft einfügen.

Eine freie Gestaltung eignet sich gut für Grundstücke, die unregelmäßig geschnitten sind und ein ungleichmäßiges Gefälle haben. Sie ist auch auf quadratischen und rechteckigen Grundstücken oder in Vorstadtgärten möglich, doch dort müssen die Grenzen durch üppige Pflanzungen gut verborgen werden, um das Auge davon abzulenken, daß keine ländliche Umgebung vorhanden ist, in die der Garten übergehen kann.

Gehen Sie aber nicht dem Märchen auf dem Leim, daß ein freigestalteter Garten immer ein pflegeleichter Garten sei. Alle Pflanzen, die so kräftig wachsen, daß sie innerhalb von ein oder zwei Sommern Grenzen verbergen und Flächen begrünen, werden, nachdem sie diese Aufgaben erfüllt haben, nicht mit dem Wachsen aufhören. Wenn Sie die Ausgewogenheit Ihrer ursprünglichen Komposition erhalten wollen, so ist Erziehen, Schneiden und Jäten erforderlich. Wissen und Erfahrung werden Ihnen aber dabei helfen, Pflanzen auszuwählen, die wachsen, wann und wo Sie es möchten.

Der kombinierte Garten

Die meisten Gärten vereinen Elemente des formalen und des freigestalteten Gartens in sich, so daß man sie wirklich als Mischform bezeichnen kann. Viele Gärten sind zwar nicht symmetrisch, haben aber eine mehr oder weniger regelmäßige Form, und die meisten besitzen wenigstens einige künstliche Begrenzungen wie Mauern und Zäune.

Es ist denkbar, einen Garten so zu gestalten, daß sowohl die formalen als auch die zwanglosen Aspekte des Grundstücks hervorgehoben werden. Man kann beispielsweise einen Bereich nahe beim Haus relativ formal anlegen und ihn in freier gestaltete Bereiche an den Rändern übergehen lassen, hübsche befestigte Flächen mit natürlichen Pflanzenformen kombinieren oder einen Grundriß finden, der weder absolut geometrisch noch von ungebundener Natürlichkeit ist.

Links   *Durch eine freie Gestaltung kann selbst am Rande der Stadt eine Oase entstehen. Die fließenden organischen Formen des Rasens und die umliegende Bepflanzung sorgen für eine entspannte Atmosphäre im Sitzbereich am hinteren Ende, der von Rosen und Fingerhut umgeben ist. Hier kann man die Stadt mit all ihren Sorgen vergessen.*

GESTALTUNGSELEMENTE 17

FREIE GESTALTUNG

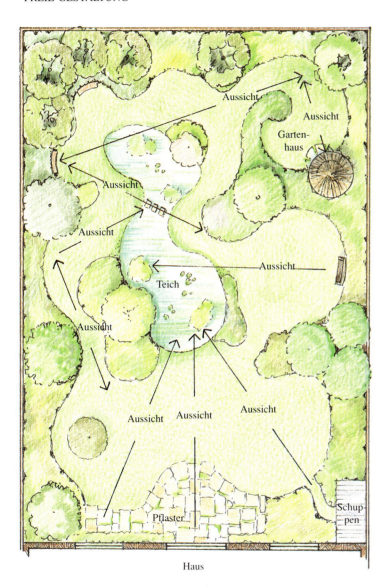

Der freigestaltete Garten ist voller fließender organischer Formen. Es gibt keine Symmetrie und keine Hauptachse. Statt dessen bietet der Garten dem Besucher, der durch ihn schlendert, ständig wechselnde Aussichten. Da eine freie Gestaltung im Widerspruch zu der rechteckigen Form dieses Grundstücks steht, kann sie nur gelingen, wenn die Gartengrenzen durch üppige, ausgefallene Pflanzungen gut verborgen werden.

MISCHFORM

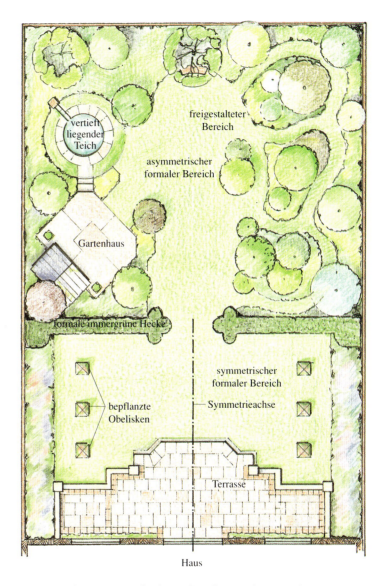

Eine Mischung aus verschiedenen Gestaltungsstilen prägt diesen Garten. Eine immergrüne Hecke trennt den symmetrischen formalen Bereich vom übrigen Garten. In der linken oberen Hälfte des Gartens wurden geometrische Formen einbezogen, aber sie ist asymmetrisch durch Achsen getrennt, die von Gartenhaus und Teich ausgehen. Gegenüber läßt ein zwangloses Arrangement aus Bäumen, Sträuchern und Wegen einen freigestalteten Gartenbereich entstehen.

VORÜBERLEGUNGEN

Nachdem Sie nun mit den wichtigsten Grundregeln vertraut sind und über einige Kenntnisse in der Gartengestaltung verfügen, sollten Sie darüber nachdenken, welche Prioritäten Sie in Ihrem Garten setzen möchten. Für einen Gartengestalter gehört die Prioritätenliste seiner Kunden gewöhnlich zu den Entwurfsgrundlagen. Falls Sie Ihren Garten selbst anlegen, sind Sie Kunde und Gestalter in einer Person. Doch selbst wenn Ihnen Ihre Bedürfnisse und Vorlieben als völlig klar erscheinen, sollten Sie trotzdem, wie ein Gestalter, eine Prioritätenliste anfertigen.

Zeit für die Planung

Nehmen Sie sich Zeit, wenn Sie eine Wunschliste für Ihren Garten anfertigen, denn dies hilft Ihnen nicht nur, Ihre Bedürfnisse, Vorlieben und Wünsche zu präzisieren, sondern stellt auch sicher, daß Sie alle noch notwendigen Veränderungen vornehmen können. Bei einem neuen Haus bestimmen möglicherweise die Räume, die am stärksten genutzt werden, auf welche Ansichten des Gartens Sie besonderen Wert legen. Im Laufe der Monate wird Ihnen vielleicht deutlich, daß es Verkehrslärm gibt, den Sie durch klug plazierte Pflanzungen dämpfen möchten. Oder Sie stellen unter Umständen fest, daß Ihnen im Winter kahle Bäume nicht die gewünschte Ungestörtheit bieten, und Sie ziehen in Betracht, sie durch immergrüne Arten zu ersetzen. Aber kommt dann der Sommer wieder, gefallen Ihnen die Licht-und-Schatten-Effekte der Bäume vielleicht doch, und Sie entschließen sich, keine Veränderungen vorzunehmen.

Überdies ist es wichtig, daß Sie den Garten zu allen Jahreszeiten gesehen haben, damit Sie keine ruhenden oder erhaltenswerten Pflanzen zerstören, wenn Sie, beispielsweise, mit Erdarbeiten beginnen. Sie werden auch keine Pflanzungen um einen vorhandenen Obstbaum planen wollen, wenn sich bei der Fruchtreife herausgestellt hat, daß seine Erhaltung gar nicht lohnt. Falls Sie unsicher sind, was erhalten und was entfernt werden sollte, überlegen Sie, ob Sie sich nicht von einem Berufsgärtner oder Botaniker beraten lassen, der eine komplette Bestandsaufnahme der Pflanzen in Ihrem Garten macht und sogar den Gesundheitszustand der verschiedenen Bäume und Sträucher prüft. Dies ist vor allem dann sinnvoll, wenn man als Gärtner noch keinerlei Erfahrung hat, denn es spart Zeit und Geld – und manche Enttäuschung läßt sich so vermeiden.

Entscheiden, was man möchte

Wenn Sie kleine Kinder haben, dann steht vielleicht ein sicherer Spielbereich ganz oben auf Ihrer Liste. Wer gerne Gäste hat, legt möglicherweise Wert auf einen Gartenbereich, der zum Essen und Grillen genutzt werden kann. Ein Pflanzenliebhaber gibt einer Vielzahl von Pflanzen den Vorrang, während sich der Naturfreund einen naturnahen Garten mit einem Teich für Libellen und Frösche wünscht. Berücksichtigen Sie auch Ihre Lebensweise. Wenn Sie den ganzen Tag und bis ins Wochenende hinein arbeiten, ist ein Garten, der viel Pflege erfordert, Unsinn. Wer schon in Rente ist, hat zwar vielleicht mehr Zeit für seinen Garten, kann jedoch bestimmte Arbeiten eventuell nicht mehr durchführen. Ihr fertiger Entwurf muß letztlich all diese Dinge berücksichtigen.

Links   Ein gepflasteter Garten kann vielseitig und anpassungsfähig sein. Zu Beginn genügen ein hübsches Pflaster, ein schöner Zaun und einige gutbepflanzte Gefäße, um einen winzigen Stadtgarten reizvoll zu machen. Falls die Besitzer aber Freude an der Gartenarbeit finden, können sie weitere Blumen hinzufügen und nach Belieben neu arrangieren.

Rechts Ein im Fischgrätverband verlegter Ziegelweg zwischen großzügig bepflanzten Rabatten läßt ein reizvolles Detail im Garten entstehen. Dieser Weg ist wie die Rabatten ziemlich breit, doch dieselbe Wirkung läßt sich auch in kleinerem Maßstab mit einem schmaleren Weg und einer Einfassung aus niedrigen kriechenden Pflanzen erreichen.

Planen für die Zukunft

Gärten verändern sich im Laufe der Zeit, und es ist wichtig, diese natürliche Entwicklung zu berücksichtigen. Wenn Sie unbedingt einen Zierteich haben möchten, aber wegen der Sicherheit Ihrer kleinen Kinder zunächst darauf verzichten müssen, dann planen Sie den Teich bereits für die Zeit ein, wenn die Kinder größer sind, und nutzen Sie den Bereich in der Zwischenzeit vielleicht für einen Sandkasten oder eine Rasenfläche. Werden Sie den Garten vermutlich auch noch im Alter haben, denken Sie einmal über die Vorteile von Hochbeeten nach, die sich auch dann noch leicht pflegen lassen, wenn das Bücken schwierig wird. Planen Sie einen naturnahen Bereich, bis Sie sich einen Swimmingpool leisten können, oder pflanzen Sie auf eine Fläche, wo Sie eine Staudenrabatte anlegen wollen, sobald Sie einmal mehr Zeit haben, einstweilen pflegeleichte Bodendecker.

Quellen für Anregungen

Vielleicht sind Sie ein leidenschaftlicher Gärtner, vielleicht haben Sie aber auch noch nie einen Garten besessen. Wie dem auch sei – um Anregungen für die Gestaltung Ihres Gartens zu finden, können Sie in Büchern oder Gartenzeitschriften Fotos suchen, die Ihnen besonders gefallen. Besuchen Sie möglichst viele andere – öffentliche und private – Gärten und kaufen Sie dort entweder Postkarten, oder machen Sie eigene Fotos. Stöbern Sie in Gartencentern, und sammeln Sie Kataloge mit Pflanzen, Gartenmöbeln und anderen Dingen, die Sie reizvoll finden. Auf diese Weise werden Sie mit der Zeit eine Sammelmappe anlegen können, die Ihnen hilft, eine Vorstellung davon zu entwickeln, wie Sie Ihren Garten gestalten möchten.

Zu diesem Zeitpunkt sollten Sie Ihrer Phantasie freien Lauf lassen und aus einer möglichst großen Zahl von Quellen schöpfen können, selbst wenn es scheint, daß sich das eine oder andere Element auf Ihrem kleinen Grundstück nicht verwirklichen läßt. Der Schritt, einen bestimmten Effekt in Ihrem eigenen Garten umzusetzen, kommt erst später. Angenommen, Sie besitzen einen Artikel über einen ländlichen Garten mit einem Grundriß, der Ihnen gefällt, der aber für Ihr Grundstück viel zu kompliziert erscheint. Das ist kein Grund, sich zu ärgern. Möglicherweise ist es ein Detail eines Ziegelwegs oder die Art, wie sich Pflanzen über eine Balustrade ranken, was zu der Wirkung beiträgt, die Sie erreichen möchten. Vielleicht haben Sie keinen Platz für einen mit Glyzinen bewachsenen langen Bogengang, wie er auf Ihrer Postkarte zu sehen ist, aber möglicherweise können Sie die Idee auf einen kleineren Durchgang übertragen.

Wenn Ihr Garten besondere Probleme birgt – beispielsweise eine Hanglage hat oder sehr schattig ist –, dann suchen Sie in Ihrer Sammlung nach möglichen Lösungen. Achten Sie auf Bilder mit Treppen, Geländestufen, reizvollen Stützmauern oder schönen Hangbepflanzungen. Sammeln Sie Artikel über schattige Gärten und Abbildungen von schattenliebenden Pflanzen. Im Laufe der Zeit werden Sie so eine Kartei mit Details für den Garten und Struktur- und Farbkombinationen, die Ihnen gefallen, zusammentragen. Und nach und nach wird sich auch ein Stimmungsbild für Ihren Garten ergeben, sei es formal und symmetrisch oder im zwanglosen Stil eines ländlichen Gartens.

Eine Checkliste erstellen

Sie wissen nun also, wie Sie sich Ihren Garten wünschen und welche Art der Gestaltung Ihnen gefällt. Als nächstes fertigen Sie nun eine Checkliste mit diesen Punkten an und ordnen sie nach ihrer Wichtigkeit. So erkennen Sie schnell, wo Ihre Vorlieben liegen. In einem späteren Stadium Ihrer Planung werden Sie vielleicht feststellen, daß es für bestimmte Dinge keinen Platz gibt oder die Beschränkungen des Grundstücks die Einbeziehung gewisser Elemente ausschließen. Mit etwas Findigkeit lassen sich möglicherweise einige dieser Probleme lösen, aber Sie sparen viel Zeit, wenn Sie sich bereits vorher Gedanken darüber gemacht haben, auf welche Dinge Sie eventuell verzichten könnten und welche Sie unter keinen Umständen missen wollen.

Ordnen Sie die Dinge, für die Sie sich entschieden haben, unter bestimmten Überschriften wie zum Beispiel »dekorative Elemente«, »Aktivitäten«, »Lagerraum«, »Pflanzen« oder »Materialien und Strukturen«. So werden Ihre Prioritäten klar erkennbar, und es ist sichergestellt, daß Sie nichts Wichtiges vergessen.

Zu den dekorativen Dingen gehören schmückende architektonische Elemente, wie Bogen oder Lauben, Sonnenuhren, Vogelbäder oder Skulpturen, Gartenmöbel, die ihren Platz beständig im Freien haben, ebenso stehendes oder sich bewegendes Wasser.

Unter der Überschrift »Aktivitäten« können sich abhängig von Ihren persönlichen Interessen und denen Ihrer Familie Stichworte wie Kochen und Essen im Freien, Ballspiele für die Kinder, Schwimmen, Vogelbeobachtung und Sonnenbaden finden. Vergessen Sie nicht, die eigentliche Gartenarbeit zu erwähnen, wenn sie zu Ihren Hobbys gehört. In diesem Fall sollten Sie darüber nachdenken, ob Sie Elemente wie ein Gewächshaus, einen Kalten Kasten oder einen Arbeitsschuppen einbeziehen, damit Sie Ihrer besonderen gärtnerischen Leidenschaft frönen können.

Wenn Sie anderswo nicht genügend Raum zur Verfügung haben oder einen Lagerbereich haben möchten, der leichter erreichbar ist, werden Sie vielleicht einen Platz einrichten wollen, wo Sie Gartenwerkzeuge, Grillgerät, Möbel, die nicht im Freien bleiben können, Spielsachen und Reinigungsgeräte für den Swimmingpool aufbewahren können.

Die Checkliste gibt Ihnen die Möglichkeit, besondere Pflanzen, die Sie ziehen wollen, aufzulisten – eine herrliche Rosensorte, die Sie bewundern, oder einen Baum, der Sie an einen Ort, den Sie lieben, erinnert. Hier haben Sie Gelegenheit, einen allgemeinen Überblick über die Pflanzungen zu bekommen, beispielsweise über Blumen, die am Abend herrlich duften, oder über Pflanzen, die sich im Herbst großartig färben.

Unter dem Stichwort »Materialien und Strukturen« sind die im Garten verwendeten harten Gestaltungselemente – Steine, Ziegel, Holz, Metall – und die Struktureffekte, die sie entstehen lassen, zusammengefaßt. Es ist sinnvoll, diesen Teil Ihrer Checkliste durch Abbildungen, die Sie in Ihrer Sammelmappe finden, zu illustrieren.

In einigen Fällen können sich Dinge auf Ihrer Checkliste überschneiden oder ergänzen. Wenn Sie eine bestimmte Kletterrose pflanzen möchten, die Ihnen einmal sehr gefallen hat, so kann diese an einer Pergola wunderhübsch aussehen, oder Sie füllen eines Ihrer Lieblingsgefäße mit nachts duftenden Blumen und stellen es so auf, daß die Duftwolken mit der Abendluft ins Haus getragen werden, womit Sie zwei Fliegen mit einer Klappe geschlagen haben.

Links *Dieser elegant wirkende Garten erfüllt zwei wichtige Erfordernisse: Er bietet reichlich Platz für Geselligkeit und benötigt nur ein Minimum an Pflege. Ein Sitzplatz mit einem warm wirkenden Belag aus Keramikfliesen wird von efeubegrünten Mauern und einer hohen Hecke geschützt; das kleine quadratische Beet wird weitgehend von einem Olivenbaum eingenommen. Abgesehen von einem regelmäßigen Schnitt ist hier wenig Pflege nötig.*

BESTANDSAUFNAHME

Wenn Sie Ihre Checkliste zusammengestellt haben, nehmen Sie nun das Grundstück und seine besonderen Beschränkungen und Möglichkeiten unter die Lupe. Dies ist nowendig, um die besten Plätze für die Elemente zu finden, die Sie in Ihren Garten einbeziehen möchten. Sie brauchen dazu einen kompletten maßstabgetreuen Grundriß von Ihrem Grundstück. Der Grundriß zeigt alle Hausmauern einschließlich der Türen und Fenster, die zum Garten gehen, da man von hier aus Zugang zum Garten hat beziehungsweise auf ihn schaut. Er enthält Lage und Maße der Grundstücksgrenze, die wichtigsten Pflanzungen, Tore und Wege, alte Gartengebäude oder Fundamente, die erhalten geblieben sind, und Klärbehälter. Zudem müssen Höhenunterschiede eingezeichnet sein.

Auf Seite 22 können Sie anhand eines Beispiels sehen, was auf dem Grundriß alles eingezeichnet werden muß. Das gleiche Grundstück dient auf den Seiten 24 bis 27 dazu, die weiteren Schritte zu illustrieren: die *Analyse* des Grundstücks, bei der Details wie Himmelsrichtung, Bodenqualität und Position von im Boden verlegten Rohren und Kabeln markiert werden; den *Nutzungsplan,* auf dem man grob die vermutliche Lage der einzelnen Gartenelemente einträgt; den *fertigen Entwurf,* der die endgültige Lage und den Gestaltungsstil jedes Gartenelements beinhaltet; und schließlich den *Werkplan,* der Ihnen zeigt, wie die Lage der einzelnen Gestaltungselemente ausgemessen und markiert wird. Alle Pläne müssen vorhanden sein, bevor Sie sich an die eigentliche Arbeit machen und den neuen Garten anlegen können.

Möglicherweise existiert bereits ein guter Grundriß von Ihrem Grundstück. In diesem Fall haben Sie Zeit und Mühe gespart. Überprüfen Sie aber zur Kontrolle ein oder zwei Maße. Nehmen Sie nichts als gegeben an. Selbst ein scheinbar regelmäßiges Grundstück ist vermutlich nicht völlig quadratisch oder rechteckig, und auch die Mauern des Hauses werden wahrscheinlich nicht im rechten Winkel zu den Grundstücksgrenzen stehen. Unser Beispiel – ein etwas vernachlässigter Garten mit nur wenigen Bäumen, Sträuchern und einer Hecke – ist nicht ganz rechteckig. Und da wir leider nicht das Glück haben, einen bereits fertigen Grundriß zu besitzen, müssen wir hier ganz von vorne beginnen.

Rechts *Das Vermessen des Gartens eines modernen Hauses wie diesem, mit geraden Mauern, die rechtwinklig in einem rechteckigen Grundstück stehen, ist relativ einfach; eine Möglichkeit ist die auf Seite 22 f. beschriebene rechtwinklige Vermessung. Der Gestalter dieses Gartens hat sorgfältig darauf geachtet, daß man von den Fenstern und Türen des Hauses aus eine reizvolle Aussicht auf den Garten hat.*

Einen Grundriß anfertigen

Falls Sie selbst einen neuen Grundriß zeichnen möchten, schreiten Sie zunächst das Grundstück ab, um sich ein Bild zu machen, wie der Grundriß zu Papier gebracht werden kann. Wählen Sie einen Maßstab; gebräuchlich sind die Maßstäbe 1:200, 1:100, 1:50 und 1:20. Letzterer wird normalerweise nur für Konstruktionsdetails verwendet, die sehr genau sein müssen.

Um exakt messen zu können, benötigen Sie ein 30 Meter langes Bandmaß, ein drei Meter langes Stahlbandmaß und am besten einen Helfer. Darüber hinaus brauchen Sie Bleistifte, Millimeterpapier, einen Zirkel und einen Kompaß. Mit einem Maßstablineal können Sie Ihre Messungen auf das Millimeterpapier übertragen.

Zuerst werden die Hauswände vermessen und auf dem Millimeterpapier eingetragen. Zeichnen Sie Türen und Fenster ein, und geben Sie an, ob sie sich nach innen oder nach außen öffnen. Dann vermessen Sie das Grundstück. Bei einem Haus, das in einem rechten Winkel auf einem quadratischen oder rechteckigen Grundstück steht, kann man die geraden Linien der Wände für ein sehr einfaches Verfahren verwenden, das auch rechtwinkliges Vermessen genannt wird. Sie stellen sich an eine Ecke des Hauses und schauen die Wand entlang; die Wand sollte als Linie erscheinen. Sehen Sie

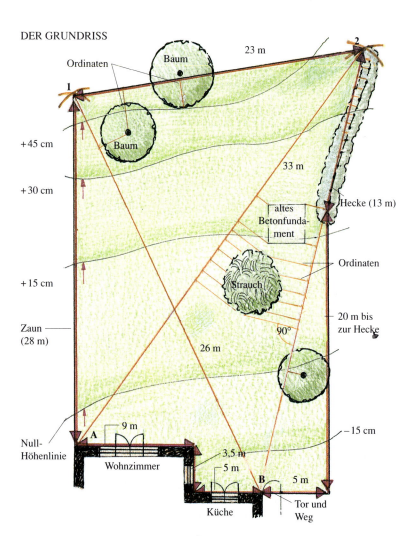

DER GRUNDRISS

Bei dem hier gezeigten Grundriß wurden Grundstücksgrenzen und wichtige Elemente mit Hilfe der Winkelmessung über Dreiecke und Ordinaten festgelegt. Unterschiede im Geländeniveau sind durch Höhenlinien dargestellt.

*Die verwendete Meßmethode dient zum Vermessen eines unregelmäßigen Grundstücks, das man dazu in Dreiecke unterteilt. Die Hausmauern fungieren als Basislinien, um die Entfernung zu den Grundstücksecken auszumessen. Zur genauen Ermittlung der Position von Ecke **1** mißt man auf der Erde die Entfernung zwischen Ecke und Hauswand **A** ab. Das Maß wird verkleinert und dann mit dem Zirkel abgenommen. Mit der Spitze des Zirkels auf Punkt **A** schlägt man an Punkt **1** einen Bogen. Diesen Schritt wiederholt man von Punkt **B** aus. Die Position von **1** auf dem Grundriß liegt am Schnittpunkt der beiden Bogen. Nach der gleichen Methode legt man die Ecke **2** des Gartens fest. Durch Verbinden der Eckpunkte erhält man die geraden Grundstücksgrenzen.*

Ordinaten sind Linien, die im rechten Winkel zu einer bekannten Basislinie gezeichnet werden. Sie dienen dazu, gekurvte Grenzen oder unregelmäßige Formen zu zeichnen. Zudem sind sie nützlich, um die Umrisse von Teichen festzulegen, oder, wie hier, von dichten Gehölzen, unter denen man nicht gerade durchmessen kann.

*Zunächst legt man eine gerade Basislinie am Strauch fest – hier benutzen wir die Linie von **B** nach **2** – und mißt dann im rechten Winkel von der Grundlinie in regelmäßigen Abständen bis zum Rand des Strauchs. Bei komplizierten Formen wählt man sehr kleine Abstände zwischen den einzelnen Ordinaten, bei flachen, regelmäßigen Bogen können sie größer sein. Tragen Sie Ihre Maße auf dem Millimeterpapier ein, um den Umriß einer Seite des Strauchs zu zeichnen. Wiederholen Sie den Arbeitsgang an einer zweiten Basislinie (**A** nach **2**), um die andere Seite des Strauchs zeichnen zu können.*

Höhenlinien verbinden einzelne Punkte gleicher Höhe. Sie werden von einer als Basislinie verwendeten Null-Höhenlinie mit + (bei Zunahme der Höhe) und – (bei Abnahme) bezeichnet.

BESTANDSAUFNAHME 23

die Mauer entlang bis zur Grundstücksgrenze, und bitten Sie Ihren Helfer, an dem Punkt, an dem sich Sichtlinie und Grenze schneiden, einen Stab oder Pflock in den Boden zu schlagen. Wiederholen Sie dies an allen Ecken des Hauses, und messen Sie dann die Entfernungen zwischen der Hausecke und dem jeweiligen Pflock beziehungsweise zwischen den Pflöcken ab. Die Messungen tragen Sie auf dem Millimeterpapier ein. Sollte Ihr Grundstück unregelmäßig geschnitten sein, müssen Sie es mit der auf der gegenüberliegenden Seite beschriebenen Dreiecksmessung vermessen.

Höhenunterschiede müssen ebenfalls auf dem Plan eingetragen werden. Wenn sie nicht zu groß sind, mißt man sie nach der unten gezeigten Methode. Sie legen nahe beim Haus eine Basislinie fest. Dann führen Sie an verschiedenen Punkten des Gartens Höhenmessungen durch und geben diese auf Ihrem Plan in bezug auf Ihre Basislinie als Plus- oder Minuswert an. Durch das Verbinden gleicher Maße entstehen Höhenlinien. Der Plan gegenüber zeigt, daß in unserem Mustergarten das Gelände vom Haus weg etwas ansteigt.

Kleine Höhenunterschiede spielen möglicherweise keine große Rolle. Doch bei steilen Hängen oder hügeligem Gelände sollte man besser einen Fachmann hinzuziehen, denn das ist billiger, als später teure Konstruktionsfehler zu korrigieren.

VERSCHIEDENE METHODEN ZUM MESSEN VON HÖHENUNTERSCHIEDEN

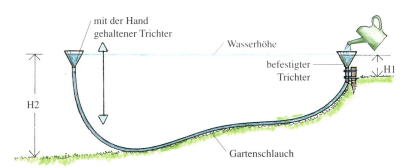

Gartenschlauch

Wenn man ein Gefälle mit Hilfe eines Gartenschlauchs ermittelt, macht man sich die Tatsache zunutze, daß sich Wasser immer in der Waagrechten befindet.

Sie machen an zwei identischen, durchsichtigen Trichtern in gleicher Höhe eine Markierung und stecken sie in die beiden Enden des Gartenschlauchs. Einen Trichter binden Sie an einen Pflock, den Sie am oberen Ende des Hangs in den Boden gesteckt haben. Den anderen halten Sie am unteren Ende des Hangs mit der Hand hoch. Nun gießt ein Helfer Wasser in den oberen Trichter, bis beide Trichter bis zur Markierung gefüllt sind. Bewegen Sie den Trichter in Ihrer Hand auf und ab, bis das Wasser in beiden Trichtern die gleiche Höhe hat. Messen Sie den Abstand zwischen der Markierung des oberen Trichters und dem Boden (H1), dann den zwischen der Markierung des unteren Trichters und dem Boden (H2). H2 minus H1 ergibt das Gesamtgefälle.

Ziegelmauer

Eine waagrecht errichtete Mauer (mit einer Wasserwaage überprüfen) kann zum Ermitteln eines Höhenunterschieds oder eines Gefälles sehr nützlich sein. Suchen Sie den höchsten Punkt des Hangs, und folgen Sie der dort beginnenden Ziegelschicht bis zum Ende der Mauer. Wenn Sie den Abstand zwischen dieser Schicht und dem Boden messen, erhalten Sie das Gesamtgefälle.

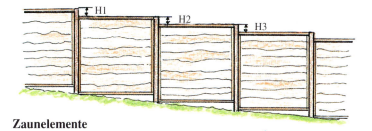

Zaunelemente

Gestufte Zaunelemente machen es leicht, ein Hanggefälle zu berechnen. Prüfen Sie zuerst mit einer Wasserwaage, ob die Elemente waagrecht stehen. Nun messen Sie die Höhendifferenz zwischen den Elementen (H1, H2, H3 und so weiter) und addieren sie (H1 + H2 + H3 + …), um das Gesamtgefälle zu ermitteln.

DIE ANALYSE

Nach dem Anfertigen des Grundrisses erfolgt nun eine Analyse des Grundstücks. Der Plan, der dafür gezeichnet wird, gibt Auskunft über Himmelsrichtung, schattige und sonnige Bereiche und Bodenfeuchtigkeit, ferner über Details wie den pH-Wert des Bodens, den Verlauf von Versorgungsleitungen im Boden und die vorherrschende Windrichtung. Nun bietet sich die Gelegenheit, auch Faktoren außerhalb des Grundstücks, die die Gestaltung beeinflussen, zu berücksichtigen, wie etwa einen Baum mit überhängenden Zweigen im Nachbargarten, eine häßliche Aussicht, die verborgen werden sollte, oder vorhandene Pflanzungen und Geländeformen, die man eventuell verändern muß.

Zum Zeichnen Ihrer Standortanalyse verwenden Sie eine Kopie Ihres Grundrisses. In unserem Beispiel ist das Haus ungefähr nach Süden ausgerichtet, so daß es keinen Bereich gibt, der ständig im Schatten liegt. Licht und Schatten haben großen Einfluß auf den Charakter eines Grundstücks und die Pflanzen, die dort wachsen können, aber denken Sie daran, daß Stärke, Dauer und Stand des Sonnenlichts im Laufe des Jahres variieren. Obwohl die Sonne im Winter tiefer steht, erhalten in dieser Zeit vielleicht einige Bereiche mehr Licht, weil die sommergrünen Bäume ihre Blätter verloren haben. Die Schatten, die durch Gebäude entstehen, sind dagegen gleichbleibend.

Auf das Klima und die vorherrschende Windrichtung hat man wenig Einfluß, obwohl Gebäude oder Schutzpflanzungen ihre Wirkung mildern können. Auch die Umgebung entzieht sich bis zu einem gewissen Grad Ihres Einflusses, doch eine schöne Umgebung kann in die Gestaltung des Gartens einbezogen werden, während man andererseits versucht, eine häßliche Aussicht oder Nachbarfenster abzuschirmen.

Analysieren Sie Typ und Struktur Ihres Bodens, und zwar an mehreren Stellen, da selbst auf kleinen Flächen unterschiedliche Bedingungen herrschen können. Aufgrund der Bodenanalyse können Sie dann entscheiden, ob Sie die Auswahl Ihrer Pflanzen auf den Boden abstimmen oder den Boden verändern, indem Sie ihn durch Hinzufügen von Substanzen verbessern, Pflanzen, die ihm Nährstoffe oder Feuchtigkeit entziehen, entfernen oder, in Extremfällen, für eine bessere Drainage sorgen. Drainage und Bewässerung werden auf Seite 30 ff. beschrieben. Den pH-Wert Ihres Bodens können Sie mit Hilfe eines einfachen Tests ermitteln, den Sie in allen Gartencentern bekommen. Der pH-Wert der meisten Gartenböden liegt in einem Bereich zwischen etwa 5 (sauer) über 6,5 (neutral) bis 8 (alkalisch). Viele Pflanzen sind relativ anspruchslos, einige gedeihen jedoch nur bei einem bestimmten pH-Wert. Schließlich markiert man den Verlauf von im Boden verlegten Rohren und Leitungen. Dies ist wichtig, denn nur so kann man sichergehen, daß sie bei Aushubarbeiten oder der Bearbeitung des Bodens nicht beschädigt werden.

STANDORTANALYSE

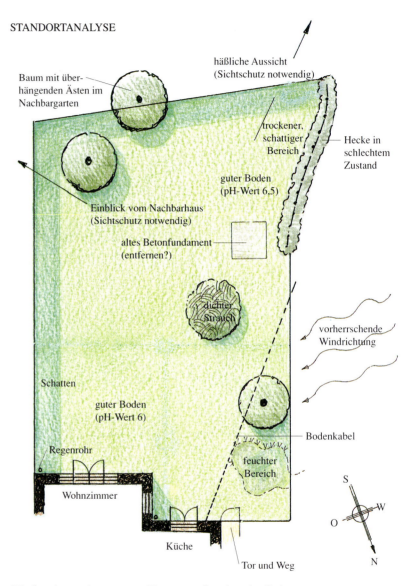

Die Standortanalyse unseres Mustergrundstücks zeigt die im Boden verlegten Versorgungsleitungen und die Ergebnisse der Bodenanalyse. Faktoren wie Schatten und die vorherrschende Windrichtung werden ebenfalls aufgeführt. Zudem sind außerhalb des Grundstücks gelegene Elemente enthalten – wie schöne Aussichten oder solche, die besser verborgen werden.

DER NUTZUNGSPLAN

Nun verfügen Sie bereits über einen Grundriß, eine Standortanalyse und eine Checkliste der Anforderungen (siehe Seite 20), die Ihr Garten erfüllen soll. Die Besitzer unseres Gartens wünschen sich einen Spielbereich für Kinder, einen sonnigen wie auch einen schattigen Sitzbereich, einen Platz zum Lagern von Werkzeugen und Spielsachen und eine Wasserfläche in sicherer Entfernung vom Spielbereich. Jetzt ist der Zeitpunkt gekommen, um festzustellen, wo diese Dinge plaziert werden können. Machen Sie mehrere Kopien der Standortanalyse – Sie werden Ihre Meinung viele Male ändern, bevor Sie den fertigen Entwurf vor sich liegen haben –, und entwickeln Sie daraus den Nutzungsplan.

Eine der besten Möglichkeiten, um mit dem Skizzieren des Nutzungsplans zu beginnen, ist die Festlegung des Sitzbereichs. Stellen Sie fest, ob der vorgesehene Platz ausreichend, aber auch nicht zu viel Sonne erhält, ob er vor Wind und den Blicken der Nachbarn geschützt werden kann, und ob er eine schöne Aussicht bietet. Wenn Sie den Bereich auch für die Bewirtung von Gästen nutzen wollen, achten Sie darauf, daß genügend Platz für einen Gartentisch, Stühle und eventuell einen Grill vorhanden ist, und denken Sie daran, daß die Küche bequem erreichbar sein muß.

Gehen Sie nacheinander die Dinge auf Ihrer Checkliste durch. Vielleicht stellen Sie fest, daß Sie dem einen Element auf Kosten eines anderen zu viel Raum gegeben haben oder sich einige Dinge überhaupt nicht integrieren lassen. Sollte dies der Fall sein, gehen Sie zu Ihrer Check- und Prioritätenliste zurück. Könnten Sie den Sitzbereich verkleinern, um beispielsweise Platz für eine größere Wasserfläche zu schaffen, oder würden Sie zugunsten eines Kräutergartens eventuell auf einen zweiten Sitzbereich verzichten? Könnte die Wasserfläche so gestaltet werden, daß man den Sitzbereich möglicherweise einbeziehen kann, oder ließe sich entlang der Rabatte eine Sitzgelegenheit schaffen?

Während Sie die verschiedenen Bereiche im Garten festlegen, versuchen Sie daran zu denken, daß es sich hier nicht einfach um einen eindimensionalen Plan auf dem Papier handelt, sondern daß einmal Menschen den Garten von verschiedenen Punkten aus stehend oder sitzend betrachten. Fertigen Sie unter Umständen perspektivische Skizzen an, die einzelne Teile des Gartens aus verschiedenen Blickrichtungen zeigen. Solche Skizzen helfen auch, die Höhe und Position von Schutzschirmen sowie anderen vertikalen Elementen festzulegen.

Denken Sie überdies daran, daß manche Elemente, wie Lauben, Mauern oder sogar Pflanzungen, Schatten werfen, die Aussicht blockieren und Trennelemente bilden. Und überlegen Sie, was passiert, wenn Sie etwas von dem Grundstück entfernen. Das Beseitigen eines übergroßen Strauchs oder häßlichen Schuppens hat nicht nur visuelle Auswirkungen, sondern beeinflußt auch den Schutz sowie die Schatten- und Lichtverhältnisse.

NUTZUNGSPLAN

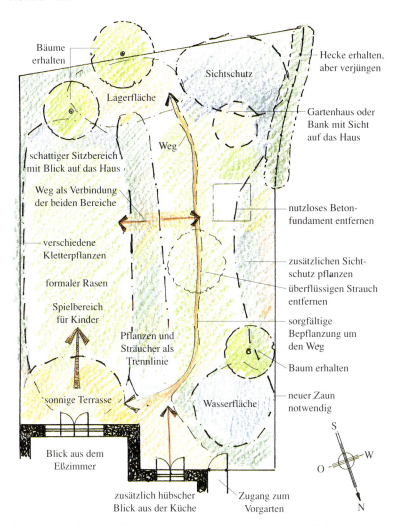

Der Nutzungsplan sieht Pflanzen und Sträucher vor, um das Grundstück in zwei Bereiche zu teilen, die in Bezug zu den beiden Fenstern des Hauses stehen. Links sind ein formaler Bereich mit Sitzmöglichkeiten, ein Rasen und eventuell ein Spielbereich für Kinder geplant. Die rechte Seite ist zwangloser gestaltet: Hier führt ein Weg durch die Pflanzungen zu einer verborgenen Lagerfläche und einem Platz mit einer Bank oder einem Gartenhaus. Eine Wasserfläche beim Haus ist eine sinnvolle Nutzung des feuchten Bereichs, der sich dort befindet.

DER FERTIGE ENTWURF

Wenn Sie den Nutzungsplan fertiggestellt haben, müssen Sie sich nun für einen Gestaltungsstil entscheiden, der dem Grundstück und auch dem Haus angemessen ist und die verschiedenen Gartenbereiche zu einem harmonischen Ganzen verbindet.

Möglicherweise legen schon Grundriß und Analyse eine bestimmte Art der Gestaltung nahe: Ein quadratisches Grundstück in Nord-Süd-Lage und einem in der Mitte liegenden Zugang zum Garten bietet sich für eine formale Gestaltung an; bei einem unregelmäßig geschnittenen Grundstück, das von offener Landschaft umgeben ist, wirkt eine lockere, zwanglose Gestaltung am besten. Gewiß werden Sie bestimmte Vorlieben haben, doch mit Ihren Kenntnissen über die Grundregeln müssen Sie nun die gleichen Überlegungen anstellen wie ein professioneller Gartengestalter, um einen geeigneten Stil zu finden. Anschließend müssen Sie Oberflächenmaterialien, Formen für Beete und Rabatten und so weiter auswählen, die zu diesem Stil passen, und sie in das Grundstück integrieren. Auf diese Weise entsteht der eigentliche Entwurf.

Der fertige Entwurf zeigt die endgültigen Positionen und Größen aller Elemente des Gartens – Rasen, Pflasterflächen, Bäume und Sträucher, Steingärten, Gemüsegärten, Mauern, Hecken, Zäune und Spaliere, Wasserflächen, Skulpturen, Sitzgelegenheiten, vertikale Konstruktionen wie Lauben und Pergolen, Eßbereiche mit Tischen, Stühlen und Grill, Spielbereiche und Spielgerät sowie Lagerflächen und eventuelle Kompostbehälter. Ebenso sollte der Plan alle Höhenunterschiede sowie notwendige Stufen, Treppen oder Rampen und Vorrichtungen für Drainage, Bewässerung und Beleuchtung enthalten.

Der fertige Entwurf muß so detailliert und genau sein, daß Sie die erforderlichen Mengen von Materialien, wie Fertigrasen, Pflaster, Ziegel und so weiter, berechnen können.

Dies ist der Augenblick, noch einmal zu überprüfen, ob für vorgesehene Fundamente, Aushubarbeiten oder neue Versorgungsleitungen nicht bereits existierende Rohre oder Leitungen im Weg sind.

In unserem Beispiel werden verschiedene Gestaltungsstile kombiniert. Für die linke Seite des Gartens wurde ein formaler Stil gewählt. Den Höhepunkt bildet eine Terrasse vor dem Haus, die zu einer großen, von Hecken umgebenen länglichen Rasenfläche führt. Im Blickfeld von der Terrasse befindet sich am gegenüberliegenden Ende des Rasens eine Gartenbank, der ein Baum Schatten spendet. Ein hübscher Durchgang in der Hecke führt zur rechten Seite des Gartens, der im Gegensatz zur linken zwangloser gestaltet ist. Hier windet sich ein Weg vorbei an einem Zierteich und einer Statue, durch dichte Pflanzungen zu einem Gartenhaus und einem versteckt gelegenen Lagerbereich. Dieser ist durch ein Tor von den übrigen Gartenteilen abgetrennt.

DER FERTIGE ENTWURF

Der fertige Entwurf integriert vorhandene Bäume. Eine an den Rasen grenzende ordentliche Hecke mit einer natürlicheren Pflanzung auf der Westseite teilt das Grundstück. Ein gewundener Weg führt zu Lagerschuppen und Kompostbehältern, ein tiefliegender feuchter Bereich beim Haus wurde für einen Zierteich genutzt. Einige Stufen im Weg betonen das leichte Gefälle des Geländes. Hinten rechts wurde die vorhandene schützende Hecke durch weitere Pflanzungen um ein Gartenhaus ergänzt.

DER WERKPLAN

Auf der Grundlage des fertigen Entwurfs zeichnen Sie nun den Werkplan. Dieser Plan zeigt die Umrisse der wichtigsten Elemente im Garten – Wege, Terrassen, Teiche und so weiter –, so wie sie auf dem Boden ausgemessen und markiert werden müssen.

Die Umrisse werden mit Hilfe von Ordinaten angefertigt – Linien, die im Winkel von 90 Grad von einer bekannten Basislinie zu einem Punkt, den man markieren will, gezogen werden (siehe Seite 22). Dann vergrößern Sie die Maße auf Ihrem Werkplan, um sie auf den Boden übertragen und später abstecken zu können (siehe Seite 33).

Wenn auf Ihrem Grundstück noch umfangreichere Erdarbeiten vorzunehmen sind oder eine Drainage verlegt werden muß, führen Sie dies zuerst aus, da sonst die Markierungen wieder zerstört würden und Sie die Arbeit vergeblich gemacht hätten.

Arbeitsablauf

Bevor Sie mit der Arbeit beginnen, müssen Sie nun noch eine logische Abfolge der einzelnen Arbeitsschritte planen. Gewiß wollen Sie keine Rabatten frisch bepflanzen, um sie anschließend für die Fundamente einer Mauer wieder entfernen zu müssen. Für die langfristige Umsetzung einer Gartengestaltung ist ein Arbeitsplan unverzichtbar. Soll ein Sandkasten in einigen Jahren beispielsweise in einen Teich umgewandelt werden, muß der Anschluß für die Umwälzpumpe bereits gelegt werden, während der übrige Garten gestaltet wird.

Der Arbeitsplan für die vollständige Neuanlage eines Gartens kann zum Beispiel folgendermaßen aussehen:

1. Grundstück roden und Unkräuter entfernen
2. Gelände gestalten und Drainage verlegen
3. Die wichtigsten Elemente im Garten markieren
4. Fundamente für Mauern setzen
5. Mauern errichten
6. Fundamente für waagrechte Flächen setzen
7. Bodenbeläge verlegen (mit Ausnahme der Auffahrt, sofern im Plan ein Vorgarten enthalten ist)
8. Mutterboden wieder verteilen
9. Boden zum Pflanzen vorbereiten
10. Beleuchtung und Bewässerungssysteme installieren
11. Pflanzen
12. Grasflächen vorbereiten
13. Gras einsäen oder Fertigrasen verlegen
14. Auffahrt fertigstellen (sofern notwendig)

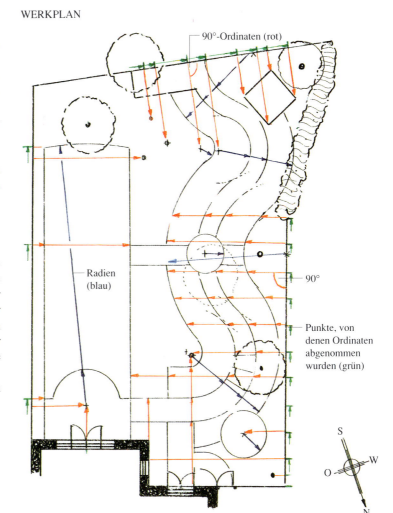

WERKPLAN

Der Werkplan zeigt, wie die wichtigsten Elemente im Garten gezeichnet und abgesteckt werden müssen. Die grünen Linien und Pfeile entlang der Grenzen geben die Punkte an, von denen aus die Ordinaten (siehe Seite 22 und 33) gezeichnet werden. Die Ordinaten, hier rot, werden im Winkel von 90 Grad von der Grundstücksgrenze abgenommen. Sie markieren den Verlauf der Wege, den Scheitelpunkt von Biegungen, die Positionen neuer Bäume, die Ecken des Gartenhauses und so weiter. Die blauen Linien sind Radien, die Kreise und Bogen sowie ihre Mittelpunkte anzeigen.

ARBEITSBEGINN

Nun haben Sie den fertigen Entwurf und Ihren Werkplan, und die Zeit ist endlich gekommen, um mit der Gestaltung des Grundstücks zu beginnen. Beim Einzug in ein neues Haus besteht der Garten oft aus nicht mehr als einer fünf Zentimeter dicken Schicht Mutterboden – gesunde, nährstoffreiche, gut durchlüftete Erde –, die Unmengen von Schutt und verdichtetem Boden unter sich verbirgt. Wird der verdichtete Boden jedoch nicht gelockert, werden Sie später sicher Probleme mit der Drainage bekommen. Und sobald Mauern und Zäune einmal errichtet sind, wird der Einsatz von Maschinen und eine vollkommene Entfernung des Schutts erheblich schwieriger als jetzt. Aus diesem Grund sollten Sie, falls Sie Besitzer eines neuen Gartens sind, dafür sorgen, daß der Boden ordentlich vorbereitet und eine mindestens 45 Zentimeter dicke Schicht gute Erde verteilt wird, bevor Sie mit dem Pflanzen beginnen.

Falls Sie einen bereits angelegten Garten übernehmen, sollten Sie vorsichtshalber ein Jahr abwarten und beobachten, was der Garten im Lauf des Jahres zu bieten hat, ehe Sie entscheiden, welche Pflanzen Sie entfernen und welche Sie erhalten wollen. Bevor Sie jedoch mit den Aufräumarbeiten beginnen, suchen Sie zunächst nach Kostbarkeiten wie Verzierungen, alten Ziegeln und verwitterten Steinen, Fliesen, Gittern aus Schmiedeeisen oder Wegeinfassungen, die wiederverwendet werden können. Ihre gealterten Oberflächen und weichen Farben können dem neuen Garten sofort eine gewisse Gediegenheit verleihen und dazu beitragen, die neuen Elemente mit den alten zu verbinden.

Gestaltung des Geländes

Vielleicht haben Sie entschieden, einen Hang auf Ihrem Grundstück in eine ebene Fläche zu verwandeln, um etwa einen Zierteich oder einen gemütlichen Sitzbereich anzulegen. Oder Sie möchten ein weitgehend ebenes Grundstück durch einen vertieft liegenden Bereich oder einige sanfte Böschungen oder hübsche Hochbeete reizvoller gestalten. Wo solche Veränderungen des Bodenniveaus vorgesehen sind, werden die Konturen

Links Dieser Garten wurde so gestaltet, daß der Rasen nur ein leichtes Gefälle hat, während die steileren Bereiche in Hochbeete und Stufen umgewandelt sind. Alte Ziegel für die Stützmauern und die Treppe und eine üppige Bepflanzung verleihen dem neuangelegten Garten das Aussehen eines schon lange bestehenden.

zunächst grob auf dem Boden abgesteckt. Ist das Gelände dann gestaltet und zum Beispiel ein Bereich für eine Terrasse eingeebnet, können Sie die endgültigen Elemente, wie die Position von Terrassenmauern, Zäunen und Hecken oder den Umriß von Blumenbeeten, markieren. Sind die geplanten Höhenunterschiede nicht zu groß, können Sie die dafür erforderlichen Erdarbeiten vielleicht selbst ausführen. Größere Veränderungen sollten Sie aber stets Fachleuten überlassen, auch deshalb, weil hier im Vorfeld spezielle Meßmethoden notwendig sind.

Außerdem muß man festlegen, welche Maschinen gebraucht werden. Bagger etwa benötigen Platz, weshalb Sie rechtzeitig wissen sollten, wo Erde bewegt oder aufgeschüttet werden muß. Erde sollte nicht öfter als einmal und nicht weiter als notwendig transportiert werden. Wenn ein Grundstück schwer zugänglich ist, sind Planungen, die den Abtransport oder das Anfahren großer Mengen Erde erfordern, ein Problem. In solchen Fällen kann die Erde, die man an einem Hang entfernt, zum Anlegen einer ebenen Fläche oder eines Hangs (siehe rechts) an anderer Stelle verwendet werden. Da solches Aushubmaterial sehr locker und mit Luft durchsetzt ist, kann es ein Viertel bis ein Drittel an Volumen zunehmen. Daher muß es, wenn es an seinen neuen Platz gebracht wird, gut mit dem Untergrund vermischt und dann Schritt für Schritt in Schichten von nicht mehr als 15 Zentimeter verdichtet werden. Auf diese Weise verhindert man, daß es später wegrutscht oder zusammensackt, was unter Umständen größere Reparaturmaßnahmen zur Folge haben kann.

Denken Sie daran, daß Mutterboden kostbar ist. Tragen Sie ihn deshalb behutsam ab, und lagern Sie ihn auf der Seite, bevor Sie dann den Unterboden lockern, sei es, um das Gelände zu gestalten oder um Pflaster oder einen harten Bodenbelag, eine Drainage, eine Bewässerung oder Stromkabel zu verlegen. Nach Abschluß dieser Arbeiten können Sie den Mutterboden dann wieder an seinen alten Platz zurückbringen. Planen Sie für den entfernten Mutterboden eine Lagerfläche ein, wo er am besten in Haufen von maximal einem Meter Höhe und so kurz wie möglich gelagert werden sollte. Auf diese Weise verhindert man Sauerstoffverlust, der sich nachteilig auf die Bodenqualität auswirken würde.

Nun ist auch der Zeitpunkt gekommen, um an die Entfernung von Unkraut zu denken. Wenn Sie jetzt nicht alle Unkräuter ausmerzen, die sich durch unterirdische Wurzeln und Rhizome ausbreiten, dann werden Sie nach der Bearbeitung des Bodens unangenehm überrascht werden, denn aus jedem kleinen Wurzelstück wird eine neue Pflanze wachsen. Die kräftigeren Unkräuter können sogar Fundamente und andere Konstruktionen zerstören. Heutzutage verwenden viele Gartenbesitzer nur noch ungern Chemikalien, aber bei einigen hartnäckigen Arten sind sie vielleicht das einzige Mittel, das hilft. Lassen Sie sich im örtlichen Gartencenter beraten, wie man Unkraut am besten bekämpft, und halten Sie sich, wenn Sie ein Herbizid einsetzen müssen, stets an die Gebrauchsanweisung und regionale Vorschriften.

EINEN HANG TERRASSIEREN

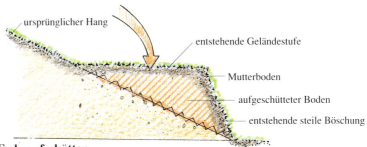

Erde aufschütten

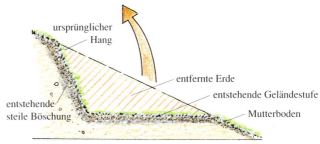

Erde entfernen

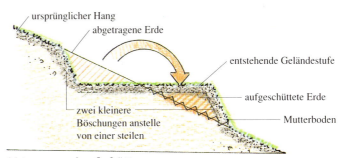

Abtragen und aufschütten

Geländestufen oder Terrassen können auf mehrere Arten gebildet werden. Das Aufschütten (oben) und Entfernen (Mitte) von Erde ist nur dort möglich, wo das Grundstück für schwere Maschinen zugänglich ist. In beiden Fällen muß jedoch an der steilen Böschung, die entsteht, eine Stützmauer errichtet werden. Auch die dritte hier gezeigte Methode ist möglicherweise sehr aufwendig, empfiehlt sich aber für kleinere Veränderungen oder Stellen, die mit Maschinen nicht erreichbar sind. Da hier nur kleine Stufen entstehen, lassen sie sich einfacher und preiswerter befestigen.

Wasserprobleme

Viele Gärten sind entweder zu naß oder zu trocken. Wenn Sie in Ihrem Garten mit diesem Problem konfrontiert sind, sollten Sie die Pflanzen den Verhältnissen entsprechend auswählen. Zum Beispiel können Sie einen von Natur aus feuchten Bereich in einen Sumpfgarten verwandeln oder an einen trockenen Platz Arten setzen, die wenig Wasser brauchen. Falls Sie jedoch Pflanzungen planen, für die eine radikale Verbesserung der Be- oder Entwässerung notwendig ist, sollten Sie dies von Anfang an in Ihrer Planung berücksichtigen.

Drainage

Ein schlecht drainierter Boden schränkt die Auswahl der Pflanzen, die in ihm wachsen können, ein und hat sogar Auswirkungen auf Rasenflächen. Wenn ein Boden von Natur aus feucht oder der Grundwasserspiegel hoch ist, muß möglicherweise eine Entwässerung geschaffen werden, die entweder aus einfachen, mit durchlässigem Material gefüllten Gräben oder einem aufwendigeren System aus miteinander verbundenen Drainagerohren bestehen kann. Beispiele sind auf dieser Seite gezeigt.

Damit Oberflächenwasser gut ablaufen kann, muß eine befestigte Fläche ein Gefälle von 1 bis 1,2 Prozent (1 bis 1,2 Zentimeter pro Meter) haben, in Gegenden mit starkem Niederschlag ist ein noch größeres Gefälle erforderlich. Andernfalls bleibt das Oberflächenwasser stehen, und Pflaster wird rutschig. Überdies wird die Oberfläche durch einen fortgesetzten Kontakt mit Wasser geschädigt. Auf Seite 31 ist eine Anzahl von Entwässerungsmethoden für befestigte Flächen gezeigt.

DRAINAGEROHRE VERLEGEN

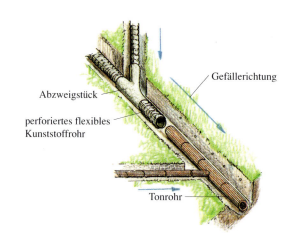

Drainagerohre werden mit einem leichten Gefälle verlegt und leiten überschüssiges Wasser zu einem Graben oder anderen Abfluß. Die Hauptleitung besteht aus perforiertem Kunststoff oder aus Ton und wird von kleineren Strängen gespeist, die versetzt im Winkel von etwa 45 Grad einmünden. Die Abstände zwischen den Seitensträngen werden durch die erforderliche Drainage bestimmt. Je mehr Wasser abgeleitet werden muß, desto enger die Abstände. Wie tief die Rohre verlegt werden müssen, hängt von mehreren Faktoren ab – dem natürlichen Gefälle des Geländes, dem Grundwasserspiegel und dem Bodentyp.

EINFACHE ABZUGSGRÄBEN

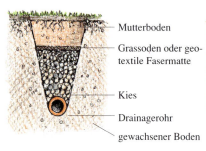

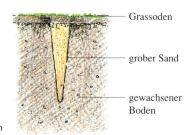

Rohrleitung

Auf dem Boden eines relativ schmalen Grabens werden Ton- oder Kunststoffrohre verlegt. Anschließend wird der Graben mit Kies aufgefüllt.

Reisig

Bei dieser Methode wird der Graben durch eine dicke Schicht aus Weiden- oder Haselreisig von Steinen und Schlamm freigehalten.

Schotter

Hier wird der Graben mit Schotter gefüllt, wobei unten größere und oben kleinere Schottersteine liegen sollten.

Sand

Ein schmaler Graben oder Riß in ausgetrocknetem Tonboden wird mit grobem Sand aufgefüllt. Dies fördert die Drainage und verbessert den Boden.

ENTWÄSSERUNG BEFESTIGTER FLÄCHEN

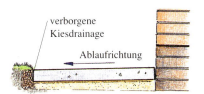

Gefälle

Oberflächenwasser kann leicht abgeleitet werden, wenn das Pflaster von der Hauswand zum Rasen mit einem leichten Gefälle verlegt wird. Damit sich am unteren Rand des Pflasters kein Wasser ansammelt, sollte sich dort zwischen dem Pflaster und dem Rasen Kies befinden, der durch Grassoden überdeckt wird.

Wasserrinne

Eine Rinne zwischen Pflaster und Mauer ist notwendig, wenn das Pflaster mit einem Gefälle zum Haus verlegt werden muß. Von hier wird das Wasser zu einem tieferen Punkt oder einem Abfluß geleitet. Breite und Tiefe der Rinne hängen von der Größe der angrenzenden Fläche und der Niederschlagsmenge ab.

Ziegelrinne

Eine Ziegelrinne, die in das Muster des Belags einbezogen werden kann, leitet das Wasser von der befestigten Fläche ab. Für die Rinne werden am Rand die Ziegel oder Pflastersteine etwas tiefer als das eigentliche Pflaster verlegt, mit einem Gefälle zu einem tieferliegenden Punkt oder Abfluß.

Mittelrinne

Ein unter dem Pflaster verborgener Abfluß in der Mitte der Fläche ist dort sinnvoll, wo das Pflaster rundum von Wänden begrenzt wird oder unterschiedlich geneigte Flächen zusammentreffen. Diese Abflüsse sind als Fertigbetonteile erhältlich. Bei größeren Flächen oder in Gegenden mit häufigen, schweren Niederschlägen ist ein breiter Abfluß mit einer Metallgitterabdeckung erforderlich.

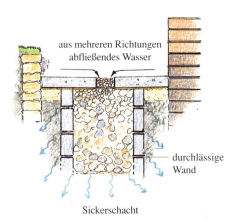

Sickerschacht

Ein Sickerschacht ist ein Schacht im Boden, der oft mit durchlässigem Material gefüllt ist. Bei dem hier gezeigten haben die Wände aus Betonblocksteinen oder Ziegel zahlreiche unverschlossene Fugen. Der Sickerschacht ist voller Steine, oben kleinere als unten. Eine mit Kies gefüllte schmale Öffnung dient zur Ableitung des Oberflächenwassers. Es ist aber ebenso denkbar, daß Rohre im Boden Wasser aus der umliegenden Erde in einen Sickerschacht leiten.

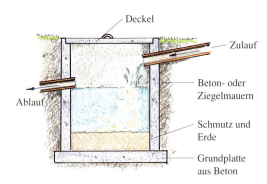

Sammelschacht

Ein Sammelschacht fängt die feinen Schmutz- und Erdpartikel im abfließenden Wasser auf und verhindert, daß sie in die Kanalisation gelangen. Der Zulauf liegt etwas höher als der Ablauf, und bei einem normalen Durchfluß setzt sich der Schmutz am Boden ab. Ein abnehmbarer Deckel erlaubt die regelmäßige Reinigung des Schachts. Die Größe des Schachts hängt von der Menge des Oberflächenwassers, das er aufnehmen muß, und vom Schmutzanteil des Bodens ab.

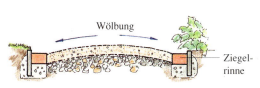

Überhöhung

Eine Überhöhung ist eine zur Mitte hin gewölbte Fläche, die dort verwendet wird, wo ein Weg von beiden Seiten eingefaßt ist und weder zu einer Seite noch zur Mitte hin ein Gefälle möglich ist, über das Oberflächenwasser abgeleitet werden kann. Damit sich das Wasser nicht auf einer der Seiten sammelt, befinden sich in den Ziegelrinnen in regelmäßigen Abständen Abläufe.

Bewässerung

Wo der Boden zu trocken ist, müssen Sie ein Bewässerungssystem finden, das seinen Bedürfnissen gerecht wird. Perforierte Rohre und Schläuche oder Tröpfchenbewässerungen sind am effektivsten und verbrauchen am wenigsten Wasser, da sie es direkt zu bestimmten Pflanzen, Beeten oder sogar Gefäßen leiten. Sie sind vor allem in Gebieten nützlich, wo Wassermangel herrscht. Mit einer Sprinkleranlage läßt sich eine große Fläche bewässern, und sie eignet sich gut für Rasen und einige Nutzpflanzen. Hier geht jedoch unweigerlich Wasser durch Verdunstung verloren.

Bedenken Sie auch, wie oft Sie vermutlich wässern müssen. Sie können Ihr System von Hand einschalten, indem Sie es direkt an einen Wasserhahn im Garten anschließen, oder eine elektronische Steuerung installieren, für die aber ein Stromanschluß notwendig ist. Solche automatischen Systeme sind teuer, häufig aber am effizientesten. Sie geben genau die richtige Menge Wasser ab und verringern die Verdunstung, da sie sich nachts einschalten. Falls Sie die Anschaffung eines komplizierten Systems in Erwägung ziehen oder Ihr Garten sehr groß ist, sollten Sie jedoch einen Fachmann zu Rate ziehen.

PERFORIERTER SCHLAUCH

Perforierte Bewässerungsschläuche haben eine unauffällige Farbe und Löcher in bestimmten Größen und regelmäßigen Abständen. Sie werden zwischen den Pflanzen ausgelegt und mit einer dünnen Mulchschicht etwas abgedeckt, um die Verdunstung zu reduzieren.

TRÖPFCHENBEWÄSSERUNG

Diese Tröpfchenbewässerung besteht aus einzelnen Tropfern, die in die Erde von Pflanzgefäßen gedrückt werden. Da sie mit einer automatischen Steuerung ausgerüstet ist, ist sie besonders nützlich, um die Pflanzen während der Zeit zu bewässern, in der man nicht zu Hause ist.

MINISPRINKLER

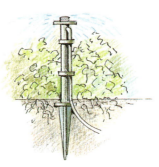

Die Höhe der Minisprinkler kann individuell der Größe und Gruppierung Ihrer Pflanzen angepaßt werden. Wenn man sie sorgfältig verteilt, ist sichergestellt, daß alle bepflanzten Flächen Wasser erhalten.

AUSFAHRBARE SPRINKLER

Bei diesem System fahren die Sprinklerköpfe durch Wasserdruck automatisch aus. Stellt man das Wasser ab, sinken sie wieder in den Boden zurück, so daß sie beim Rasenmähen oder bei anderen Arbeiten nicht stören.

Links *Ein flexibles, ausgeklügeltes System aus perforierten Gummischläuchen läßt langsam Wasser in die Erde sickern. Die Schlauchstücke können auf unterschiedliche Weise zusammengesteckt und im oder auf dem Boden verlegt werden. Das Wasser fließt mit geringem Druck, um ausschließlich bestimmte Bereiche zu bewässern.*

Umrisse markieren

Nachdem das Gelände gestaltet und Drainageprobleme beseitigt wurden, können die Umrisse der vorgesehenen Gartenelemente auf dem Boden abgesteckt werden. Dazu müssen Sie die Maße auf Ihrem Plan maßstabgetreu vergrößern und auf den Garten übertragen. Sie benötigen die gleichen Bandmaße wie zum Vermessen des Grundrisses sowie etwas, mit dem Sie die Markierungen vornehmen. Zu den verschiedenen Möglichkeiten gehören Holzlatten oder Pflöcke mit Schnur, Sand oder Gärtnerkalk, die aber durch Darüberlaufen oder starken Regen leicht undeutlich werden, und teure, aber sehr beständige Farbsprays, die man in vielen Farben bekommt, so daß sich die verschiedenen Elemente farblich unterscheiden lassen. Schützen Sie Ihren Plan mit einer Folie, und achten Sie darauf, daß er während der Arbeit stets mit den Himmelsrichtungen korrespondiert.

Beginnen Sie, indem Sie alle auf dem Grundriß enthaltenen Achsen oder Dreiecke markieren. Elemente wie Blumenbeete, Wege, Mauern und so weiter können gekennzeichnet werden, indem man von diesen Linien oder einer Grundstücksgrenze im Winkel von 90 Grad Ordinaten abnimmt. Zudem müssen Sie die Position von Fundamenten markieren. Denken Sie daran, daß eine Mauer möglicherweise ein Fundament braucht, das mindestens doppelt so breit wie die Mauer selbst ist. Es ist hilfreich, wenn man Flächen, die ausgehoben werden müssen, in einer anderen Farbe markiert.

Zur Markierung von Kreisen und regelmäßigen Bogen schlägt man in der Mitte einen Pflock ein und zieht mit einem Markiergerät, das durch eine Schnur an dem Pflock befestigt wird, die gewünschte Linie. Anschließend kann man die Konturen, falls notwendig, dauerhafter kennzeichnen. Wenn ein Element, wie ein Blumenbeet oder ein Teich, unregelmäßige Umrisse hat, steckt man die Meßpunkte zunächst mit Pflöcken fest und legt dann an ihnen entlang einen Gartenschlauch aus, mit dessen Hilfe man den eigentlichen Umriß markiert. Hin und wieder tritt man zurück und versucht sich vorzustellen, wie die endgültigen Umrisse aussehen. Wenn Rundungen unproportioniert erscheinen oder eine Form von einem bestimmten Winkel aus plump wirkt, ist es besser, dies jetzt zu korrigieren als nach dem Beginn von Baumaßnahmen.

EINEN KREIS ODER BOGEN MARKIEREN

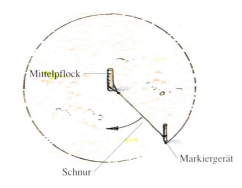

Um einen Kreis oder einen Bogen zu ziehen, schlägt man in der zuvor festgelegten Mitte einen Pflock ein. Man knüpft in das Ende einer Schnur eine große Schlaufe und legt diese über den Pflock. Am anderen Ende befestigt man im erforderlichen Radius ein Markiergerät oder Kreide. Während des Markierens sollten Schnur und Markiergerät möglichst dicht am Boden gehalten werden.

MARKIEREN MIT ORDINATEN

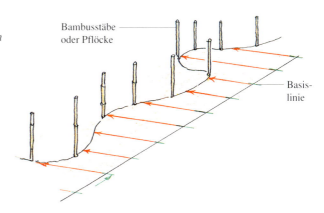

Mit Hilfe von Ordinaten können unregelmäßige Umrisse und freistehende Formen markiert werden. Hierzu nimmt man von einer Basislinie aus in regelmäßigen Abständen Messungen vor (siehe auch Seite 22 und 27). Man vergrößert die entsprechenden Maße auf dem Plan und mißt sie im Winkel von 90 Grad von der Basislinie ab. Zur provisorischen Markierung verwendet man Bambusstäbe oder Pflöcke, die man anschließend, falls notwendig, durch dauerhaftere Markierungen ersetzt.

EINE ELLIPSE MARKIEREN

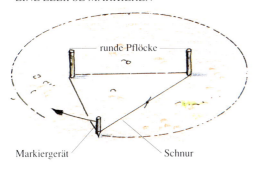

Für eine Ellipse schlägt man zwei runde Pflöcke in den Boden und legt eine große Schnurschlaufe darum. Mit einem Markiergerät zieht man die Schnur in Form eines Dreiecks. Während die Schnur straff gespannt bleibt, führt man das Markiergerät um die Pflöcke herum. Die Größe der Ellipse hängt vom Abstand zwischen den beiden Pflöcken und der Länge der Schnur ab. Durch Probieren entsteht die gewünschte Form.

HORIZONTALE FLÄCHEN

Ansprechende und praktische Oberflächenmaterialien

Horizontale Pflanzungen 38
Flexible Oberflächen 41
Randeinfassungen 46
Starre Oberflächen 48
Treppen und Rampen 56

*Gegenüber Die Verwendung von zwei unterschiedlichen,
aber gleichermaßen ansprechenden Oberflächenmaterialien läßt einen Garten sofort interessant aussehen.
Hier bilden quadratische und rechteckige
Natursteinplatten und Holzbretter einen schönen Kontrast zu den
abgerundeten Formen der Pflanzungen.
Der Richtungsverlauf der Bretter läßt den kleinen Garten
länger erscheinen.*

Vom praktischen Standpunkt aus betrachtet, handelt es sich bei horizontalen Flächen um die Gartenwege, auf denen man geht, die Veranden und Terrassen, auf denen man sitzt, und die freien Flächen oder die Anpflanzungen, die den Blick auf sich ziehen. Doch horizontale Linien und Formen liefern auch wichtige Anhaltspunkte für den Gestaltungsstil des Gartens. Gerade Linien, rechte Winkel, geometrische Kurven und glatte Oberflächen kennzeichnen einen formalen Garten. Natürliche Rundungen, organische Formen und das Fehlen gezielter Muster sind wesentliche Aspekte einer freien Gestaltung.

Ein Weg sollte dazu einladen, den Garten zu betreten und zu erkunden. Erfüllt er diese Funktion, bestimmen seine horizontalen Flächen die Schrittgeschwindigkeit und erzeugen gleichzeitig eine bestimmte Atmosphäre. Ein breiter Weg lädt zum Schlendern ein, ein schmaler Weg bewirkt, daß man seinem Endpunkt entgegeneilt. Ein Absatz auf halber Höhe einer Treppe bietet einen Platz zum Verweilen und die Möglichkeit, sich umzudrehen und den Ausblick zu genießen. Eine gepflasterte Fläche mit einer Sitzgelegenheit suggeriert, daß es an der Zeit ist, sich hier ein wenig auszuruhen. Horizontale Flächen dieser Art erschließen die verschiedenen Gartenbereiche, doch auch ihre Muster oder Strukturen sind wichtig und können die Aufmerksamkeit auf sich ziehen.

Horizontale Flächen sind außerdem funktional. Hauptwege müssen breit und stabil genug für Rasenmäher und Schubkarren sein. Wege und Stufen in der Nähe des Hauses sollten so bequem sein, daß sie jedermann benutzen kann – Kinder, ältere Menschen und solche, die Lasten befördern. Wege, die seltener benutzt werden, können schmaler und einfacher sein. Glatte, ebene Pflasterflächen in Sitzbereichen verhindern das Wackeln von Stühlen und Tischen. Und an Schrägen sorgt ein schön strukturiertes Oberflächenmaterial für einen sicheren Tritt.

Vielfältige Materialien stehen zur Verfügung, um die gewünschten Effekte zu erzielen. Die verschiedenen Möglichkeiten der Oberflächengestaltung werden in diesem Kapitel ausführlich behandelt. Bedenken Sie dabei nicht nur die optische Wirkung, sondern stets auch praktische Gesichtspunkte, wie etwa eine gute Begehbarkeit und eine ausreichende Tragfähigkeit. Nutzen Sie die Vielfalt an Strukturen, Mustern, Formen und Farben, um Gartenbereiche nach Ihren Vorstellungen zu gestalten und sie als Teile eines harmonischen Ganzen zusammenzufügen.

Raum und Proportion

Horizontale Flächen, von weiten, offenen Arealen bis hin zu kleinen abgeschlossenen Gartenbereichen, spielen eine wichtige Rolle für den räumlichen Eindruck, den ein Garten vermittelt. Proportionen tragen wesentlich zu einer bestimmten Atmosphäre bei. Ein Garten kann in einem Teil offen und luftig wirken und in einem anderen abgeschlossen und geschützt; oder verschiedene Gartenbereiche enthalten unterschiedliche Schwerpunkte, so

daß beispielsweise schmale Gänge mit Flächen kontrastieren, die sich zu einer Lichtung verbreitern und zum Durchatmen einladen.

Bei der Ausarbeitung des Nutzungsplans (siehe Seite 25) wurden die wichtigsten Wege und Flächen zum Entspannen und für andere Freizeitaktivitäten skizziert. Wenn Sie nun die genaue Größe der einzelnen Bereiche, die exakten Schrägen und Winkel und den Verlauf der Kurven festlegen, müssen Sie darauf achten, daß ein ausgewogener Gesamteindruck entsteht. Verwenden Sie einige Zeit darauf, den Plan zu studieren. Lassen Sie den Blick durch die einzelnen Gartenräume streifen. Achten Sie darauf, wie er durch Formen auf dem Boden gelenkt wird. Ihre Augen folgen geraden oder parallelen Linien bis zu ihrem Endpunkt, Bogen hingegen erkunden sie langsamer; Ihr Blick verweilt in Bereichen, die gemustert oder attraktiv bepflanzt sind, und er hält in Gartenräumen inne, die Ruhe ausstrahlen.

Charakteristische Materialien

Nachdem die Grundzüge der Gestaltung ausgearbeitet sind, müssen Sie entscheiden, wie diese Merkmale beschaffen sein sollen, wobei sich möglicherweise ein Bezug zur angrenzenden Architektur anbietet. Ein streng gegliedertes, funktionales Aussehen paßt zu einer formalen Umgebung. Wählen Sie dazu schlichte geometrische Oberflächenmaterialien mit sauberen Winkeln, wie beispielsweise maschinell gefertigte Pflastersteine. Betonen Sie die Umrisse durch exakte Randeinfassungen, und verwenden Sie Muster in kontrastierenden Farben, um Details hervorzuheben. Bei weniger strengen Versionen bilden einfache, ansprechende Materialien, wie Naturstein, Ziegel oder Holz, das »Skelett« der Gestaltung, ohne die Aufmerksamkeit auf sich zu ziehen. Die feste Struktur wird abgeschwächt, indem man beispielsweise Pflanzen über die Kanten wuchern und Moos in den Fugen wachsen läßt. Eine andere Möglichkeit ist es, Wege und Stellflächen mit Hilfe von organischen oder natürlichen Materialien über einem geeigneten Unterbau oder durch geschickt versteckte Konstruktionen wie Rasensteine anzulegen.

Oftmals bewirkt eine Kombination von unterschiedlichen Elementen den gewünschten Effekt, und ein Stilwechsel läßt sich gezielt einsetzen, um einem bestimmten Teil des Gartens eine andere Atmosphäre oder Nutzung zu geben.

Links *Gehäckseltes Holz ist ein organisches und elastisches Oberflächenmaterial, das sich besonders gut für freigestaltete Gartenbereiche eignet. Hier paßt es gut zu den breiten Stufen, und darüber hinaus verleiht es der Anlage den Charakter eines Waldwegs.*

Rechts *Dekorativ verlegte Ziegelsteine tragen zu der lebendigen Atmosphäre dieses kleinen Gartens bei. Die kreisförmige Fläche lädt dazu ein, stehenzubleiben und die außergewöhnliche Bepflanzung zu bewundern.*

Muster und Maßstab

Bei der Materialauswahl ist zwischen dem eigentlichen Oberflächenmaterial für befestigte Wege und Flächen (etwa Kies, Platten oder andere Materialien, die man sieht) und der darunterliegenden Tragschicht (das Fundament, das dem Ganzen Halt gibt) zu unterscheiden. Bedenken Sie dabei die zu erwartende Belastung und die Beschaffenheit des Untergrunds. Solange der Unterbau ausreichend fest ist, bestehen bei der Auswahl des Oberflächenmaterials keine Einschränkungen.

Die gewählten Materialien können die Formen Ihres Gestaltungsplans hervorheben und Einfluß darauf haben, wie rasch Sie sich im Garten bewegen – sowohl mit den Augen als auch im wörtlichen Sinn. Einige Materialien, wie Kies, einfacher Beton, Rasen, gehäckseltes Holz oder auch Wasser, sind eher unaufdringlich und neutral. Diese optisch anspruchslosen Materialien sind ein idealer Rahmen für eine kompliziertere Gartengestaltung.

Eine Reihe anderer Materialien – besonders maschinell hergestellte wie Ziegelsteine – setzen sich aus parallelen Linien zusammen oder können zu solchen angeordnet werden. Linienführungen dieser Art müssen sorgfältig ausgearbeitet werden, damit sie den Grundplan hervorheben. Generell verstärken Linien, die vom betreffenden Standort aus »vertikal« wegführen, den Richtungsverlauf; Linien, die »quer« zur Blickrichtung verlaufen, vermitteln den Eindruck größerer Breite. Neben Mustern, die auf Parallelen beruhen (wie etwa bei Holzdecks), haben auch viele Ziegelsteine oder Pflasterplatten eine Hauptrichtung, die den entsprechenden Gartenbereich länger oder kürzer erscheinen läßt.

Andere Muster weisen eher statische Eigenschaften auf. Regelmäßige, symmetrische Formen wie Quadrate, Kreise und Sechsecke haben keinen eindeutigen Richtungsverlauf und können eine Atmosphäre der Ruhe ausstrahlen. Sie eignen sich daher besonders gut für Sitzbereiche und Flächen, die zum Verweilen einladen sollen.

Dekorative Muster, etwa konzentrische Kreise, bestehen gewöhnlich aus kleinen, regelmäßig geformten Elementen, wie beispielsweise Ziegel, Pflastersteine oder größere Kiesel. Diese können optisch überaus wirkungsvoll sein, wenn man sie zusammen mit anderen Materialien verwendet, die eine neutrale Oberflächenstruktur haben oder auf größeren, einfacheren Einheiten in Form von aneinandergesetzten Quadraten basieren. Ein ausgewogenes Verhältnis zwischen Kontrast und Harmonie bei benachbarten Flächen zu erreichen, ist ebenso wichtig wie die Wahl eines Musters, dessen Maßstab der betreffenden Fläche angemessen ist. Große Steinplatten auf einer kleinen Fläche können das Areal noch kleiner erscheinen lassen; großflächig verlegte kleinformatige Beläge wirken zumeist unruhig oder einfach nur langweilig.

Gelungene horizontale Flächen vermitteln den Eindruck, dem jeweiligen Bereich vollkommen angemessen zu sein. Sie lösen Probleme, die sich durch schwierige Formen ergeben, und verleihen eintönigen, flachen Rechtecken Lebendigkeit. Bei Ihren Überlegungen, welchen Effekt Sie erzielen möchten, sollten Sie viel Zeit darauf verwenden, sich verschiedene Beispiele anzusehen. Studieren Sie genau, wie die jeweilige Fläche zusammengesetzt ist, und berücksichtigen Sie, welche Wirkung sich auf einer größeren oder kleineren Fläche ergibt, wie sie durch die Formen der Anordnung beeinflußt wird und wie sie zu angrenzenden Oberflächenmaterialien paßt. Es ist wichtig, eine Gestaltung in einem größeren Zusammenhang – und insbesondere in *Ihrem* – zu sehen.

Stellen Sie sich die auf Seite 38 bis 61 gezeigten Oberflächen in Ihrem eigenen Garten vor, unter Umständen aus einem anderen Material oder in leicht abgewandelter Form, so daß sie genau auf Ihre Gestaltung abgestimmt sind. Studieren Sie nicht nur die optischen Qualitäten von Farbe und Form, sondern auch die »Ausstrahlung« der Fläche, die Atmosphäre, die sie hervorruft. Steht sie im Einklang mit dem Charakter der angrenzenden Mauern, Zäune oder Gebäude? Vermittelt sie den von Ihnen gewünschten Grad an Ruhe oder Dynamik? Es ist unerläßlich, sich einige Zeit mit diesen Fragen zu beschäftigen, wenn sichergestellt sein soll, daß die beabsichtigte Gestaltung tatsächlich der beste Weg ist, um *Ihre* Vorstellung von einem Garten zu verwirklichen.

HORIZONTALE PFLANZUNGEN

Verwendet man Pflanzungen zur Gestaltung horizontaler Gartenflächen – ähnlich wie Teppiche im Haus –, dann entsteht neben einer behaglichen Atmosphäre auch eine angenehm weiche Fläche zum Spielen und Entspannen. Selbstverständlich ist die Strapazierfähigkeit und Haltbarkeit von entscheidender Bedeutung, wenn man einen geeigneten Teppich – oder eine Bepflanzung – auswählt.

Bodendecker bieten vielfältige Gestaltungsmöglichkeiten. Nicht nur für ebene Flächen, sondern auch für Böschungen und Schrägen sind sie eine attraktive Lösung. Sie lassen sich überall dort verwenden, wo eine interessante, aber neutrale und eher unauffällige Pflanzung (im Gegensatz zu einem geplanten Beet oder einer Zusammenstellung verschiedener Blumen und Grünpflanzen) erforderlich ist. Bei dieser Art der Pflanzung verlieren die Gewächse ihren Einzelcharakter und verschmelzen zu einer homogenen Einheit. Diese kann – abhängig von den gewählten Pflanzen – strukturiert oder glatt, grob oder fein sein, bietet aber in jedem Fall einen idealen Kontrast zu den Strukturen und Materialien von befestigten Gartenflächen.

Bodendecker lassen sich in zwei große Gruppen unterteilen: Die erste besteht aus strapazierfähigen Arten, wie Gras, die begehbar sind. Die zweite Gruppe hat im wesentlichen eine optische Funktion und sorgt für einen weichen Übergang zwischen verschiedenen Gartenbereichen oder schafft mit kontrastierenden Flächen einen Blickfang auf Bodenniveau.

Rasenflächen

Gras ist der beste Bodendecker. In gemäßigten, maritimen Klimazonen gedeiht es am besten und bietet ein breites Spektrum an Gestaltungsmöglichkeiten. Erstklassige Sorten, die fachgerecht gesät und kurzgeschnitten werden, können eine neutrale Fläche ergeben, die so glatt wie grüner Flanell (oder Beton) ist und aufeinander bezogene Formelemente des Gestaltungsplans nahtlos miteinander verbindet. Einige Gärtner lieben makellose, glatte Rasenflächen. Manchen gefällt es jedoch besser, wenn Gänseblümchen und andere Wildblumen im Rasen wachsen oder das Gras länger ist und sich im Wind wiegt.

Richten Sie sich bei der Planung von Rasenflächen nach Ihrem Grundstück, und berücksichtigen Sie, wieviel Zeit Sie für ihre Pflege und Instandhaltung aufbringen wollen. Beachten Sie die örtlichen Gegebenheiten – der Rasen Ihres Nachbarn zeigt Ihnen, was Sie in etwa erwarten können –, aber treffen Sie Ihre Entscheidung stets nach den Gegebenheiten Ihres Grundstücks und Ihren persönlichen Anforderungen. Wird der Garten von Bäumen überschattet? Wie stark wird er frequentiert? Wie ist es um die Drainage bestellt? Ist eine Bewässerung möglich? Wie oft wollen Sie mähen? Wählen Sie Gras-Sorten und -Varietäten, die dem gewünschten Erscheinungsbild entsprechen und der voraussichtlichen Beanspruchung standhalten. Bei der Neuanlage einer Rasenfläche sollten Sie sich Rat in einem renommierten örtlichen Gartencenter holen oder sich mit Hilfe spezieller Gartenbücher informieren. Pflanzen erfüllen ihre gestalterische Funktion nur dann, wenn sie gut gedeihen; stellen Sie also sicher, daß die richtigen Wachstumsbedingungen herrschen.

Die große Familie der Gräser umfaßt Sorten für heißes, trockenes Klima, wie etwa Bermudagras (*Cynodon dactylon*). Zu den Gräsern für gemäßigte Klimazonen gehören Straußgras (*Agrostis*), Schwingel (*Festuca*), Deutsches Weidelgras (*Lolium perenne*) und Rispengras (*Poa*). Auch einige immergrüne Kriechpflanzen wachsen zu einer rasenähnlichen Fläche heran. Manche, wie etwa die blaugrüne *Phyla nodiflora*, sind widerstandsfähig und brauchen nur wenig Wasser. Andere eignen sich für Zierflächen, sind zum ständigen Begehen aber zu empfindlich. Für Gärten in gemäßigten Klimazonen und mit einer guten Drainage eignen sich Römische Kamille (*Chamaemelum nobile*) und kriechender Thymian (*Thymus*), während man sich bei feuchterem Boden eher für *Cotula squalida* mit ihren farnähnlichen Blättern entscheiden sollte.

Rechts   Dieser sorgfältig geschnittene Rasen vereint eine ungezwungene Form mit einer beinahe geometrischen Pflanzenanordnung. Die glatte Grünfläche verbindet die angrenzenden Pflanzungen miteinander und bringt die leuchtend weißen Stämme der Weißbirken wundervoll zur Geltung.

HORIZONTALE PFLANZUNGEN 39

Dekorative Bodendecker

Farbe und Struktur spielen eine wichtige Rolle bei der Auswahl von Bodendeckern. Niedrig wachsende, krautige mehrjährige Pflanzen mit interessanter Laubfärbung bieten weiche Blattstrukturen von wenigen Zentimetern Höhe und eventuell auch eine zusätzliche Blütenpracht. Sie können monochrome Effekte erzielen oder verschiedene Pflanzen zu dekorativen Mustern anordnen. Für Rottöne bietet sich Kriechender Günsel *(Ajuga reptans)* an, von dem es viele Sorten in verschiedenen bronzegrünen und roten Tönen mit krausen glänzenden Blättern und blauen Blüten gibt. Varietäten von *Lamium maculatum* haben graugrüne Blätter mit matter Oberfläche. Pfennigkraut *(Lysimachia nummularia)* hat glatte, abgerundete grüne oder goldfarbene Blätter und gelbe Blüten. Nichtblühender graulaubiger Wollziest *(Stachys byzantina* 'Silver Carpet') ergibt eine weiche blattartige Bodenbepflanzung. Steinbrech *(Saxifraga x urbium)* bildet einen dichten Teppich aus frischen grünen Rosetten.

Viele andere ausdauernde Pflanzen mittlerer Größe vermehren sich durch Ausläufer oder Selbstaussaat und wachsen zu etwas höheren Bodendeckern heran. So gedeiht zum Beispiel die Schaumblüte *(Tiarella cordifolia)* gut an schattigen Stellen, während winterharter Storchschnabel sowohl Sonne wie auch Schatten verträgt. Achten Sie stets darauf, daß Ihre Pflanzen die richtigen Wachstumsbedingungen haben. Holzigere Sträucher und Kletterpflanzen bieten kräftigere Strukturen für große Flächen. Immergrün (*Vinca*-Arten) und Efeu *(Hedera)* haben glatte, ledrige Blätter. Heidekraut *(Calluna)* erzeugt mit seinen winzigen, kräftigen Blättern und kleinen Blüten eine vibrierende, dichte Struktur. Kriechwacholder *(Juniperus horizontalis)*, Zwergmispel *(Cotoneaster)* und wuchernde Sträucher oder Halbsträucher wie Johanniskraut *(Hypericum perforatum)* ergeben eine haltbare, architektonische Bodenbepflanzung für Böschungen und ebene Flächen. Für ein naturnahes, romantisches Aussehen kann man Kletterpflanzen wie *Clematis* (verschiedene Arten und Sorten), Geißblatt *(Lonicera)* und Kletterrosen am Boden wuchern lassen.

IMMERGRÜNE BODENDECKER

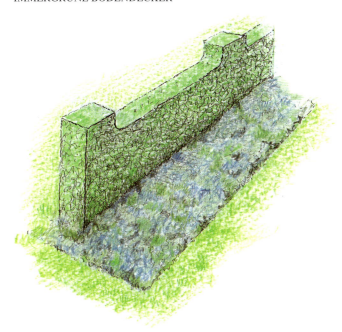

Immergrüne Bodendecker, wie etwa Immergrün (Vinca minor), *ergeben eine dauerhafte Pflanzung am Fuß einer immergrünen Hecke. Immergrün verträgt den Schatten einer Hecke – er verstärkt sogar die Leuchtkraft der blauen Blüten.*

UNTERPFLANZUNGEN MIT BODENDECKERN

Bodendecker unter einem wohlgeformten Obst- oder Zierbaum gepflanzt, können dessen ansprechendes Aussehen noch zusätzlich betonen. Eine runde oder quadratische Fläche aus den weichen, filzähnlichen Blättern des Wollziests (Stachys byzantina) *ist ein schöner Kontrast zu dem angrenzenden grünen Gras.*

KLEINE ZIERELEMENTE

Zierelemente erfordern den richtigen Rahmen, der sich durch eine sorgfältig ausgewählte Pflanzung erzielen läßt. Moosartiger Steinbrech eignet sich gut in Kombination mit Steinelementen und bildet einen hübschen grünen Untergrund für ein kleines Zierelement, wie eine Vogeltränke. Sternförmige rosarote oder weiße Blüten bieten im Sommer zusätzlichen Reiz.

Natürliche Effekte

Viele der Pflanzen, die als Bodendecker verwendet werden, wuchern von Natur aus. Wenn Ihre Gestaltung klare Trennlinien zwischen Pflanzungen und befestigten Flächen erfordert, sollten Sie Einfassungen vorsehen, damit Wurzeln nicht in angrenzende Bereiche wachsen können. Ein Mähstreifen zwischen Rasenflächen und Beeten oder sonstigen Elementen spart ebenfalls Arbeit. Andere Pflanzen vermehren sich beständig durch Selbstaussaat und siedeln sich zwischen Pflastersteinen oder auf Kiesflächen an. Manche Gärtner schätzen das natürliche Aussehen von Moosen und kleinen Kriechpflanzen, wie Thymian, die sich auf den Pflasterflächen ansiedeln. Pflanzen, die Kanten überwuchern und harte Umrißlinien optisch aufbrechen, machen die Formen einer Anordnung weicher. Sie können langweilige Flächen beleben und verleihen verhältnismäßig neuen Gartenanlagen oftmals eine organisch gewachsene Atmosphäre. Das Ansiedeln von Moosen und Flechten auf Natur- oder Kunststein läßt sich fördern, indem man das Material mit organischen Substanzen, wie saurer Milch, dem Kochwasser von Reis oder verdünntem Kuhmist, bestreicht. Umgekehrt kann man diese Eindringlinge und alle anderen Pflanzen, die am Boden wuchern, auch davon abhalten, daß sie Überhand nehmen. So können Sie versuchen, ihnen durch manuelle Entfernung Einhalt zu gebieten. Doch mitunter sind geeignete Herbizide die einzige Lösung.

Bedenken Sie diese Aspekte bereits im Planungsstadium. Das Bepflanzen der horizontalen Flächen ist nur der erste Schritt. Um die Pflanzen an ihrem Platz zu halten, ist jedoch stets ein gewisses Maß an Beobachtung und Pflege erforderlich.

NATÜRLICHE FREIE GESTALTUNG

Der natürliche Charakter eines Gartens läßt sich durch überlegte Pflanzungen, die der freien Natur nachempfunden sind, verstärken. Ein Teppich aus Waldpflanzen ist eine wunderschöne, pflegeleichte Bodenbepflanzung im Schatten eines Gehölzstreifens.

Rechts *Dieser gepflasterte Sitzbereich wird überwuchert von Bodendeckern, die sich durch Selbstaussaat vermehren. Im Einklang mit dem natürlichen Aussehen der angrenzenden Bepflanzung schwächen sie die geometrischen Formen der radförmigen Pflasterfläche ab.*

FLEXIBLE OBERFLÄCHEN

Flexible Oberflächenmaterialien reichen von einfachen und funktionalen Belägen bis hin zu reichverzierten und dekorativen, von organischen, natürlichen Stoffen bis hin zu hochentwickelten künstlichen Produkten und von billigen bis zu teuren Materialien. Die meisten flexiblen Oberflächenmaterialien sind preiswerter zu verlegen als ein festes Pflaster, das ein Mörtelbett erfordert. Flexible Bodenmaterialien umfassen Schüttgut wie Kies und gehäckseltes Holz, mechanisch verdichtete Produkte wie Asphalt, eine Vielzahl von Ziegeln und anderen Steinen, die »trocken«, das heißt ohne Mörtel, auf einem Sandbett verlegt werden; auch feste Oberflächen wie Holz werden hierzu gezählt.

Alle diese flexiblen Oberflächen vollziehen bei Belastungen leichte Bewegungen. Die Vorbereitungsarbeiten umfassen das gründliche Verdichten des gewachsenen Bodens an der niedrigsten Stelle und das anschließende Einbringen einer Packlage aus sauberem Schotter. Mitunter ist auch eine wasserdurchlässige geotextile Fasermatte notwendig, die das Aufsteigen feiner Bodenpartikel verhindert.

Weichere Oberflächen

An bestimmten Stellen sind feste Oberflächen überflüssig, speziell bei kleinen Wegen in naturnahen oder ländlichen Gärten. An anderen Plätzen, beispielsweise dort, wo Kinder spielen, vermeidet man sie sogar am besten. In solchen Fällen werden oftmals Produkte aus zerkleinertem Holz, wie etwa Rindenmulch, verwendet. Für stark strapazierte Spielbereiche mit Geräten, wie Klettergerüsten, sollte man spezielle Sicherheitsbeläge (Fallschutz- und Elastikplatten) in Betracht ziehen.

RINDENMULCH UND GEHÄCKSELTES HOLZ

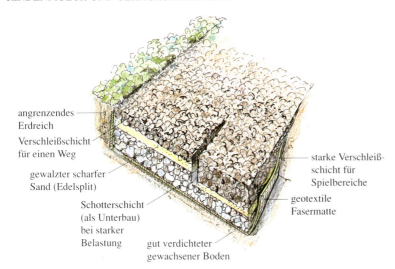

SICHERHEITSBELÄGE

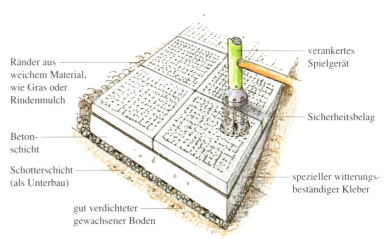

Rindenmulch und gehäckseltes Holz sind ein ausgezeichneter Belag für Gartenwege. Sie werden auf ein Bett aus gewalztem scharfem Sand aufgebracht, mit einer darunterliegenden Packlage aus Kies oder Schotter, die am besten von einer geotextilen Matte umschlossen und an ihrem Platz gehalten wird. Größere Holz- oder Rindenstücke werden weniger leicht vom Wind fortgeweht und verrotten nicht so schnell. Die dunklere, gedämpfte Farbe von Baumrinde harmoniert besser mit einer naturnahen Umgebung. Eine etwa 23 Zentimeter dicke Schicht federt Stürze in Spielbereichen gut ab.

Sicherheitsbeläge auf Kautschukbasis (Fallschutz- und Elastikplatten) gibt es in verschiedenen Ausführungen. Sie sind ein geeigneter Untergrund für Spielflächen aller Art und für Sportgeräte, die in einer Betonschicht verankert werden können. Die Betonschicht muß glatt und eben abgezogen werden; die Bodenplatten werden anschließend mit witterungsbeständigem Kleber darauf befestigt. Zur zusätzlichen Sicherheit sollten die angrenzenden Flächen aus weichen Materialien, wie Gras oder Rindenmulch, bestehen.

Harte Oberflächen

Kies ist ein nützliches Oberflächenmaterial, das überall im Garten ansprechend aussehen kann und sowohl zu einer formalen wie auch zu einer freien Gestaltung paßt. Für den Gartenbereich bieten sich verschiedene Arten an: Schotter, Splitt, Rundkies und Feinkies. Bei Schotter und Splitt handelt es sich um in Steinbrechern zerkleinertes Gestein unterschiedlicher Körnung. Die scharfkantigen Steine können das Schuhwerk beschädigen, bleiben an Schrägen aber besser liegen als runde Kieselsteine. Rundkies wird an Flußläufen oder Stränden ausgebaggert und eignet sich am besten für verhältnismäßig ebene Flächen, da er sonst nur schlecht an Ort und Stelle liegen bleibt. Feinkies ist ein weiteres natürliches Material, das aus sehr kleinen Steinen besteht. Er wird in einer Matrix aus tonähnlicher Erde zu einer festen Schicht gewalzt, die ein leichtes Gefälle aufweisen sollte, damit das Oberflächenwasser abgeleitet wird.

Asphalt ist ein ideales Oberflächenmaterial für Auffahrten und angrenzende Wege sowie für große Flächen, bei denen Pflasterungen zu überladen und auch zu teuer wären. Seine neutrale Struktur eignet sich auch gut als Hintergrund für Anpflanzungen; durch ansprechende Randeinfassungen läßt sich eine Verbindung zwischen der schlichten Asphaltfläche und der Umgebung schaffen. Asphalt wird nach dem Aufbringen glattgewalzt und erfordert ein Gefälle, damit das Oberflächenwasser zu Drainagekanälen abgeleitet wird – eine Arbeit, die man am besten einem Fachmann überläßt.

Rasengittersteine aus Beton, die es in unterschiedlichen Ausführungen gibt, eignen sich ausgezeichnet für Grünflächen. Besonders nützlich sind sie dort, wo ein Zugang für Fußgänger oder Fahrzeuge erforderlich ist, eine komplett gepflasterte Fläche aber zu aufdringlich wäre. Man kann sie auch bei einer eher konventionellen Auffahrt zum Befestigen eines zusätzlichen Kfz-Einstellplatzes verwenden. Rasensteine werden in grobem Sand über einer Schotterschicht verlegt. Anschließend verfüllt man die Durchbrüche mit Erde und sät Rasen oder andere niedrige Gewächse ein. Der Pflanzenbewuchs schwächt die abweisende Wirkung des Betons ab und kann ihn sogar vollständig verdecken, insbesondere wenn man aus einiger Entfernung auf die Fläche blickt.

In Sand verlegte Ziegel sind eine relativ moderne Art der Pflasterung. Beton und Zement werden lediglich für die Randeinfassung verwendet, die als erstes an Ort und Stelle kommt. Anschließend werden die Ziegel in eine gleichmäßige Schicht aus grobem Sand gelegt und mit einem Flächenrüttler bearbeitet. Hierdurch werden die Ziegel in den Untergrund gedrückt und die Fugen zwischen den Steinen mit Sand gefüllt. Die verwendeten Ziegel müssen sehr haltbar sein und eine einheitliche Größe haben. Ihre Abmessungen und die Stärke des Unterbaus sind davon abhängig, ob das Pflaster von Fußgängern oder Fahrzeugen benutzt wird. Damit keine Wildkräuter von unten durch die Fugen wachsen, kann man unter die Schotterschicht eine geotextile Matte legen und an den Seiten nach oben ziehen, so daß die gesamte Konstruktion davon umschlossen wird.

Links   Kies ist ein neutraler Oberflächenbelag und für fast jede Gartengestaltung geeignet. Hier wurden glatte runde Kiesel in verschiedenen Farbtönen für einen eher streng gegliederten Gartenbereich aus geometrisch angeordneten Ziegeln und eingelegten quadratischen Trittsteinen verwendet.

FLEXIBLE OBERFLÄCHEN 43

Kies ist ein vielseitiges Material, das als scharfkantiger Schotter oder Splitt, Rund- und Feinkies in Grau-, Weiß- und Gelbtönen erhältlich ist. Die etwa 2,5 Zentimeter starke Verschleißschicht wird – je nach Belastung – auf eine verdichtete Packlage von 10 bis 30 Zentimetern aufgebracht. Um die Steine an ihrem Platz zu halten, ist eine Randeinfassung erforderlich; kesseldruckimprägniertes Holz, mit stabilen Pflöcken abgestützt, ist eine einfache, funktionale Randbegrenzung.

Asphalt bildet eine feinstrukturierte, funktionale Oberfläche, die durch eine dekorative Einfassung belebt werden kann. Für Fußwege reicht es aus, wenn die Verschleißschicht direkt auf die Packlage aufgebracht wird. Für Fahrzeuge ist zusätzlich eine Tragschicht aus groberem Asphalt erforderlich.

Rasengittersteine schaffen einen festen Untergrund, ohne daß dabei die optische Kontinuität einer Rasenfläche unterbrochen wird. Je nach Verwendungszweck bekommt man sie in verschiedenen Ausführungen und Größen. Ein fester Unterbau aus Schotter ist unerläßlich, eine Einfassung (die hier aus vorgefertigten Beton-Randstreifen besteht) ist dagegen nicht unbedingt erforderlich.

In Sand verlegte Ziegel zwischen einer gemauerten Randeinfassung kommen ohne Mörtel auf ein verdichtetes Bett aus grobem Sand. Dieser diagonale Fischgrätverband wurde bewußt gewählt, damit sich die Last von Fahrzeugen gleichmäßig verteilt. Vermeiden Sie Verlegemuster, bei denen die Fugen in Fahrtrichtung verlaufen, da das Pflaster sonst bei anhaltender Belastung entlang dieser Achse absackt.

KIES

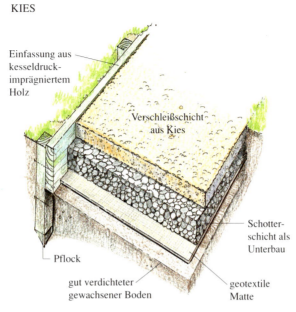

ASPHALT

RASENGITTERSTEINE

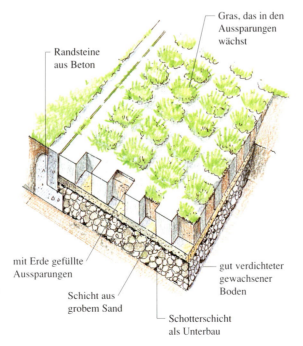

IN SAND VERLEGTE ZIEGEL

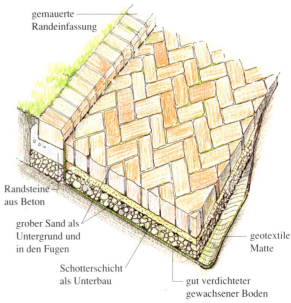

Holz

Holz ist ein wundervolles Oberflächenmaterial und bietet sich besonders für die Verwendung im Garten an. Aufgrund seiner immensen Vielseitigkeit eignet es sich ebensogut für elegant zugeschnittene Holzdecks mit strengen Umrissen in modernem Stil wie für rustikale und zwanglose Gartengestaltungen. Je nach Lage und Standort sowie Funktion und gewünschter Wirkung kann das Holz lackiert oder natürlich belassen werden, geschliffen oder sägerauh sein.

Rustikale Effekte erzielt man durch Holzpflaster oder Baumscheiben, bei denen das Hirnholz sichtbar ist. Für größere Flächen verwendet man zumeist Bohlen oder Bretter, die eine unbeschwerte, aber prägnante Atmosphäre vermitteln. Die lineare Wirkung der Holzmaserung verstärkt sich, wenn die Bretter parallel verlegt werden, doch kann man sie auch für dekorative Effekte nutzen. Beliebt sind große quadratische Holzplatten, die man fast wie übergroße Fliesen sowohl für durchgängige Terrassenbeläge wie auch als einzelne »Trittsteine« für einfache Wege verwenden kann. Holzflächen harmonieren mit vielen Architekturstilen und kommen zwischen Baumpflanzungen besonders gut zur Geltung. Sie strahlen Wärme aus, sowohl atmosphärisch als auch im buchstäblichen Sinn, heizen sich aber in praller Sonne nicht so stark wie Stein oder Beton auf. Holz eignet sich auch hervorragend für Treppen, Brücken und Geländer und ist daher ein ideales Material, um Höhenunterschiede zu überwinden und eine optische Verbindung zwischen Haus und Garten herzustellen.

Harthölzer wie Eiche oder Teak (von erneuerbaren Ressourcen) eignen sich für den Außenbereich am besten. Weichhölzer müssen kesseldruckimprägniert sein. Alle Holzdecks und Holzbeläge erfordern einen stabilen Unterbau mit einer guten Drainage; Bretter müssen an kräftigen Querstreben befestigt werden, damit sie beim Darüberlaufen nicht hochschnellen und zu einer Gefahrenquelle werden.

Links   *Ein elegantes Holzdeck mit klarer Linienführung harmoniert ausgezeichnet mit der friedlichen Atmosphäre, die vom Wasserbecken ausgeht. Chinaschilf und andere Ziergräser tragen das ihre zu dieser anmutigen Komposition bei.*

FLEXIBLE OBERFLÄCHEN 45

EINFACHES HOLZDECK

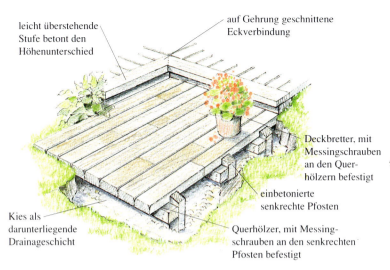

Einfache Holzdecks aus stabilen Brettern unterschiedlicher Länge sehen in freigestalteten Gartenbereichen sehr schön aus, doch eignen sich ihre geometrischen Linien auch gut für eine moderne, formale Gestaltung. Die auf Gehrung geschnittenen Eckverbindungen werfen Schatten, durch die der Richtungsverlauf der Bretter betont wird. Damit das Holz so trocken wie möglich bleibt, sollte man eine Drainageschicht aus Kies unterlegen.

ORNAMENTALES HOLZDECK

Bei ornamentalen Holzdecks aus verschiedenen Hölzern kommen deren dekorative Eigenschaften, wie unterschiedliche Maserungen und Farben, zur Geltung. Die Bretter werden so zugeschnitten, daß vier Dreiecke entstehen, die an darunterliegenden Verstrebungen befestigt und mit einem Holzrahmen versehen sind. Die einzelnen Elemente können als Weg in nur einer Richtung oder für eine Terrasse in allen vier Richtungen aneinandergesetzt werden.

HOLZPFLASTER

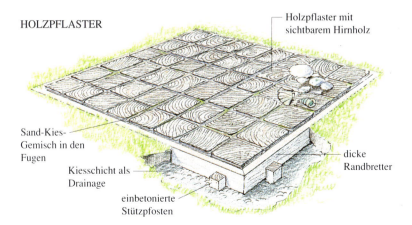

Holzpflaster aus zehn Zentimeter starken Hartholzblöcken verlegt man mit der Hirnholzseite nach oben über einer Packlage aus Schotter in grobem Sand. Die einen Zentimeter breiten Fugen werden mit einem Sand-Kies-Gemisch verfüllt; eine darunterliegende Kiesschicht sorgt für eine gute Drainage. Als Randeinfassung dienen stabile Holzbretter.

BAUMSCHEIBEN

Baumscheiben, in ein gut verdichtetes Sand-Kies-Gemisch gesetzt, das das Wasser ableitet, eignen sich vor allem für naturnahe oder waldähnliche Gartenbereiche. Sie sollten 7,5 bis 15 Zentimeter stark, kesseldruckimprägniert und sägerauh sein, damit sie bei nassem Wetter weniger rutschig sind. Für ein besonders rustikales Aussehen füllt man die Zwischenräume mit Rindenmulch.

RANDEINFASSUNGEN

Neben ihrer optischen Funktion innerhalb der Gartengestaltung spielen Einfassungen von Wegen, Auffahrten und größeren Pflasterflächen noch verschiedene andere nützliche Rollen. Eine besteht darin, die seitliche Bewegung bestimmter Pflastermaterialien aufzufangen. Um Ziegel in einem Sandbett an ihrem Platz zu halten, ist eine in Mörtel verlegte Randeinfassung erforderlich. Einfachere Einfassungen verhindern, daß lose Materialien wie zum Beispiel Kies oder Rindenstücke auf angrenzende Bereiche gelangen – und umgekehrt, daß Erde aus Beeten und Rabatten auf gepflasterte Flächen fällt.

Einfassungen sind auch hilfreiche Führungslinien. Bei schlechten Lichtverhältnissen oder wenn die verschiedenen Gartenflächen von Schnee bedeckt sind, dienen sie als optische Markierungen. Entlang von Auffahrten und an Kfz-Einstellflächen signalisieren niedrige Barrieren, wie etwa eine Kante aus Ziegel- oder Pflastersteinen, dem Autofahrer das Ende des befestigten Areals.

Verschiedene Arten der Randeinfassung beleben gleichförmige Pflasterflächen und verbinden die Materialien und die Gestaltung der horizontalen Flächen mit anderen Gartenelementen. Für rustikale Einfassungen eignen sich Holz oder Feldsteine, für formalere gibt es zahlreiche Fertigelemente, darunter auch Nachbildungen historischer Einfassungen. Die Möglichkeiten, aus dem breiten Spektrum von Ziegeln, Blöcken und Pflastersteinen attraktive Einfassungen zu kreieren, sind unbegrenzt. Und denken Sie daran: Dort, wo Einfassungen an Rasenflächen grenzen, erleichtert ein schmaler grasfreier Streifen das Mähen.

Links   *Strapazierfähige, hochkant verlegte Ziegel ergeben eine attraktive Einfassung für ein erhöhtes Beet. Diese Einfassung ist ordentlich und funktional zugleich und trägt zur eleganten Gartengestaltung bei. Zusammen mit passenden waagrecht verlegten Ziegelreihen zu beiden Seiten des Wegs aus unregelmäßig geformten Natursteinplatten betont die Einfassung die geschwungenen Linien der Rasenfläche, des Wegs und der Rabatte.*

RANDEINFASSUNGEN 47

SCHRÄG GESTELLTE ZIEGEL

in die Erde eingelassene Ziegel

Schräg gestellte Ziegel sind eine traditionelle Randeinfassung, die man mit vielen Baustilen in Verbindung bringt und für die sich jeder strapazierfähige, frostfeste Ziegel eignet. Die Ziegel werden schräg in die Erde eingelassen, so daß sie wie Sägezähne über das Pflaster hinausragen. Man kann sie in Mörtel setzen oder die Erde um sie herum einfach feststampfen, was allerdings weniger haltbar ist.

FELDSTEINE

in die Erde eingelassene Feldsteine

Feldsteine, die man fast überall findet, ergeben eine ansprechende rustikale Einfassung. Entlang von Rasenflächen, die häufig gemäht werden müssen, sind sie jedoch ungeeignet; bei Wildblumenwiesen mit längerem Gras, das nur gelegentlich geschnitten wird, ergeben sich dagegen weniger Probleme. Steine geeigneter Größe können die Ränder von Zufahrtswegen markieren.

BETONRANDSTEINE

Betonrandsteine

Betonrandsteine werden im allgemeinen für größere Auffahrten und Straßen verwendet. Es gibt sie in vielen Größen und Formen mit speziellen Elementen für Ecken und zur Überbrückung von Höhenunterschieden. Ursprünglich bestanden solche Randsteine aus Naturstein wie Granit, doch heute wird zumeist Beton verwendet.

STABILE RUNDHÖLZER

in den Boden geschlagene Rundhölzer

Rundhölzer eignen sich ausgezeichnet für freie Gestaltungen, denn sie lassen sich gut entlang von Bogen in die Erde treiben und passen sich Höhenunterschieden an. Man kann auch Kanthölzer oder halbrunde Pflöcke dicht nebeneinander tief in den Boden schlagen. Die Hölzer müssen jedoch kesseldruckimprägniert sein.

HÖHENVERSETZTE ZIEGEL

Betonstreifen

Sie sind eine gute Einfassung für Auffahrten. Die Ziegel werden in unterschiedlicher Höhe in Beton gesetzt. Die tieferliegenden befinden sich auf einer Höhe mit der befestigten Fläche, so daß Wasser ablaufen kann; die höherstehenden verursachen eine Vibration, wenn man mit dem Auto darüberfährt.

RANDZIEGEL MIT KORDELMUSTER

in die Erde eingelassene Randziegel

Einfassungssteine mit Kordelmuster aus gebranntem Ton wurden im 19. Jahrhundert hergestellt und passen gut zu Gebäuden aus dieser Zeit. Die Elemente können einfach in eine tiefe Rinne gesetzt und mit angestampfter Erde an Ort und Stelle gehalten werden. Heute sind Nachbildungen erhältlich.

STARRE OBERFLÄCHEN

Die eher geometrischen Elemente dieser Art von Pflasterung werden in der Regel auf einem Plattenfundament aus Beton in Mörtel verlegt. Dies ist speziell bei dünneren und spröderen Baustoffen – sei es Naturstein oder industriell hergestelltes Material – erforderlich, da hier sowohl für die klare Geometrie des Belags wie auch für seine Festigkeit ein solider Unterbau nötig ist. Auch die meisten stabileren Materialien wie Pflastersteine und Steinplatten können – statt in ein Sandbett über einer Schotterlage – in Mörtel gesetzt werden.

Bei der Auswahl eines geeigneten Pflastermaterials spielt die zu erwartende Belastung und Beanspruchung eine Rolle sowie die Frage, ob eine ebene Fläche für Gartenmöbel oder ein rutschfester Belag für eine Schräge entstehen soll. Bei der Planung größerer Pflasterflächen muß überdies berücksichtigt werden, in welcher Form das Oberflächenwasser abgeleitet werden soll, da die Fläche an sich wasserundurchlässig ist. Achten Sie darauf, daß ein angemessenes Gefälle und entsprechende Abflußmöglichkeiten vorhanden sind.

Naturstein

In Gegenden, wo bestimmte Gesteinsarten zum Landschaftsbild gehören, spiegelt sich dies auch oftmals in der traditionellen Architektur und der Gartengestaltung wider. Örtlich vorkommendes Gestein kann deshalb den Stil und die Farbe von Gebäuden und Mauern bestimmen, da nicht nur ein harmonisches Gesamtbild von Haus und Garten anzustreben ist, sondern auch von Grundstück und dessen Umgebung. Naturstein ist auch dort von Bedeutung, wo Flußsteine, Findlinge oder Flintsteine vorkommen und für Trockenmauern, Randeinfassungen, Grenzmarkierungen oder zum Hausbau Verwendung finden.

Die Schwierigkeit, Naturstein zu transportieren, hat die Auswahl in der Vergangenheit begrenzt, doch bekommt man heute fast überall verschiedene Arten von Naturstein, einschließlich ihrer Imitationen, wenngleich sie zuweilen sehr teuer sind. Die Verwendungsmöglichkeiten von Naturstein als Pflastermaterial haben sich auch außerhalb ihrer traditionellen

UNREGELMÄSSIG GEFORMTE NATURSTEINPLATTEN

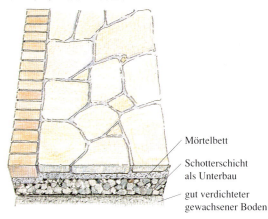

Mörtelbett
Schotterschicht als Unterbau
gut verdichteter gewachsener Boden

Unregelmäßig geformte Natursteinplatten ergeben eine Pflasterfläche aus polygonalen Formen. Die Platten können so verlegt werden, daß die Ränder ebenfalls unregelmäßig geformt sind. Ein gerader Abschluß entsteht, wenn man die Platten mit einer Randeinfassung versieht, beispielsweise aus Ziegeln. Aus Gründen der Stabilität werden die Platten in Mörtel verlegt. Als Schutz vor Frost- und Wasserschäden und damit keine Stolperkanten entstehen, sollte die Fläche so eben wie möglich sein.

GROSSE KIESELSTEINE

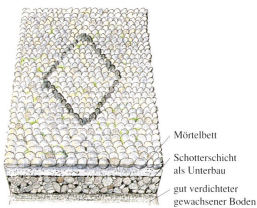

Mörtelbett
Schotterschicht als Unterbau
gut verdichteter gewachsener Boden

Große Kieselsteine (Rundkies), die in Mörtel gesetzt werden, bieten eine interessante Struktur. Zum Verlegen wird die Fläche mit einem provisorischen Holzrahmen oder einer bleibenden Randeinfassung versehen. Dann drückt man die angefeuchteten Kieselsteine in das vorbereitete Mörtelbett; der Mörtel sollte nicht zu fest sein. Kleine, dicht nebeneinandergesetzte Kiesel ergeben eine angenehme Lauffläche; größere Kiesel, in weitem Abstand verlegt, sehen gut aus, sind aber unbequem zu begehen.

HALBIERTE FLINTSTEINE

Mörtelbett
Schotterschicht als Unterbau
gut verdichteter gewachsener Boden

Halbierte Flintsteine weisen eine extrem harte, glasähnliche Bruchfläche auf. Verlegt man sie wie Kiesel mit der flachen Seite nach oben, entsteht eine glatte, strapazierfähige Fläche. Halbierte Flintsteine haben aber sehr scharfe Kanten und sind daher für Spielbereiche ungeeignet. Wenn der Mörtel bündig mit den Kanten abschließt, sind sie jedoch weniger gefährlich, und im Laufe der Zeit verschwinden die scharfen Kanten durch Moosbildung und Abnutzung.

Verbreitungsgebiete durchgesetzt. Das klassische Repertoire an Formen und Mustern von Natursteinpflaster harmoniert mit vielen industriell hergestellten Materialien.

Verschiedene Gesteinsarten unterscheiden sich erheblich in Qualität und Festigkeit, und ihr Aussehen wird zusätzlich durch die Art des Abbaus und des Verlegens beeinflußt. Harter Naturstein von einheitlicher Struktur wird gewöhnlich in verlegefertigen Größen angeboten. Naturstein mit einer charakteristischen Maserung läßt sich zu flachen Blöcken spalten, so daß eine bruchrauhe Oberfläche entsteht. Aufgrund von Feuchtigkeit und Frost kann solches Gestein jedoch abblättern. Wird Natursteinpflaster so verlegt, daß der Mörtel bündig mit der Oberfläche abschließt, kann sich nicht so leicht Wasser in den Fugen sammeln und von der Seite in den Stein eindringen.

Rechts   Flächen aus unregelmäßig geformtem Naturstein sehen am besten aus, wenn man überwiegend große Steinplatten verwendet. Hier bilden Natursteinplatten eine kreisrunde Fläche – eine Form, die Ruhe ausstrahlt und sich daher besonders gut für einen Sitzbereich anbietet.

GRANITPFLASTER

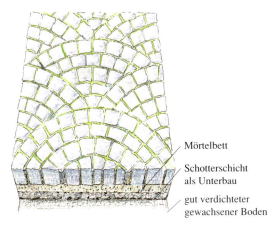

Mörtelbett
Schotterschicht als Unterbau
gut verdichteter gewachsener Boden

Granitpflaster gibt es in verschiedenen Größen. Die würfelförmigen Pflastersteine können gitterförmig oder in dekorativen Mustern, wie dem hier gezeigten Schuppenmuster, verlegt werden. Man setzt sie in fast trockenen Mörtel, legt ein Brett darüber und klopft die Steine mit einem Holzhammer nach unten, so daß eine ebene Fläche entsteht. Die Zwischenräume werden anschließend mit Mörtel verfugt. Moos schwächt das etwas strenge Aussehen dieses Materials ab.

KLEINPFLASTER

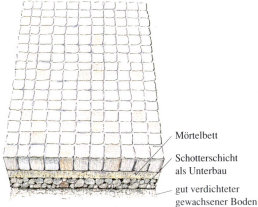

Mörtelbett
Schotterschicht als Unterbau
gut verdichteter gewachsener Boden

Kleinpflaster besteht aus Steinwürfeln einheitlicher Größe. Sie werden in Mörtel und traditionell mit sehr schmalen Fugen verlegt, so daß ein kleinformatiges Muster und eine verhältnismäßig glatte Oberfläche entsteht. Mitunter läßt man die Pflastersteine auch ohne Mörtelfuge stumpf gegeneinander stoßen und bürstet farbigen Sand in die schmalen Zwischenräume. Kleinpflaster aus weicherem Gestein und Marmor wird in warmen, frostfreien Gegenden überaus wirkungsvoll verwendet.

BRUCHSTEINE

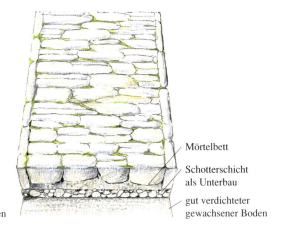

Mörtelbett
Schotterschicht als Unterbau
gut verdichteter gewachsener Boden

Bruchsteine, die als dünne Platten hochkant verlegt werden, ergeben eine wunderschön strukturierte traditionelle Oberfläche mit einem unregelmäßigen Muster. Allerdings läßt sich nur sehr hartes Gestein auf diese Weise verwenden, da die Steine jeweils mit ihrer empfindlicheren Seite nach oben liegen. Die Steine benötigen eine stabile Randeinfassung und müssen gut in kräftigen Mörtel gebettet sein. Es ist darauf zu achten, daß sie sorgfältig ausgefugt werden.

Betonwerkstein und Betonpflaster

Einige künstliche Pflastermaterialien auf Zementbasis sind verschiedenen Arten von Naturstein nachempfunden – sie sind oftmals kaum von ihren natürlichen Vorbildern zu unterscheiden. Andere bilden ein eigenes dekoratives Oberflächenmaterial. Die Vielfalt der angebotenen Produkte umfaßt das gesamte Spektrum an Gartenstilen und reicht von geeigneten Materialien für naturnahe ländliche Gärten über ummauerte kleine Stadtgärten bis hin zu solchen mit klaren geometrischen Formen für eine formale Gestaltung.

Da diese vorgefertigten Elemente eine einheitliche Form haben, lassen sie sich relativ einfach verlegen. Die Stärke und die Haltbarkeit können jedoch von Produkt zu Produkt unterschiedlich sein. Achten Sie in jedem Fall darauf, daß das gewählte Material der zu erwartenden Belastung standhält. Handelt es sich bei der zu pflasternden Fläche um eine, auf der Fahrzeuge verkehren, so ist unter Umständen eine Betonschicht zwischen dem Mörtelbett und der Schotterlage erforderlich, damit die notwendige Stabilität erreicht wird.

Betonwerkstein besteht aus zerkleinertem Naturstein oder Gesteinsmehl und Beton. Die Mischung wird in Formen gepreßt, so daß sie ein natürliches Aussehen erhält; die Farbe ergibt sich durch die jeweilige Tönung des Gesteinzuschlags.

Betonpflastersteine werden aus zerkleinertem Naturstein oder Zuschlag, Zement und in vielen Fällen Farbpigmenten hergestellt. Einige werden in Formen gegossen, damit sie wie richtige Steine aussehen, andere erhalten eine Oberflächenstruktur, beispielsweise durch Abbürsten des noch feuchten Betons in den Formen, so daß eine feingefurchte und rutschfeste Oberfläche entsteht. Andere Pflastersteine werden hydraulisch mit Maschinen in Form gepreßt und sind mit verschiedenen Oberflächenstrukturen erhältlich.

Links   *Die gedämpften Farbtöne großer rechteckiger und quadratischer Betonplatten verleihen dieser modernen Gartengestaltung eine warme Atmosphäre. Der helle Stein, der für die erhöhten Beete und Stufen verwendet wurde, sorgt für einen schönen Farbkontrast.*

STARRE OBERFLÄCHEN 51

BETONWERKSTEINE MIT SICHTBAREM ZUSCHLAG

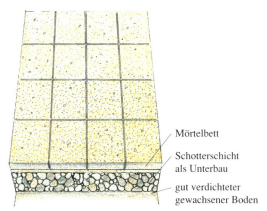

Gitterförmig verlegte Betonwerksteine ergeben ein statisches Muster. Die Steine sind mechanisch bearbeitet, so daß der Zuschlag sichtbar wird und eine ansprechende, rutschfeste Oberfläche entsteht. Die Farben hängen vom Zuschlag ab.

BETONPFLASTER MIT GEFURCHTER OBERFLÄCHE

Das Pflaster ist griffig und rutschfest, aber dennoch glatter als eines mit sichtbarem Zuschlag. Dieser sogenannte Holländische Verband setzt sich aus zwei verschiedenen Formaten von Betonsteinen zusammen und ergibt ein einfaches Muster.

TERRAZZO-MARMOR-PLATTEN

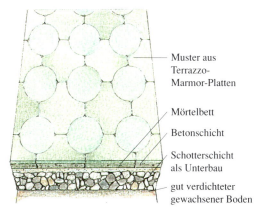

Terrazzo-Marmor ähnelt in Stil und Oberflächenstruktur einem echten Marmorbelag. Die polierte Oberfläche, die Marmorstaub enthält, ist für Höfe und Terrassen ideal, eignet sich jedoch nicht für abschüssige oder leicht vereisende Flächen.

BETONPFLASTERPLATTEN MIT AUFGERAUHTER OBERFLÄCHE

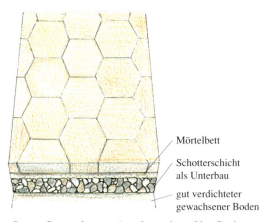

Betonpflasterplatten mit aufgerauhter Oberfläche sind ansprechend strukturiert und rutschfest, lassen sich aber dennoch gut kehren. Bei der Herstellung wird der feuchte Beton in der Form mit einer schweren Stahlwalze bearbeitet, die die Oberfläche aufreißt. Diese sechseckigen Platten wirken je nach Blickwinkel statisch oder leicht richtungsverlaufend.

PFLASTERSTEINE MIT IMITIERTER VERWITTERUNG

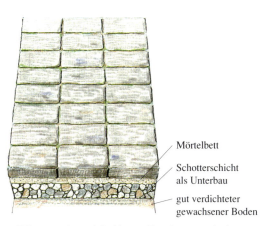

Pflastersteine mit imitierter Verwitterung sind aus Beton gegossen und sehen traditionellem Natursteinpflaster verblüffend ähnlich. Unregelmäßigkeiten in der Form und eine Mischung verschiedener Farben im Beton bewirken das gesprenkelte, verwitterte Aussehen. Rechteckige Steine werden, wie hier, im Normalverband verlegt. Quadratische Steine sind ebenfalls erhältlich.

BETONPFLASTERPLATTEN MIT GEFURCHTER OBERFLÄCHE

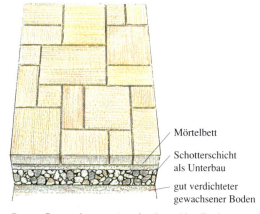

Betonpflasterplatten mit gefurchter Oberfläche werden so verlegt, daß der Richtungsverlauf der Furchen wechselt. Rechteckige Betonplatten können auch so hergestellt werden, daß sie wie Naturstein aussehen. Das hier gezeigte »unregelmäßige« Verlegemuster ist in Wirklichkeit ziemlich regelmäßig, da die verschiedenen Plattenformate aufeinander abgestimmt sind.

Ziegel und Fliesen

Ziegel sind ein überaus beliebtes Pflastermaterial. Sie harmonieren gleichermaßen gut mit Naturstein und künstlichen Materialien wie Betonpflasterplatten. Darüber hinaus stellen sie einen ausgezeichneten Hintergrund für Pflanzen dar, und ihr Format erlaubt eine Vielzahl von attraktiven Verlegemustern.

Ziegel und Fliesen für den Außenbereich müssen strapazierfähig und frostbeständig sein. Sie sollten eine rutschfeste Oberfläche haben, auch wenn tieferliegende Fugen eine gewisse Trittsicherheit gewährleisten. Für Gehwege empfiehlt es sich, die Ziegel in ein Mörtelbett über einer Schotterschicht auf gut verdichtetem gewachsenen Boden zu verlegen; für Wege mit Fahrzeugbelastung ist jedoch ein zusätzliches Betonfundament sicherer, und man verlegt die Ziegel am besten hochkant oder verwendet dickere Steine, als dies sonst üblich ist.

Die im Handel angebotene Palette an Strukturen, Formen und Farben ist umfangreich. Traditionelle Ziegel aus gebranntem Ton strahlen Wärme und Behaglichkeit aus; sie bewahren ihre Farbe auch besser als Pflastersteine aus Beton oder Sand-Kalk-Gemischen, deren Farbpigmente auslaugen oder verblassen können. Wenn angrenzende Gebäude oder Anlagen bereits aus Ziegeln bestehen, sollten die neuen Steine möglichst identisch sein. Die Verwendung von Ziegeln für Randeinfassungen, Treppen oder dekorative Gartenelemente bietet eine gute Möglichkeit, ein kontrastierendes neues Pflastermaterial in die Umgebung einzubeziehen.

Fliesen gibt es in einer Vielzahl von Formaten und Ausführungen. Am haltbarsten sind unglasierte hartgebrannte Tonfliesen. Sie lassen sich nur schwer schneiden und eignen sich daher am besten für rechteckige Flächen. Sie können wie Ziegelsteine in Mörtel gelegt werden. Am empfindlichsten, aber dekorativsten sind glasierte Keramikfliesen. Sie sind nicht immer frostbeständig und erfordern ein ebenes Betonfundament als Unterbau.

ZIEGELPFLASTER

Strangpreßziegel (mit einem Stahldraht geschnitten)   **halbierter Pflasterklinker**   **blauer Strukturziegel**   **Pflasterstein mit abgeschrägten Kanten**

Verbundstein   **geviertelter Pflasterklinker**   **keilförmiger Pflasterstein**

Ziegelpflaster gibt es in vielen Ausführungen; einige Beispiele sind oben abgebildet. Neben traditionellen rechteckigen Steinen sind auch zahlreiche Sonderformate erhältlich, wie S-förmige Verbundsteine und keilförmige Pflastersteine, die im Schuppenmuster oder in anderen Mustern, die auf konzentrischen Ringen basieren, verlegt werden.

Links   *Moderne Ziegel sind hier im Blockparkettverband und auf der unteren Ebene in einem kontrastierenden Läuferverband angeordnet. Die kleinformatigen Pflasterelemente, deren Verlegemuster dem Gestaltungsplan Dynamik verleiht, sind ein schöner Kontrast zu den großen Pflanzkübeln und den kompakten Formen der Sträucher.*

STARRE OBERFLÄCHEN 53

LÄUFERVERBAND

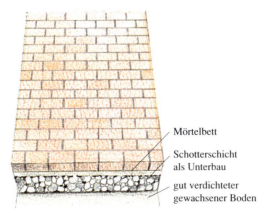

Der Läuferverband ist ein traditionelles Verlegemuster mit regelmäßig versetzten Fugen. Er hat einen ausgeprägten Richtungsverlauf und läßt eine Fläche größer erscheinen, wenn die durchgehenden »horizontalen« Fugen, wie hier, von einer Seite zur anderen verlaufen. Gleichermaßen läßt er eine Fläche – insbesondere einen Weg – länger erscheinen, wenn diese Fugen in Längsrichtung verlaufen.

BLOCKPARKETTVERBAND AUS KLINKERPLATTEN

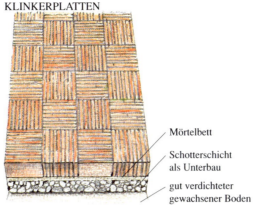

Ein Blockparkettverband läßt sich aus frostfesten, strapazierfähigen Klinkerplatten herstellen, die hochkant in Mörtel verlegt werden. Mit dieser Verlegetechnik lassen sich verschiedene attraktive Muster, darunter auch Bogen, erzielen. Schmale Fugen sehen am besten aus. Dieser Blockparkettverband wirkt statisch und ist daher ausgesprochen gut für einen Sitzbereich geeignet.

NORMALVERBAND

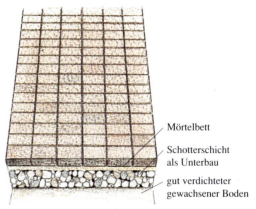

Ein Normalverband entsteht, wenn man Ziegel, wie hier, flach (oder auch hochkant) verlegt, so daß die Fugen in beiden Richtungen durchlaufen. Dieser Verband wirkt etwas steif, ist einer modernen, zeitgenössischen Architektur aber durchaus angemessen. Schaut man »quer« auf die Ziegel, hat er einen statischen Effekt, in Längsrichtung weist er dagegen einen ausgeprägten Richtungsverlauf auf.

FISCHGRÄTVERBAND

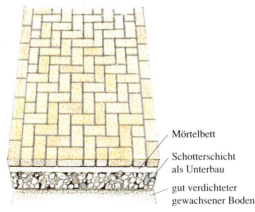

Ein Fischgrätverband kann so angeordnet sein, daß die Kanten der Ziegel parallel zu den Rändern einer rechteckigen Pflasterfläche verlaufen – und nicht in einem Winkel dazu liegen, wie auf Seite 43 gezeigt. Bei einer solchen Anordnung braucht man am Rand keine dreieckigen »Füllsteine«, und es entsteht aus allen Blickrichtungen ein interessanter Effekt.

DIAGONALER HOLLÄNDISCHER VERBAND

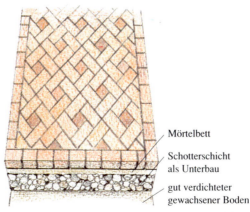

Der diagonal verlegte Holländische Verband führt den Blick links und rechts nach außen. Gartengestalter verwenden ihn gerne, um eine kleine umschlossene Fläche optisch größer erscheinen zu lassen. Er ergibt ein lebhaftes Muster für Wege und Pflasterflächen mit einer parallel verlaufenden Randeinfassung, die die winkligen »Füllsteine« am Rand an ihrem Platz hält.

GEVIERTELTER PFLASTERKLINKER

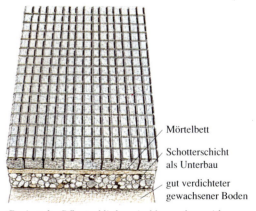

Geviertelte Pflasterklinker sind besonders widerstandsfähig und haben an der Oberfläche tiefe V-förmige Einkerbungen. Sie wirken lebhaft und sehen wie viele kleine quadratische oder rechteckige Pflastersteine aus. Durch die zahlreichen Fugen ergibt sich eine ausgezeichnete Trittsicherheit.

Ortbeton

Entgegen seines Rufs, ausdruckslos und langweilig zu sein, kann fachgerecht aufgebrachter und mit einer interessanten und dekorativen Oberflächenstruktur versehener Beton in einem Garten erstaunlich ansprechend aussehen. Neben verschiedenen rutschfesten Oberflächenstrukturen bietet sich bei der Gestaltung auch die Möglichkeit, Ziegel, Pflastersteine oder Holz einzubeziehen, so daß für attraktive Details und gleichzeitig für die erforderlichen Dehnungsfugen gesorgt ist. Solche Fugen im Beton sind unerläßlich, denn sie nehmen die Materialbewegungen, die durch Temperaturschwankungen entstehen, auf. Keine Betonfläche, die länger oder breiter als etwa fünf Meter ist, sollte ohne Dehnungsfugen ausgeführt werden.

Das richtige Aufbringen und Weiterbearbeiten von Beton erfordert einige Erfahrung. Deshalb sollte man manche Verfahren ausschließlich dem Fachmann überlassen. Durch die zähflüssige Konsistenz von Frischbeton entsteht ein starker seitlicher Druck, speziell beim Verteilen und Verdichten – sei es manuell oder maschinell. Aus diesem Grund muß die Fläche mit einer dauerhaften Randeinfassung oder einer provisorischen Holzschalung versehen werden.

Wie jedes andere Pflastermaterial erfordert Beton einen wirklich guten, festen Unterbau, damit er nicht absackt und reißt. Wenn ein Pflaster aus kleinen Einheiten besteht, treten eventuelle Risse gewöhnlich nur in den Fugen auf und sind zumeist kaum sichtbar. Bei einer relativ glatten, durchgängigen Betonfläche sind Risse hingegen weitaus auffälliger und störender. Die Höhe der Betonschicht und die Zusammensetzung des Betons ist vom beabsichtigten Verwendungszweck abhängig; auch hier ist es beispielsweise wichtig, die Belastungen durch Fahrzeugverkehr in die Planung miteinzubeziehen. Eine dekorative »Verschleißschicht« kann Farbpigmente enthalten. Mitunter werden für wirkungsvolle Effekte auch verschiedene Zuschlagstoffe verwendet; dabei handelt es sich um kleine Steine, Sand oder Kies, die mit Zement und Wasser die Betonmischung ergeben. Die Verschleißschicht wird auf ein normales Betonfundament aufgebracht, dessen Oberfläche aufgerauht sein sollte, damit sie sich gut mit der oberen Schicht verbindet.

Links   Dehnungsfugen sind bei allen größeren Betonflächen unerläßlich. Auf dieser Terrasse wurden sie in die Gestaltung integriert, indem sie ein dekoratives Muster in der Betonfläche bilden. Die anmutige Geometrie der Bogen und Geraden im Terrassenbelag verleiht dem Garten einen Hauch von Eleganz und Originalität.

STARRE OBERFLÄCHEN 55

HOLZLATTE

GLÄTTKELLE ODER BÜRSTE

WASCHBETON

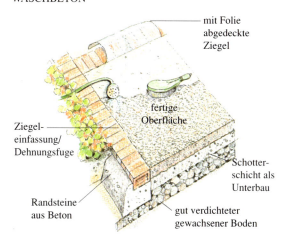

Mit einer Holzlatte abgezogener Beton hat eine stark strukturierte Oberfläche, die eine gute Trittsicherheit gewährleistet. Durch das Hin- und Herziehen der Latte entstehen quer verlaufende Furchen, die eine griffige Oberfläche für Fahrzeuge ergeben. Zieht man den Beton mit einem harten Besen ab, entsteht eine ähnliche, aber feinere Struktur.

Beton, der mit einer Glättkelle abgezogen wird, hat eine glatte Oberfläche. Sie ist jedoch für Schrägen und Bereiche, die durch Regen und Eis rutschig werden können, weniger gut geeignet. Mit einer Bürste abgezogener Beton ist rutschfester. Kesseldruckimprägnierte Bretter oder Hartholz erzeugen ein Muster und dienen zugleich als Dehnungsfugen.

Waschbeton zieht man mit der Glättkelle ab und läßt ihn abbinden. Dann wird der Beton an der Oberfläche behutsam mit einer Bürste und Wasser entfernt, so daß der Zuschlag sichtbar wird, aber noch fest im Beton eingebettet bleibt. Damit keine Zementflecke entstehen, werden Einfassung und Dehnungsfugen mit Folie abgedeckt, die man später wegschneidet.

KÜNSTLICHE FUGEN

MASCHINELL BEARBEITETE BELÄGE

KUNSTHARZGEBUNDENER ZUSCHLAG

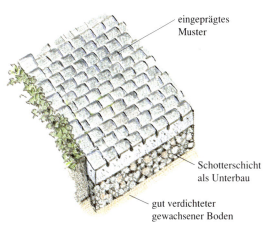

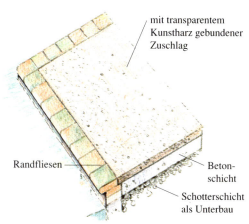

Künstliche Fugen kann man mit einem geeigneten Metallwerkzeug und einer Holzlatte in den noch feuchten Beton drücken, so daß die Fläche an Pflasterplatten erinnert. Hier wurde der Beton vor dem Eindrücken der Fugen mit einem Besen abgezogen.

Maschinell bearbeitete Beläge können die verschiedensten Pflastermaterialien in ihren vielen Mustern, Formen und Farben nachahmen, darunter Natursteinplatten, Ziegel und, wie hier, Pflastersteine. Die Formen werden maschinell in den feuchten Beton geprägt.

Kunstharzkies erzeugt eine dauerhaft glänzende, aber rutschfeste Oberfläche. Man bringt dazu auf der Betonschicht eine dünne Lage Feinkies auf, der mit transparentem Kunstharz gebunden ist. Hier ist die Fläche mit dekorativen Fliesen eingefaßt.

TREPPEN UND RAMPEN

Einige der interessantesten Gärten haben mehrere Ebenen, und in viele Gärten gelangt man über eine Treppe vom Haus oder von der Terrasse aus. Stufen überbrücken Höhenunterschiede zwischen den verschiedenen Ebenen, bieten aber als dekoratives Element gleichzeitig auch ausgezeichnete gestalterische Möglichkeiten.

Das Angebot an geeigneten Materialien ist immens groß, und der Stil einer Treppe kann von strenger Funktionalität bis hin zu skulpturaler Eleganz reichen. Durch attraktive und bequeme Stufen, deren Material und Stil der Umgebung angemessen sind, läßt sich ein Garten in problematischer Hanglage erfolgreich gestalten. Bei sehr steilem Gelände können Stufen mit dazwischenliegenden »Podesten« sogar die Funktion von horizontalen Wegen und Pflasterflächen übernehmen, die sich auf dem Grundstück nicht verwirklichen lassen, so daß es anderenfalls nicht genutzt werden könnte. Höhenunterschiede zu beiden Seiten der Stufen können als deutlich abgegrenzte oder naturnahe Terrassen oder auch als bepflanzte Schrägen gestaltet werden. Bei erstklassig gestalteten Treppen bilden all diese Elemente eine harmonische Einheit.

Wählen Sie, insbesondere in der Nähe des Wohngebäudes, Materialien, deren Farbe und Dimension zur Umgebung passen. In abgelegeneren Winkeln eines freigestalteten Gartens, wo man sich nur selten aufhält, ist Platz für ungewöhnlichere Treppen, die beispielsweise aus Baumstämmen bestehen oder in den Fels hineingeschlagen sein können. Doch Treppen in der Nähe des Hauses, die täglich benutzt werden, müssen effizient, bequem und ungefährlich sein. Die gleichen Gesichtspunkte gelten für die Konstruktion von Rampen.

Planung von Treppen

Stufen können parallel zu einem Hang verlaufen, im rechten Winkel auf ihn zuführen oder beides. Sie können in den Hang eingelassen oder als freistehende Konstruktion angelegt sein. Die am oberen oder unteren Ende verfügbare Fläche bestimmt oftmals, wie die Treppe angeordnet werden muß. Steht auf der oberen Ebene nur wenig Raum zur Verfügung, müssen die Stufen möglicherweise weit in die Fläche am unteren Ende des Hangs hineinreichen. Ist jedoch umgekehrt auf der unteren Ebene nur wenig Platz vorhanden, können die Stufen in den Hang hineingebaut werden. Die oberen Stufen und das Treppenpodest können dann auf der oberen Ebene Raum greifen.

AUFBAU EINER TREPPE

oberes Treppenpodest
leichtes Gefälle nach vorne
Mörtelbett
seitliche Mauer
Zwischenpodest
Gesamthöhe der Treppe
Überstand
Setzstufe
Setzstufe aus Ziegeln
Trittstufe (Auftritt)
Steigung (max. 40°)
gut verdichteter gewachsener Boden
unteres Podest
horizontale Treppenlänge
Fundament
Unterbau

Der Aufbau einer Treppe:

Trittstufe (Auftritt): Der horizontale Teil einer Stufe. Er hat eine rutschfeste Oberfläche und zum Ablauf des Regenwassers ein leichtes Gefälle nach vorne.

Setzstufe: Der vertikale Teil einer Stufe. Hier ruhen Ziegel als Setzstufen jeweils auf der darunterliegenden Trittstufe, wodurch die gesamte Treppe eine gute Stabilität erhält.

Überstand: Die Vorderkante der Trittstufen kann – wie hier gezeigt – über die darunterliegende Setzstufe ragen oder dekorativ gestaltet werden, damit die Stufen von unten besser zu erkennen sind.

Steigung: Der Winkel, in dem die Stufen nach oben führen; damit Gartentreppen sicher und bequem zu begehen sind, sollten sie nicht steiler als 40 Grad sein.

Oberes und unteres Treppenpodest: Geht die Treppe am oberen und unteren Ende nicht in einen befestigten Weg oder eine Terrasse über, verhindern entsprechende Podeste, daß der Rasen oder das Erdreich abgelaufen wird.

Zwischenpodeste: Sie werden in Abständen eingebaut, damit man beim Begehen der Treppe kurz verschnaufen kann. Die Tiefe (von vorne nach hinten) sollte ein Mehrfaches der Trittstufe betragen.

Seitliche Mauer(n): Sie verhindert(n), daß von der Seite Erdreich auf die Stufen fällt, und dient(en) gleichzeitig als Sicherheitsbarriere beim Benutzen der Treppe.

Fundament: Ein festes Fundament, gewöhnlich aus Beton, kann vor dem Setzen der Stufen gegossen und verstärkt werden. Mitunter wird auch ein Betonunterbau für die gesamte Treppe gegossen, der dem Profil der fertigen Stufen entspricht.

Die Anzahl an Stufen wird durch den Höhenunterschied zwischen den verschiedenen Ebenen und die horizontale Fläche, die für die Stufen zur Verfügung steht, bestimmt. Generell sollten Stufen im Gartenbereich weniger steil sein als Treppen im Haus, die häufig auf begrenztem Raum Platz finden müssen und zum Ausgleich mit einem Geländer oder Handlauf ausgestattet sind.

Stufen müssen eine einheitliche Höhe und Breite haben. Aus Gründen der Bequemlichkeit und Sicherheit sollte eine Treppe so angelegt sein, daß beim Begehen ein bestimmter Schrittrhythmus eingehalten wird. Dieser entsteht durch ein gleichbleibendes Verhältnis zwischen der Höhe der Setzstufen und der Tiefe der Auftritte. Bei sehr langen Treppen empfiehlt es sich – als physikalischen und mentalen Ruhepunkt –, alle zehn oder zwölf Stufen ein Podest einzubauen. Wenn die Tiefe des Podests ein Mehrfaches der Tiefe der Auftritte beträgt, bleibt der Laufrhythmus bestehen. Ein weiterer Vorteil von Podesten ist, daß sie eine lange Treppe erheblich einladender aussehen lassen.

Die Breite der Stufen von einer Seite zur anderen ist ebenfalls von den örtlichen Gegebenheiten abhängig, doch als Faustregel gilt, daß die Stufen immer wenigstens so breit sein sollten wie der Weg, der zu ihnen hin- oder davon wegführt. Allzu schmale Treppen rufen ein unangenehmes Gefühl von Eile und Hast hervor. Je breiter die Stufen, desto ruhiger und entspannter bewegt man sich im Garten.

Sicherheitsvorkehrungen

Für ältere, in der Bewegung eingeschränkte oder sehschwache Menschen, aber auch für Kinder stellen schon ein oder zwei ungesicherte Stufen eine potentielle Gefahrenquelle dar, und selbst kräftige Erwachsene stützen sich beim Begehen einer Treppe gerne gelegentlich ab. Treppengeländer, Balustraden und seitliche Mauern plant man am besten zusammen mit den Stufen. Nachträgliches Hinzufügen kann zu Problemen führen und mehr Arbeit und Kosten verursachen als nötig. Wählen Sie Materialien, die zu den Stufen und der Umgebung passen.

Die Auftritte sollten eine rutschfeste Oberfläche und ein leichtes, kaum wahrnehmbares Gefälle nach vorne aufweisen, damit das Regenwasser leicht ablaufen kann. Zur besseren Sichtbarkeit stehen die Auftritte bei vielen Stufen vorne etwas über, so daß sie eine deutliche Schattenlinie auf die darunterliegende Setzstufe werfen. Materialien in kontrastierenden Farben für die Einfassungen können dekorativ aussehen und heben sich gleichzeitig gut ab.

Für Treppen, die regelmäßig bei schlechten Lichtverhältnissen oder auch nachts benutzt werden, ist eine Beleuchtung nützlich und angenehm und dient darüber hinaus der Sicherheit. Viele Arten von Beleuchtungskörpern, die sich zum Einbau in eine Treppe eignen, erzeugen einen stromlinienförmigen Effekt.

Abmessungen der Setz- und Trittstufen:

Gartenstufen sollten nicht niedriger als 10 und nicht höher als 20 Zentimeter sein. Höhe und Tiefe der Stufen müssen entsprechend aufeinander abgestimmt sein, damit sich die Treppe gut begehen läßt. Je niedriger die Setzstufen, desto tiefer müssen die Trittstufen sein.

SETZSTUFE	TRITTSTUFE
cm	cm
10	48
13	43
15	38
18	28
20	23

Links *Ebene und gleichmäßige Betonstufen überbrücken den steilsten Abschnitt des Hangs, der vom Haus hinauf in den Garten führt. Die Auftritte stehen vorne leicht über, so daß die Stufen gut zu erkennen sind. Die Ziegelmauern zu beiden Seiten dienen als Sicherheitsbarriere. Weiter oben, wo der Hang weniger steil und die Gartengestaltung freier ist, geht die Treppe in einen abgestuften Weg aus hochkant verlegten Betonplatten und Kies über.*

Oben *Blasse durchscheinende Marmorplatten verleihen diesen niedrigen Stufen eine mediterrane Atmosphäre. Die Setzstufen sind mit einem Muster aus kleinen glasierten Fliesen abgesetzt, durch das die Stufen deutlich erkennbar werden und gleichzeitig elegant wirken.*

STUFEN AUS NATURSTEIN

Steinstufen aus großen rechteckigen Bruchsteinen führen in faszinierender Weise einen Steingarten hinauf. Obwohl die Größenverhältnisse von Setzstufen und Auftritten nicht dem Ideal entsprechen, sind solche Abweichungen bei dieser Art von Gartengestaltung durchaus akzeptabel.

STUFEN AUS BAUMABSCHNITTEN

Hartholz- oder kesseldruckimprägnierte Weichholzabschnitte eignen sich ausgezeichnet für rustikale Treppen in einer waldähnlichen Umgebung. Aus Gründen der Stabilität sollte jeder Stammabschnitt bis zur Hälfte in den Boden eingelassen werden. Sägerauhe Flächen sorgen für einen sicheren Tritt.

SETZSTUFEN AUS KANTHÖLZERN

Stufen, die mit Eisenbahnschwellen oder sägerauhen Kanthölzern aus Hartholz oder kesseldruckimprägniertem Weichholz eingefaßt sind, passen zu weniger formal gestalteten Gärten. Die Hölzer werden von Schrauben oder wie hier von Klammern zusammengehalten. Die Auftritte bestehen aus Kies oder Beton.

VORSPRINGENDE STUFEN AUS ZIEGELSTEINEN

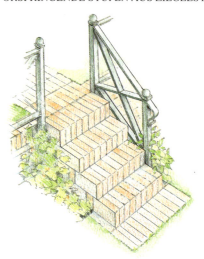

Vorspringende Stufen aus Ziegelsteinen mit einem Geländer sind eine gute Lösung für Treppen ohne seitliche Mauern, die als Sicherheitsbarriere dienen. Hier bestehen die Stufen aus verschleißfesten und frostbeständigen Ziegeln, die für die Setz- und Trittstufen hochkant vermauert sind.

TEILWEISE EINGELASSENE STUFEN

Teilweise eingelassene Stufen sind dort angebracht, wo die Treppe auf der oberen oder unteren Ebene nicht allzuviel Platz beanspruchen soll. Natur- oder Kunststein ist gleichermaßen gut als Baumaterial geeignet. Die Trittstufen ragen leicht über die Setzstufen, so daß starke Schattenlinien entstehen.

TREPPEN UND RAMPEN 59

VOLLSTÄNDIG EINGELASSENE STUFEN

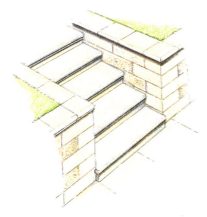

Vollständig eingelassene Stufen sorgen hier für eine raffinierte Treppengestaltung. Der elegant abgerundete Überstand erzeugt deutliche Schattenlinien und läßt die Stufen gleichzeitig breiter erscheinen. Das abgerundete Profil wiederholt sich bei den Abdeckplatten der angrenzenden Mauer, so daß die Stufen perfekt in ihre Umgebung eingebunden sind.

DREIDIREKTIONALE STEINSTUFEN

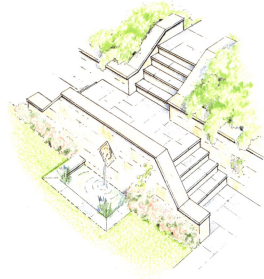

Steinstufen, die symmetrisch und nach drei Richtungen angelegt sind, vermitteln Eleganz und Weite, nutzen den Raum aber ökonomisch. Der obere Abschnitt ist in den Hang eingelassen, die unteren Treppen springen vor und werden von einer Mauer begrenzt.

Oben *Unregelmäßig geformte Natursteinplatten mit entsprechend rustikalem Aussehen ergeben eine freigestaltete Treppe, die sich durch einen waldähnlichen Garten nach oben windet. Das ursprüngliche Aussehen der Steinplatten täuscht, denn die Ausführung der Stufen wurde sorgfältig geplant. Die Steinplatten sind relativ gerade und ergeben verhältnismäßig ebene Auftritte, die leicht nach vorne überstehen, so daß man die Stufen gut erkennen kann.*

BETONSTUFEN

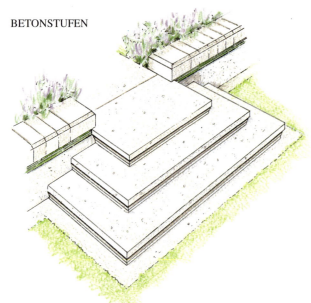

Betonstufen, die klare Kanten haben und elegant aussehen, lassen sich an Ort und Stelle gießen oder aus vorgefertigten Betonplatten bauen. Hier sind die Überstände und Setzstufen mit einem Profil versehen, und die leicht aufgerauhte Oberfläche läßt die Zuschlagstoffe im Beton sichtbar werden. Grüne glasierte Fliesen unterstreichen das moderne geometrische Aussehen. Die Materialien der Treppe wiederholen sich in den angrenzenden Mauern.

HALBKREISFÖRMIGE STUFEN

Halbkreisförmige Stufen kulminieren traditionell in einem kreisrunden Treppenpodest. Diese konzentrische Anordnung strahlt Ruhe und Erhabenheit aus – die Stufen führen in keine bestimmte Richtung. Die Trittstufen und das Podest aus Natur- oder Kunststein werden durch Setzstufen aus Tonfliesen ergänzt. Die gleichen Baustoffe finden sich auch bei den angrenzenden Mauern aus Flintstein wieder, wodurch ein harmonisches Bild entsteht.

SETZSTUFEN AUS RUNDHÖLZERN

Setzstufen aus Rundhölzern fügen sich gut in eine naturnahe Umgebung ein. Sie werden an stabilen, tief in den Boden getriebenen Pflöcken festgenagelt. Holzschutzmittel tragen dazu bei, daß die Rundhölzer durch Abnutzung nicht rutschig werden. Für die Auftritte, die in der Breite variieren und leicht ansteigen können, eignet sich eine Schüttung aus Kies oder Rindenstücken oder aber strukturierter Beton.

FREITRAGENDE STUFEN

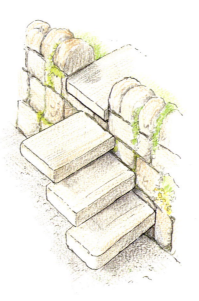

Freitragende Stufen können aus hartem Naturstein oder bewehrtem Beton bestehen und sind sowohl ungewöhnlich und interessant als auch funktional. Sie nutzen eine kleine Fläche optimal aus, eignen sich aber nicht zum häufigen Begehen. Jede Stufe muß fest in der Stützmauer verankert werden, damit sie das Körpergewicht des Benutzers und gleichzeitig ihr eigenes Gewicht tragen kann.

TREPPEN UND RAMPEN   61

Rampen

Obwohl sie zur Überbrückung desselben Höhenunterschieds mehr Platz beanspruchen als Stufen, sind Rampen überall dort nötig, wo eine Benutzung mit Rädern zu erwarten ist. Das Steigungsverhältnis gibt den senkrechten Höhenunterschied im Verhältnis zur waagrechten Länge der Rampe an. Ein Steigungsverhältnis von 1:15 bedeutet also, daß die Rampe einen Zentimeter pro 15 Zentimeter waagrechter Länge ansteigt; für Rasenmäher und Schubkarren ist ein Steigungsverhältnis von 1:15 angemessen, über kurze Distanzen ist auch eine größere Steigung akzeptabel, doch für Rollstuhlfahrer sollte eine Rampe flacher sein und ein Steigungsverhältnis von 1:20 aufweisen. Wenn die Rampe einen Bogen mit einschließt, nimmt die Steigung meistens zwangsläufig zu; das Steigungsverhältnis von 1:20 sollte daher vom Anfang des Bogens aus gemessen werden. Rür Rampen eignen sich am besten Materialien mit rutschfester und griffiger Oberfläche.

RAMPE MIT STUFEN

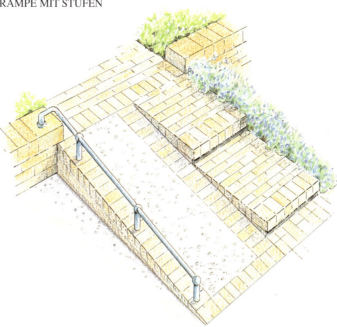

Diese Rampe mit Stufen hat ein Steigungsverhältnis von 1:20. Ein niedriges Geländer sichert die Rampe auf der einen Seite; auf der anderen Seite erfüllen zwei flache Stufen diesen Zweck. Die für die Mauern und Stufen verwendeten Ziegel umschließen die Rampenoberfläche aus Waschbeton, der einen guten Halt auf der Schräge gewährleistet.

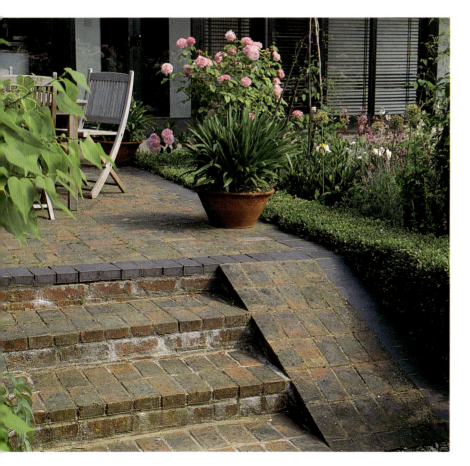

Links   *Treppe und Rampe, über die sich Gartengeräte, wie Schubkarren und Rasenmäher, bequem transportieren lassen, fügen sich harmonisch in diesen kleinen Garten ein. Sie bestehen aus alten Ziegeln, die zur Terrasse passen. Der kontinuierliche Übergang von einer Ebene zur anderen wird durch die Verwendung blaugrauer Ziegel hervorgehoben, mit denen sowohl die Terrasse wie auch die Rampe eingefaßt ist.*

VERTIKALE ELEMENTE

Gartenräume und geschützte Zonen durch Pflanzen, Mauern, Zäune und Spaliere

Vertikale Pflanzungen 66
Mauern 70
Zäune 90
Tore und Maueröffnungen 100
Dekorative Konstruktionen 106

Gegenüber *Durch vertikale Elemente,
die dekorativ und nützlich zugleich sind, läßt sich eine Fläche
abgrenzen, ohne daß sie abgeschlossen wirkt.
Dieser anmutige weiße Zaun schafft ein hübsches,
ungestörtes Gartenrefugium.*

Vertikale Elemente in der Gartengestaltung sorgen für Abgeschiedenheit, Sicherheit und Schutz. Manche dieser Elemente können durchgehende Grenzen bilden – einschließlich der Einfriedung eines Gartens und der Unterteilungen, durch die ein größerer Garten in kleinere, individuelle Bereiche gegliedert wird. Neben Pflanzen für Hecken in vielen unterschiedlichen Stilen gehören dazu massive Konstruktionen wie Mauern und solide Zäune sowie leichtere Strukturen wie Spaliere und Gitter oder Maueröffnungen. Zu den vertikalen Elementen zählen auch einige dekorative Gartenelemente. Sie dienen dazu, große Gärten zu unterteilen, und tragen dazu bei, daß man sich in einer weitläufigen Umgebung trotzdem noch heimisch und wohl fühlt. Mitunter sind solche Konstruktionen linear, wie etwa Tunnel und überdachte Fußwege oder Pergolen. Andere, darunter Gartengebäude sowie Lauben- und Bogengänge, sind eigenständige Gestaltungsmerkmale.

Pflanzen lassen sich in vielfältiger Weise als vertikale Elemente einsetzen. Sie können als mauerähnliche Hecken wachsen oder als Wind- und Sichtschutz an Konstruktionen aus Holz, Ziegeln, Metall oder Natursteinen emporranken und eine Art Überdachung bilden. Bei der Auswahl von Pflanzen oder Baumaterialien für vertikale Elemente gilt es, die gewünschte Wirkung zu bedenken. Berücksichtigen Sie das bestehende Aussehen des Geländes, die benachbarten Gebäude und örtliche Bautraditionen. Dann sollten Sie die Augen halb schließen und versuchen, sich die einzelnen vertikalen Flächen in ihrer Wirkung vorzustellen. Wird ein massives Aussehen gewünscht (eine Steinmauer oder eine beschnittene immergrüne Hecke), oder soll ein weniger massiver und offener Effekt entstehen? Sollen die Formen geometrisch und linear oder natürlich und unregelmäßig sein? Möchten Sie eine scharf abgegrenzte, starre Struktur, oder soll sie durch Pflanzen abgeschwächt sein? Und wenn Sie sich ausschließlich für Pflanzen entscheiden, sollten Sie sich fragen, wie lange Sie gewillt sind zu warten, bis die Pflanzen die entsprechende Größe erreicht haben – möglicherweise wünschen Sie sich bereits sofort einen vollendeten Garten.

Gartenräume definieren

Vertikale Elemente bestimmen die horizontalen Formen des Grundrisses, beeinflussen aber auch die Qualität des dazwischenliegenden Gartenraums. Je höher die Begrenzungen, desto kleiner erscheint der umschlossene Raum. Aus diesem Grund wirken eingefaßte Veranden und Innenhöfe beinahe wie Zimmer und schmale Wege zwischen hohen Mauern oder Hecken wie Korridore.

Bedenken Sie, daß der Grundriß lediglich die Position der vertikalen Elemente zeigt und keinen Eindruck von ihrer Höhe vermittelt. Üben Sie sich darin, sich den Plan bildlich vorzustellen und die Wirkung der vertikalen Elemente in ihrer Höhe und Gestalt richtig einzuschätzen. Höhen lassen sich durch Bambusrohr und Schnüre markieren, doch müssen Sie diese

64 VERTIKALE ELEMENTE

MASSIVE MAUERN ODER ZÄUNE

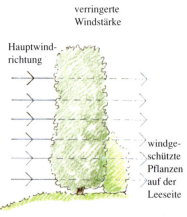

Massive Mauern oder Zäune können auf der Leeseite die Windgeschwindigkeit erhöhen, extreme Luftströmungen verursachen und kühle Zonen entstehen lassen, die den Pflanzen schaden. Sie neigen auch dazu, vom Wind umgeweht zu werden.

HECKE ALS WINDSCHUTZ

Eine Hecke als Windschutz, je breiter, desto besser, reduziert die Windgeschwindigkeit, so daß Pflanzen und Menschen auf der Leeseite weitgehend windgeschützt sind. Eine Hecke ist kräftig genug, um dem Wind standzuhalten.

STRÄUCHER UND BÄUME ALS SCHUTZGÜRTEL

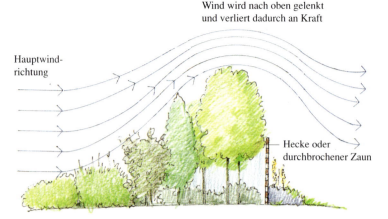

Sträucher und Bäume als Schutzgürtel sind der ideale (aber platzraubende) Windschutz für offenes Gelände. Auf der windzugewandten Seite leitet eine abgestufte Pflanzung, die von Sträuchern und Gehölzen zu Bäumen ansteigt, die Luftströme nach oben und über eine große Distanz über den Garten hinweg. Ein durchbrochener Zaun oder Windschutz auf der Leeseite fängt den restlichen Wind ab.

Anhaltspunkte mit Hilfe Ihres Vorstellungsvermögens vervollständigen. Achten Sie darauf, daß die umschlossenen Flächen wohlproportioniert sind.

Je kleiner die umschlossenen Flächen, desto stärker treten die vertikalen Elemente in den Vordergrund und desto sorgfältiger müssen sie geplant werden. Dies trifft vor allem auf kleine Gärten in einer städtischen Umgebung zu, wo die Gartenеinfassungen zumeist recht hoch sind. Bei einer umschlossenen Veranda wird man sich der Farbe und Struktur der angrenzenden Mauern oder Zäune ebenso bewußt wie der Tapete in einem Zimmer – und in ähnlicher Weise lassen sie sich auch manipulieren. So kann man einen schattigen Bereich durch einen Anstrich, helles Holz oder Beton aufhellen oder mit Zäunen oder Spalieren regelmäßige Muster erzeugen. Man kann eine harte Oberfläche durch Pflanzenbewuchs auflockern oder auch durch Spiegel oder *trompe-l'œil*-Malereien optische Täuschungen hervorrufen, die den Gartenraum größer erscheinen lassen. Eine Möglichkeit, um zu verhindern, daß eine kleine umschlossene Fläche Platzangst erzeugt, ist die Verwendung von durchbrochenen Abgrenzungen, wie etwa Gittern oder einem Sichtschutz aus durchbrochenem Ziegel- oder Betonsteinmauerwerk.

Umgekehrt wirken große Gärten manchmal allzu weitläufig. Doch ihr offenes, unpersönliches Aussehen verändert sich, wenn Flächen mit vertikalen Elementen eingefaßt werden. Dazu kann man die Fläche in einzelne, miteinander verbundene Bereiche gliedern und jeden als einen eigenständigen Gartenraum gestalten. Eine andere Möglichkeit ist es, Elemente wie Gehwege oder Laubengänge anzulegen, die eine Fläche begrenzen und gleichzeitig einen Rahmen schaffen, durch den man auf die Umgebung blickt.

Wind- und Sichtschutz

Die beabsichtigte Nutzung des Gartens und seine Lage bestimmen, welche Vorkehrungen zum Schutz vor Wind und Wetter erforderlich sind. In sonnigen Regionen bietet ein Laubengang oder eine Baumkrone ein schattiges Plätzchen, um im Freien zu essen. In Gegenden, wo mehr Regen fällt, findet man in einem Gartenpavillon Schutz vor einem plötzlichen Regenschauer. In gemäßigten Klimazonen sollte man einen Windschutz in Erwägung ziehen, damit sich die Wintersonne genießen läßt. In ungeschützten Gärten ist der Wind besonders störend. Unterschätzen Sie nicht das Unbehagen, das er erzeugen kann, oder seine schädigende Wirkung auf Pflanzen. In Gegenden, wo ständig starker Wind herrscht, ist es am besten, wenn er durch offenere Konstruktionen wie Zäune, durchbrochenes Mauerwerk oder einen Schutzgürtel aus geeigneten Pflanzen (oder einer Kombination dieser Möglich-

VERTIKALE ELEMENTE

NATURNAHE PFLANZUNG ALS SICHTSCHUTZ

naturnahe Pflanzung aus Bäumen und Sträuchern verdeckt einen Großteil des Gebäudes

Eine naturnahe Pflanzung kann dazu dienen, von einem unschönen Anblick abzulenken, wie etwa ein hohes Gebäude außerhalb des Gartens. Selbst im Winter werden harte architektonische Linien durch die kahlen Äste und Zweige gemildert. Unansehnliche Gartenelemente lassen sich generell besser durch naturnahe Pflanzungen verdecken als durch eine gerade Hecke oder eine in gleichmäßigem Abstand gepflanzte Baumreihe.

SICHTSCHUTZ AUS EINER EINZIGEN BAUMART

regelmäßige Baumreihe, durch das Gebäude unterbrochen

Ein Sichtschutz, der aus nur einer einzigen Baumart besteht, ist ein markantes Gestaltungselement, insbesondere wenn man für ihn Bäume mit kegel- oder säulenförmigem Wuchs pflanzt. Paradoxerweise kann der Blick des Betrachters auf das versteckt dahinterliegende Gebäude gelenkt werden, da es den gleichförmigen Rhythmus der Reihe engstehender Bäume unterbricht.

keiten) abgeschwächt wird. Wenn man versucht, den Wind durch eine massive vertikale Barriere abzuhalten, können an der Leeseite unangenehme Luftströmungen auftreten.

Vertikale Elemente sind auch nützlich, um bestimmte Gartenansichten zu verändern oder zu verdecken. Vielleicht möchten Sie einen Bereich abschirmen, um vor neugierigen Blicken geschützt zu sein, oder unansehnliche Nachbargebäude oder unattraktive, aber notwendige Gartenbestandteile wie einen Komposthaufen Ihrem eigenen Blickfeld entziehen. Wenn der Sichtschutz optisch ansprechend ist – etwa eine hübsche Pflanzung aus Gehölzen oder blühenden Pflanzen –, wird die Aufmerksamkeit von den störenden Elementen abgelenkt.

Der Zeitfaktor

Das Anpflanzen von Bäumen als Sicht- oder Windschutz ist ebenso wie das Anlegen anderer vertikaler Pflanzungen größeren Stils ein langfristiges Unternehmen. Bei der Entscheidung, ob die vertikalen Gartenelemente aus Pflanzen oder unbelebten Materialien bestehen sollen, spielt einerseits die Frage eine Rolle, was gut aussieht und Ihnen gefällt, und andererseits, wie lange Sie auf das gewünschte Ergebnis warten möchten. Während sich

Zäune und Mauern aus Betonelementen oder Ziegelsteinen vergleichsweise rasch errichten lassen, brauchen Anpflanzungen wie Hecken eine gewisse Zeit, bis Ihre Gartengestaltung die gewünschten Proportionen und die beabsichtigte Wirkung aufweist. Nach dieser »Wartezeit« vermitteln die Anpflanzungen jedoch den Eindruck eines organisch gewachsenen Gartens. Eine Mauer aus Natur- oder Kunststein ist ebenfalls ein längerfristiges Unternehmen als ein schnell errichteter Holzzaun. Auch bei einer solchen Mauer dauert es länger, bis man das Gefühl hat, daß sie schon immer an ihrem Platz gestanden hat. Als Alternative lassen sich neue Ziegelmauern oder Zäune durch schnellwachsende Kletterpflanzen auflockern.

Wenn Sie sich die folgenden Seiten anschauen, sollten Sie überlegen, welche Vor- und Nachteile sich bei den jeweiligen Konstruktionen in Ihrem eigenen Garten ergeben. Doch vergessen Sie niemals den Zeitfaktor. Betrachten Sie die Auswahl an vorgefertigten Elementen nicht isoliert, sondern als Hintergrund und Ergänzung für herrliche Anpflanzungen. Nachfolgend werden Pflanzungen, mit denen sich vertikale Effekte erzielen lassen, als erstes behandelt, gefolgt von einem breiten Spektrum unterschiedlicher Materialien und Techniken für Mauern, Zäune, Wind- und Sichtschutzvorrichtungen; dekorative Gartenelemente wie überdachte Gehwege und Laubengänge stehen am Ende des Kapitels.

VERTIKALE PFLANZUNGEN

Wenn Sie die horizontalen Flächen Ihres Gartens planen, entscheiden Sie sich möglicherweise dafür, große Bereiche zu pflastern oder mit einem Holzbelag zu versehen, so daß sie weitgehend von Pflanzen frei bleiben. Denken Sie jedoch daran, daß wenigstens einige vertikal wachsende Pflanzen notwendig sind, damit das Gelände seiner Funktion als Garten gerecht wird. Für Minimalisten mag ein Baum, der den Eindruck von Höhe vermittelt und Schatten spendet, ein Büschel Bambusgras zur Abschirmung oder eine immergrüne Kletterpflanze, die ein Blätterdach oder eine Laubkaskade bildet, zur Begrünung ausreichen. Doch was uns an dieser Stelle interessiert, sind all jene Pflanzen, die als architektonische Elemente im Garten fungieren – Bäume und Sträucher mit aufrechtem Wuchs und Pflanzen, die so beschnitten oder erzogen werden können, daß sie die vertikale Dimension des Gartens unterstreichen.

Mit Pflanzen gestalten

Vertikale Elemente aus konventionellen Baustoffen wie Stein oder Holz entstehen durch die Wiederholung eines Grundelements. Verwendet man Pflanzen in gleicher Weise, können sie ebenfalls als Gestaltungsmerkmale des Gartens dienen. Pflanzen, die in einer durchgehenden Reihe angeordnet sind, vermitteln eine gewisse Formalität, insbesondere wenn man nur eine Pflanzenart verwendet. Manchmal bewahren die einzelnen Pflanzen ihren eigenständigen Charakter, so daß ein rhythmisches Muster entsteht, wie bei einer Allee durch Baumpaare. In anderen Fällen verlieren die Pflanzen ihre individuellen Eigenschaften und wachsen zu einer Hecke zusammen. Eine formale Gestaltung läßt sich auch erzielen, wenn Pflanzen mit klaren Umrissen wichtige Punkte im Garten markieren, wie etwa die vier Ecken einer Wegkreuzung.

Eine aufgelockerte Pflanzengruppierung kann ebenso eine wirkungsvolle Unterteilung oder Abschirmung im Garten bilden, wobei fließende Formen naturnäher aussehen. Und während ausdauernde Pflanzen (keine Gehölze) wie hohe Gräser und wohlgeformte Pflanzen wie Neuseeländer Flachs eine wichtige strukturelle Rolle spielen können, sind Bäume und Sträucher die wichtigsten Elemente der architektonischen Gestaltung des Gartens.

Immergrüne Gewächse sind ein unverzichtbarer Bestandteil formaler Gärten, die der Gestaltung das ganze Jahr hindurch Struktur geben. Manche Koniferen wie der säulenförmige Wacholder, einige Scheinzypressen und Eiben, die zu regelmäßigen Kegeln oder spitz zulaufenden Formen heranwachsen, haben von Natur aus ein formales Aussehen. Als Solitärgewächse sind diese Pflanzen ausdrucksstarke Markierungspunkte in einer Gestaltung, während sie als Paar zu beiden Seiten eines Eingangs die Bedeutung

Rechts *Bei dieser formalen Gestaltung geben die Pflanzen dem Garten das ganze Jahr hindurch die gewünschte Struktur. Sie sorgen im Winter ebenso für ein ansprechendes Aussehen wie im Hochsommer. Buchsbaum ist zu niedrigen Einfassungshecken und zu kugelförmigen Büschen in Pflanztrögen formiert, während eine bunte Stechpalme, die zu einem Hochstamm erzogen ist, den Mittelpunkt markiert. Zwei kegelförmige Eiben stehen wie Wächter am Eingang zum übrigen Garten, und die warmen Brauntöne der umlaufenden Buchenhecke sind ein willkommener Kontrast zu den vorherrschenden Farbtönen der immergrünen Gewächse.*

dieses Gartenelements hervorheben. Ebenso geeignet für eine formale Gartengestaltung sind immergrüne Gewächse, die in geometrische Formen geschnitten werden. Eiben und Buchsbaum sind die klassischen Pflanzen für diesen Zweck, da sie einen Formschnitt gut vertragen und ihre kleinen Blätter eine dichte Oberfläche bilden. Immergrüne Pflanzen mit größeren Blättern – beispielsweise Lorbeer, Kamelien und Stechpalmen – lassen sich ebenfalls in strenge Formen mit einer glänzenden Blattstruktur schneiden oder erziehen.

In einer Linie gepflanzte, markant geformte immergrüne Gewächse entlang der Grundstücksgrenze sorgen für einen rhythmischen Hintergrund. Eine Pflanzenreihe zu beiden Seiten eines breiten Fußwegs ergibt eine Allee. Eine der Haupttugenden immergrüner Gehölze, die paarweise oder in Reihen gepflanzt werden, ist jedoch die Art und Weise, wie die Zweige benachbarter Pflanzen zu einer durchgehenden, massiv wirkenden Fläche zusammenwachsen – ein wachsendes Gestaltungselement, das Sie in unterschiedlicher Weise manipulieren können. Im einfachsten Fall wird daraus eine Hecke, die Sie mit markanten »Zinnen«, wellenförmigen Bogen oder ornamentalen Bekrönungen versehen können. Oder Sie lassen immergrüne Pflanzen in italianisiertem Stil wachsen, so daß ein Bogengang in Form einer grünen Kolonnade entsteht.

Laubbäume und -sträucher geben dem Garten Struktur, auch wenn sie ihre Blätter abgeworfen haben. Bei einer formalen Gestaltung bleibt das Muster im Winter durch die senkrechten Stämme und die kahlen Äste freistehender Bäume erhalten.

Hecken

Um den Stil einer Hecke festzulegen, muß man vor allem ihre Funktion, die Größe, den Grad an Formalität, ihren Standort im Garten, die Wirkung und Farbe berücksichtigen. Gehen Sie wie bei der Planung einer Mauer vor: Soll die Hecke eine funktionale Barriere sein oder ein schmückendes Gartenelement?

Hecken aus Laubgehölzen sehen schön aus und sind wirkungsvolle Barrieren. Pflanzen mit dichtem Wuchs, wie Hainbuche und Weißdorn, können so beschnitten werden, daß sie ein sehr formales Aussehen bekommen. Für geometrische Formen eignen sich Pflanzen mit dichtem Wuchs und feiner Struktur am besten. Immergrüne Gewächse mit verhältnismäßig kleinen Blättern, wie Eibe und Buchsbaum, erzeugen die glatteste Oberfläche und die dichteste Hecke. Spitzblättrige Stechpalmen bilden besonders undurchdringliche Hecken. Weniger formal wirken Immergrüne mit größeren Blättern wie Lorbeer sowie Laubbäume und -sträucher wie Buche und Hainbuche. Aus der Entfernung hat selbstverständlich auch eine solche Hecke eine glatte Oberfläche. Sie können zwischen dem gleichförmigen Aussehen einer Hecke aus nur einer Pflanzenart und dem interessanten Effekt unterschiedlicher Arten wählen.

Pflanzen, die ungezwungener wachsen, lassen sich für Hecken dicht nebeneinander in eine Reihe setzen. Geeignet sind unter anderem Bambus und hohe Gräser, verschiedene Arten von Rosen und niedrige Zierpflanzen wie Lavendel.

HOHE GRASÄHNLICHE PFLANZEN

Hohe grasähnliche Pflanzen eignen sich gut als Abschirmung oder Begrenzung. Einige Gräser und verwandte Bambusarten ergeben eine dichte Windbarriere, und ihre Blätter erzeugen ein angenehmes Hintergrundgeräusch, wenn der Wind durch sie hindurchstreift. Manche Arten wuchern allerdings sehr stark.

FORMALE HECKE

Eine formale Hecke verleiht einem Garten einen Hauch von Eleganz. Kleinblättrige immergrüne Pflanzen wie Eibe und Buchsbaum lassen sich am besten in dekorative geometrische Formen schneiden. Alle Hecken sollten so beschnitten werden, daß sie sich nach oben verjüngen, damit alle Bereiche von der Sonne beschienen werden.

Diese letzten beiden Gruppen müssen nicht unbedingt in Form geschnitten werden, doch sollten sie einmal im Jahr zurückgeschnitten werden, damit sie schön buschig bleiben. Verschiedene Arten von Rosen ergeben unterschiedliche Hecken, die von undurchdringlichen Barrieren bis zu niedrigen Randeinfassungen reichen. Von Buchsbaum und bestimmten Berberitzen-Arten gibt es Zwergformen, die sich für niedrige Zierhecken eignen.

Wenn Sie sich für eine Pflanzengattung entschieden haben (und Ihr Garten die richtigen Wachstumsbedingungen dafür bietet), sollten Sie sorgfältig die entsprechenden Arten auswählen. Koniferen unterscheiden sich erheblich in der Geschwindigkeit ihres Wachstums. Manche wuchern geradezu, andere wachsen zu langsam, um sich in eine Hecke integrieren zu lassen. Informieren Sie sich, wie stark und wie oft die Pflanzen beschnitten werden müssen: wenig und oft, lautet im allgemeinen die Regel.

Wundervolle Möglichkeiten für architektonische Hecken, die dem Garten Charakter und einen Hauch von Romantik verleihen, bieten die verschiedenen traditionellen Methoden zum Erziehen von Gehölzen und Kletterpflanzen. Dazu gehört auch die alte Technik des Verflechtens von Zweigen und Seitentrieben, so daß Laubengänge, Tunnel, Alleen oder Stelzenhecken entstehen. Eine eher zweidimensionale Wirkung haben sogenannte Palisaden, beispielsweise aus Kletterrosen, während Apfel- oder Birnbäume, die an Spalieren erzogen werden, feingliedrige Abschirmungen aus schön geformten Ästen bilden, die im Frühling voller Blüten und später voller Früchte sind.

ALLEE ODER TUNNEL AUS VERFLOCHTENEN ZWEIGEN

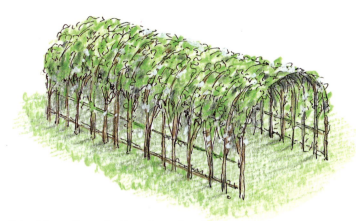

Bei solchen Alleen oder Tunneln werden die jungen Zweige so erzogen, daß sie oben zusammentreffen – auf diese Weise läßt sich auch aus einem einzelnen Baumpaar ein Bogengang gestalten. Zum Verflechten läßt man junge Laubbäume, bei denen alle unteren Triebe an den Stämmen entfernt werden, bis zu einer festgelegten Höhe wachsen und bindet die ineinander verflochtenen Äste dann an einem Stützrahmen fest, so daß eine architektonische Form entsteht. Der Stützrahmen kann später entfernt werden.

STELZENHECKE

Eine Stelzenhecke läßt sich aus verflochtenen Bäumen wie Linden, Buchen oder Hainbuchen formen. Zum Verflechten der Bäume werden die jungen Seitentriebe zunächst an einer Reihe parallel verlaufender Drähte oder Latten festgebunden, bis sie sich überdecken. Durch regelmäßiges Beschneiden und Festbinden der Zweige bekommen die Bäume eine dichte Krone und eine kastenähnliche Form; hat die Hecke das gewünschte Aussehen, werden die Stützdrähte oder Latten entfernt.

PALISADE

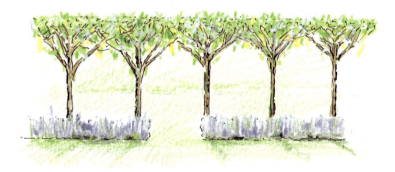

Eine Palisade entsteht ebenfalls durch das Verflechten junger Zweige oberhalb einer bestimmten Höhe. Tiefer sitzende Zweige werden entfernt und die Seitentriebe miteinander verflochten. Durch sorgfältiges Beschneiden und Erziehen entstehen gleichmäßige Bogen, die die Aussicht auf das dahinterliegende Gelände wie Rahmen umschließen. Palisaden haben im Gegensatz zu Hecken und Alleen eine eher zweidimensionale Wirkung.

Vertikale Konstruktionen durch Pflanzen verschönern

Es gibt keine geeigneteren Pflanzen als kletternde und rankende Gewächse, wenn es darum geht, kahle und abweisend wirkende Flächen zu beleben. Sie können Blüten haben oder Früchte tragen, am Tag oder in der Nacht duften, aus einer Reihe von Immergrünen bestehen oder aus vielen Blattpflanzen, oftmals mit buntem Laub oder einer hinreißenden Herbstfärbung. Alle diese Gewächse kann man verwenden, um harte vertikale Gartenkonstruktionen zu verschönern.

Pflanzen haben verschiedene Mechanismen entwickelt, um nach oben, dem Licht entgegenzuwachsen und sich an ihren Stützen festzuklammern – Luftwurzeln (Efeu, Kletterhortensie), schlingende Triebe (Geißblatt, Glyzine), rankende Triebe (Passionsblume, Wein, einjährige Wicke) oder schlingende Blattstiele *(Clematis)*. Manche Kletterpflanzen (Jasmin, *Bougainvillea*) haben lose Triebe und müssen in Abständen an Stützen festgebunden werden.

Pflanzen mit Luftwurzeln halten sich auch an den relativ glatten Oberflächen von Mauern, stabilen Zäunen und Baumstämmen fest. Einige Kletterpflanzen, wie Jungfernreben, brauchen zunächst einen Stab oder Draht als Stütze, bilden aber, sobald sie mit einer Oberfläche in Kontakt kommen, kleine Haftscheiben und sind dann selbstklimmend. Überprüfen Sie deshalb, ob Ihre Mauern und Wände nicht beschädigt sind, bevor Sie solche Kletterpflanzen daran emporwachsen lassen, da ihre Haftwurzeln sonst brüchigen Mörtel lockern oder unter Umständen sogar Bauschäden verursachen können.

Andere Pflanzen brauchen zusätzliche Kletter- oder Rankhilfen. Binden Sie lose Triebe von Kletterstäuchern wie Jasmin an rostfreien Nägeln fest, die Sie an strategischen Punkten in die Mauerfugen oder Zaunpfosten schlagen. Für schlingende und rankende Pflanzen spannen Sie mehrere waagrechte Drähte zwischen Nägeln. Eine andere Möglichkeit ist das Aufstellen von fertigen Gittern aus Draht- oder Kunststoffgeflecht oder von Holzspalieren, wie sie in Gartencentern erhältlich sind. Erstere sind leicht, aber funktional und sollten in möglichst kurzer Zeit von Pflanzen überwuchert werden; Spaliere können dagegen auch unbepflanzt dekorativ wirken oder durch Pflanzen ergänzt werden.

Echte Kletterpflanzen kommen am besten in Verbindung mit durchbrochenen Zäunen zur Geltung, zu denen auch Holzgitter und Spaliere sowie Pergolen, Bogen- und Laubengänge gehören, wo ihre rankenden oder schlingenden Triebe problemlos Halt finden. Es ist jedoch wichtig, daß das Stützgerüst in Größe und Belastbarkeit zu den gewählten Kletterpflanzen paßt. Achten Sie also darauf, daß Ihre ornamentalen Stützkonstruktionen so ausgeführt sind, daß sie lange halten.

Oben *Geißblatt ist eine perfekte, dekorative Ergänzung zu dieser Reihe von dunklen Eisenbogen, die einen Weg zwischen zwei wundervoll bepflanzten Rabatten überspannt. Das blasse Gelb der Geißblattblüten harmoniert mit den gelben und blauen Beetpflanzen, die den gepflasterten Weg säumen. Ihr süßer Duft erfüllt die Luft in Kopfhöhe.*

MAUERN

Zur Planung einer Gartenmauer gehört erheblich mehr, als ihre Abmessungen festzulegen und ein Baumaterial auszuwählen, das zum Haus, Garten und zur Umgebung paßt.

Für den Gärtner sind zwei Grundtypen von Mauern interessant: freistehende Mauern und Stützmauern, die man jedoch beide unter Umständen von einem Fachmann planen und errichten lassen muß. Wenn es sich bei freistehenden Mauern gleichzeitig um Grenzmauern handelt, sind die örtlichen Baubestimmungen zu beachten. (Die Konstruktion des dritten Mauertyps, das tragende Mauerwerk eines Gartenschuppens oder eines Sommerhauses, ist wie bei einem Wohngebäude Sache eines Architekten oder Baumeisters und wird in diesem Buch nicht behandelt.)

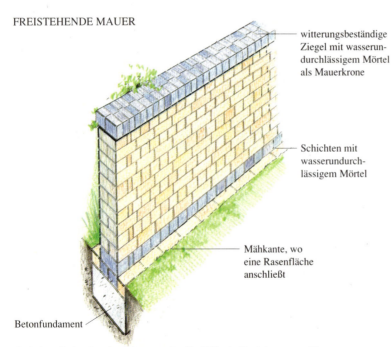

FREISTEHENDE MAUER
- witterungsbeständige Ziegel mit wasserundurchlässigem Mörtel als Mauerkrone
- Schichten mit wasserundurchlässigem Mörtel
- Mähkante, wo eine Rasenfläche anschließt
- Betonfundament

Bei einer freistehenden Mauer steht die Höhe in Beziehung zur Mauerstärke. Eine kurze Mauer benötigt keine Bewehrung und keine Pfeiler, doch sind Pfeiler nützlich, wenn eine höhere Mauer eine verhältnismäßig geringe Stärke haben soll. Jede Mauer muß vor Feuchtigkeit geschützt werden; hier ist die schützende Mauerkrone mit wasserundurchlässigem Mörtel aufgesetzt, und unten verhindern wasserundurchlässige Ziegelschichten, daß Feuchtigkeit nach oben steigt.

Ob man eine bestehende Mauer nachbauen, einen örtlichen Baustil aufgreifen oder eine Mauer nach eigenen Vorstellungen aus einem bestimmten Material errichten will – um die besten Effekte für den Garten zu erreichen, sollte man ein Verständnis für die Bauweise von Mauern entwickeln. Schauen Sie sich unterschiedliche Mauern an und achten Sie auf besondere Merkmale. Viele dekorative Elemente haben gleichzeitig eine wichtige Funktion. So muß beispielsweise eine kontrastierende Mauerkrone, die für ein attraktives Aussehen sorgt, aus wasserundurchlässigen Materialien bestehen, um die Mauer vor Witterungsschäden zu schützen. Zu diesem Zweck werden häufig spezielle Formsteine verwendet. Die überwiegend horizontalen Linien einer Ziegelmauer können durch vertikale Pfeiler unterbrochen sein. Wie die Strebepfeiler einer Kathedrale dienen sie der Stabilität, doch im Idealfall sind diese strukturellen Elemente ein integraler Bestandteil der Gartengestaltung.

Die Stabilität einer Mauer läßt sich nicht unbedingt an ihrem äußeren Erscheinungsbild erkennen. So sollte sie beispielsweise über ein erstklassiges Fundament verfügen (siehe Seite 74 f.), und eventuell sind auch Bewehrungsstäbe in der Mauer erforderlich; dies ist von Faktoren wie Höhe und Länge beziehungsweise Stärke der Mauer abhängig. Verschiedene nicht sichtbare Bestandteile, die von Feuchtigkeitssperren bis zu Dehnungsfugen reichen, verhindern Schäden durch Witterungseinflüsse.

Der gestalterische Aspekt von Mauern läßt sich somit nicht von der erforderlichen Stabilität trennen. Aus diesem Grund lohnt es sich, einige technische Einzelheiten zu kennen, selbst wenn man die Arbeiten einem Fachmann überläßt.

Freistehende Mauern

Freistehende Mauern haben im allgemeinen außer ihrem eigenen Gewicht keine andere Last zu tragen, müssen aber dennoch stabil sein, insbesondere wenn starker Wind oder ein anderer seitlicher Druck auf sie einwirkt. Berechnen Sie deshalb sorgfältig die im Verhältnis zur Höhe erforderliche Stärke der Mauer. Als Faustregel gilt, daß eine 23 Zentimeter starke Mauer nicht höher als zwei bis drei Meter sein sollte, wenn sie nicht verstärkt ist. Man kann aber in festgelegten Abständen Stützpfeiler errichten, die darüber hinaus auch dekorativer Teil der Gestaltung sind. Eine nicht sichtbare Alternative ist es, Bewehrungsstäbe in das Fundament einzulassen; sie verlaufen im Innern der Mauer senkrecht nach oben. Das Fundament, gewöhnlich aus Beton, beginnt üblicherweise 15 Zentimeter unter der Erde (siehe Seite 74).

Jede Mauer hält länger, wenn sie so trocken wie möglich bleibt. Mauerwerk, das ständig feucht ist und dann auch noch gefriert, wird bald brüchig.

(Hauswände schützt man gewöhnlich durch eine Feuchtigkeitssperre in Bodennähe vor aufsteigender Nässe. Bei freistehenden Mauern ist dies nicht möglich, weil sonst der obere Teil der Mauer vom unteren getrennt und die Mauer damit instabil wäre.) Die Lösung sind Schichten aus wasserundurchlässigen und frostfesten Ziegeln, Steinen oder anderen Materialien am Fuß der Mauer, die am besten mit einer wasserundurchlässigen Mörtelmischung verlegt werden. Ein ähnliches Vorgehen an der Mauerkrone verhindert ein Eindringen der Feuchtigkeit von oben. Alternativen sind dekorative Formsteine oder Deckschichten aus wasserundurchlässigen Fliesen oder Schieferplatten.

MAUER MIT STÜTZPFEILERN

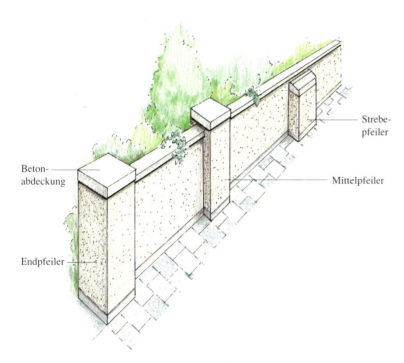

Diese verputzte Mauer mit einer Betonabdeckung zeigt drei typische Arten von Stützpfeilern. Der End- und der Mittelpfeiler sind so konstruiert und eingebunden, daß sie auf beiden Seiten über das Mauerwerk hinausragen. (Wenn ein Endpfeiler gleichzeitig als Torpfosten dient, ist zur Verstärkung unter Umständen eine Eisenstange erforderlich, die in der Mitte bis nach unten ins Fundament reicht.) Der Strebepfeiler verstärkt die Mauer nur auf einer Seite. Bei einer Grenzmauer ist dies traditionell die Seite, die zum Grundstück zeigt.

Oben   *Die Bogen dieser schönen geschwungenen freistehenden Mauer haben einen ausreichend großen Radius, um die Ziegel im Gotischen Verband (siehe Seite 79) anzuordnen. Für engere Bogen sind entweder spezielle Radiussteine oder ein Binderverband (siehe Seite 78) nötig. Speziell gefurchte Platten schützen das obere Ende dieser Mauer.*

Stützmauern

Mitunter werden Stützmauern rund um erhöht liegende Gartenteiche und Pflanzbeete errichtet, doch hauptsächlich setzt man sie ein, um ein abschüssiges Gelände terrassenförmig abzustufen. Da die Hauptlast nicht senkrecht von oben, sondern von der Seite auf die Mauer einwirkt, muß man den Fundamenten sowie der Beschaffenheit des Bodens hinter, unter und vor der Mauer besondere Aufmerksamkeit schenken. Berücksichtigen Sie dabei auch die Art des Bodens. Wenn das Erdreich hinter der Mauer Wasser speichert, sollten Sie eine Drainage (siehe unten) einbeziehen, damit auf der Rückseite kein zusätzlicher Druck durch Staunässe entsteht. Das Gewicht der Erde über dem Fundament, das auf der Hangseite über die Mauer hinausreicht, trägt dazu bei, daß die Stützmauer an ihrem Platz stehenbleibt.

Die Entscheidung, wie die Fläche vor der Mauer gestaltet werden soll, ist von großer Bedeutung. Bei einer gepflasterten oder einer mit Gras eingesäten Fläche bleibt das Erdreich weitgehend unbearbeitet, doch wenn Sie sich für eine Bepflanzung entscheiden, kann die Mauer aufgrund der gelocker-

Links *Sorgfältig bepflanzte Natursteinmauern dienen in dem terrassenförmig angelegten Garten als Stützmauern. Steinmauern dieser Art sehen sehr natürlich aus und passen zu einer freien Gartengestaltung. Sie bekommen schon nach kurzer Zeit eine schöne »Patina« und eignen sich ausgezeichnet für eine Bepflanzung mit Steingartengewächsen und Farnen.*

TYPISCHE STÜTZMAUER

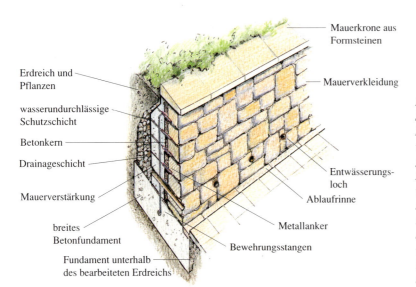

Eine typische Stützmauer wird durch ihr breites Fundament und Stahlstäbe, die man in regelmäßigen Abständen einsetzt, verstärkt. Die Tiefe des Fundaments ist davon abhängig, ob das Erdreich vor der Mauer gut verdichtet, unbearbeitet oder für Anpflanzungen aufgelockert ist. Die Verkleidung aus Natursteinen, die durch Maueranker mit der Mauerverstärkung aus Beton verbunden ist, verjüngt sich nach oben ein wenig, was für zusätzliche Stabilität sorgt. Eine wasserundurchlässige Schutzschicht auf der Rückseite und eine Mauerkrone aus abgeschrägten Formsteinen schützen die Mauer vor Feuchtigkeitsschäden. Maßnahmen zur Drainage, wie eine Schicht Steine hinter der Mauer, und Entwässerungslöcher, die nach vorne zu einer Ablaufrinne führen, verhindern, daß sich Wasser hinter der Mauer staut.

ten Erde nach vorne kippen. Ein tieferes Fundament wirkt dieser Gefahr entgegen. Fundamente müssen vom angrenzenden Erdreich an ihrem Platz gehalten werden. Achten Sie daher darauf, daß das Fundament für eine Stützmauer hinter einem Beet oder einer Rabatte tiefer als der zur Kultivierung aufgelockerte Boden ist.

In der Regel sollte die Stärke einer Stützmauer etwa ein Drittel ihrer Höhe betragen. Jede Mauer, die höher als 60 Zentimeter ist, sollte von einem Fachmann überprüft, wenn nicht sogar konstruiert werden.

Mitunter bestehen Stützmauern aus trockenen Materialien wie Naturstein. Solche Trockenmauern sollten am besten nicht zu hoch sein; sind sie ausreichend dick, ist keine zusätzliche Drainage erforderlich. In den meisten Fällen baut man Stützmauern im Garten jedoch aus einem einzigen Baustoff oder verwendet eine stabile Betonkonstruktion, die anschließend mit einem anderen Material verkleidet wird. Manche Mauern verlaufen senkrecht, andere hingegen verjüngen sich nach oben. Hierdurch liegt der Schwerpunkt tiefer, und die Mauer wird stabiler. Die Abweichung von der Senkrechten liegt gewöhnlich bei 1:12 – das heißt, die Mauer verjüngt sich jeweils um 2,5 Zentimeter pro 30 Zentimeter Höhe.

Die Stabilität jeder Stützmauer ist davon abhängig, wie trocken man die Rückseite halten kann, so daß der Druck durch Staunässe auf ein Minimum begrenzt wird. Bringen Sie hinter der Mauer eine Drainageschicht ein, und verlegen Sie am Fuß der Mauer in Abständen waagrechte Rohre (Entwässerungslöcher), damit das Wasser zu einem Drainagesystem auf der Vorderseite geleitet wird. Eine wasserundurchlässige Schutzschicht aus Beton, Kunststoff oder Bitumen verhindert, daß Wasser durch die Mauer sickert und die Vorderseite durch ausgeschwemmte Salze oder Algenbewuchs verunstaltet wird.

Bewegungsfugen im Mauerwerk

Damit die durch Temperaturschwankungen hervorgerufenen Materialbewegungen aufgefangen werden, sind bei Mauern, die mit Mörtel errichtet werden, sogenannte Dehnungs- oder Bewegungsfugen von ungefähr einem Zentimeter Breite erforderlich. Diese Fugen ermöglichen es, daß sich die Mauerabschnitte unabhängig voneinander ausdehnen und zusammenziehen können. Wenn sich die einzelnen Mauerabschnitte überlappen, kann eine freistehende Mauer höher sein, als dies bei einer durchgehenden Konstruktion möglich wäre, da die vertikalen Überlappungen wie Stützpfeiler wirken und die Mauer stabiler machen.

Bei gegossenen Betonmauern nehmen die Bewegungsfugen auch den beim Abbinden des Betons entstehenden Materialschwund auf. Bei Mauern aus Betonblöcken oder Kunststein sollte der Abstand zwischen den Dehnungsfugen etwa der zwei- bis zweieinhalbfachen Höhe der Mauer entsprechen. Als Faustregel gilt, daß Dehnungsfugen nicht weiter als sechs Meter von einer Mauerecke und innerhalb der Mauerflucht nicht weiter als zwölf Meter voneinander entfernt sein sollten. Ziegelmauern benötigen ungefähr alle drei bis vier Meter eine Bewegungsfuge. Die genauen Maße für die von Ihnen gewählte Mauerkonstruktion sollten Sie bei einem Fachmann erfragen.

Einzelne Mauerabschnitte lassen sich durch spezielle Maueranker aus Metall miteinander verbinden, so daß ein Aneinanderfügen der Abschnitte durch einen entsprechenden Mauerverband (siehe Seite 78 f.) entfällt. Metallanker und auffällige vertikale Fugen in einer Gartenmauer können allerdings störend wirken – es sei denn, sie sind ein Bestandteil der Gestaltung. Durch Pflanzen oder ein eigenständiges Mauerelement, wie einen Pfeiler oder eine Überlappung, lassen sie sich aber gut kaschieren.

MAUER AUS EINZELABSCHNITTEN

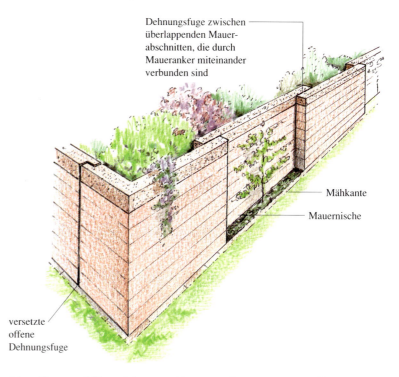

Diese Mauer enthält zwei Arten von Bewegungsfugen. Im einen Fall handelt es sich um die Zwischenräume an den Überlappungen, wobei die Mauerabschnitte durch Metallanker miteinander verbunden sind. Die entstehende Nische bietet Platz für blühende Sträucher oder Obstbäume, die an Spalieren erzogen werden. Im zweiten Fall ist es eine versetzte vertikale Fuge, durch die man nicht sehen kann und die der Mauer eine außergewöhnliche Stabilität verleiht. Es wurden farbig gestrichene Betonblöcke mit einer strukturierten Betonabdeckung verwendet.

Fundamente

Wenn sich unterhalb des Mutterbodens kein gewachsenes Gestein befindet, das ein natürliches stabiles Fundament darstellt, ist für Gartenmauern, die mit Mörtel aufgesetzt werden, ein gutes Betonfundament erforderlich. Das Fundament muß so stabil sein, daß das Mauerwerk durch unterirdische Bewegungen nicht beschädigt wird. Die Abmessungen des Fundaments richten sich nach dem Gewicht und der Stärke der Mauer sowie der Beschaffenheit des Untergrunds. Es sollte auch bis unter die Frostgrenze der jeweiligen Region reichen.

Streifenfundamente werden für freistehende Mauern verwendet und in leicht abgewandelter Form auch für Stützmauern – der Beton unter der Stützmauer reicht auf der Rückseite oftmals ein Stück in den Hang hinein (siehe Seite 72). Fundamentplatten setzt man häufig bei Gebäuden oder umbauten Flächen ein, wo sie das Fundament und gleichzeitig den Fußboden darstellen. Bei weniger tragfähigem Untergrund sind sie eine nützliche Alternative zu Streifenfundamenten.

Der Beton für ein Streifenfundament wird in einen ebenen, senkrecht verlaufenden Graben eingebracht. Der Graben hat den Verlauf, den auch die spätere Mauer aufweisen soll. Liegt das Streifenfundament quer zu einer Schrägen, muß es abgestuft werden. Gewöhnlich ist das Streifenfundament doppelt so breit wie die vorgesehene Mauer, die in der Mitte des Betonstreifens errichtet wird. Die Tiefe des Streifenfundaments richtet sich hingegen nach der Art des Untergrunds sowie der Höhe und dem Gewicht der Mauer.

Böden, die von Natur aus eine gute Tragfähigkeit aufweisen, erfordern nur flache Fundamente. Für eine ein Meter hohe Mauer auf festem, steinigem Boden oder gewachsenem hartem Kalkstein (bearbeiteter Kalkstein ist alles andere als stabil, wenn er naß ist) muß das Streifenfundament 30 bis 60 Zentimeter tief sein. Bei festem Lehm, der in nassem Zustand hart und nicht formbar ist, braucht man für die gleiche Mauer ein 60 bis 90 Zentimeter tiefes Fundament. Sand und weicher Lehm sind immer instabil. Einige weiche Lehmböden erfordern sogar ein Fundament, das tiefer ist als die Höhe der eigentlichen Mauer. In jedem Fall sollte man die Fundamenttiefe niemals dem Zufall überlassen und im Zweifelsfall einen Fachmann zu Rate ziehen.

Fundamentplatten bestehen aus einer großen Betonplatte, die auf dem Untergrund ruht oder »schwimmt«, so daß sich ihr eigenes Gewicht und das der darauf errichteten Konstruktion auf der gesamten Fundamentfläche gleichmäßig verteilt. Fundamentplatten weisen an den Rändern zum Erdreich hin einen Überstand auf, der eine Schotterschicht einschließt und für zusätzliche Stabilität sorgt. Fundamentplatten, die später möglicherweise einer großen Belastung ausgesetzt sind, müssen zusätzlich mit Stahlstangen verstärkt werden.

Rechts *Diese Stützmauer bietet sowohl einen Hintergrund wie auch einen Sims für Pflanzen. Wenn das Erdreich vor einer solchen Mauer aus lockerem Mutterboden besteht, muß das Fundament tiefer als gewöhnlich sein, da die Mauer sonst durch den Druck von hinten nach vorne umkippen kann.*

STREIFENFUNDAMENT

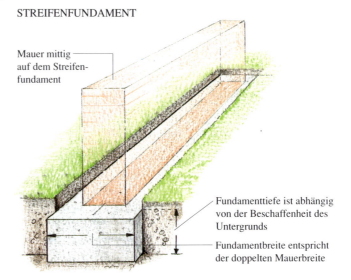

Mauer mittig auf dem Streifenfundament

Fundamenttiefe ist abhängig von der Beschaffenheit des Untergrunds

Fundamentbreite entspricht der doppelten Mauerbreite

Ein Streifenfundament ist ein Betonstreifen, der dem Verlauf einer freistehenden Mauer entspricht. Es sollte doppelt so breit wie die Mauer sein. Seine Tiefe richtet sich jedoch nach der Art des Untergrunds (siehe gegenüberliegende Seite).

MAUERN 75

FUNDAMENTTIEFE

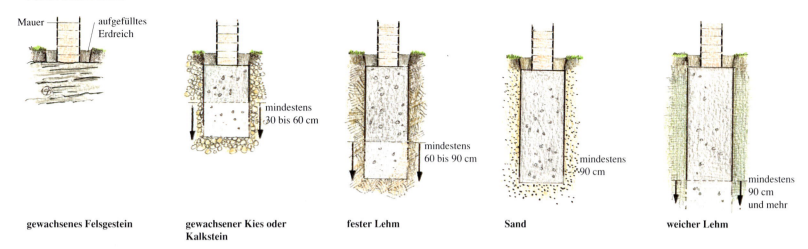

Die erforderliche Tiefe eines Betonfundaments bei felsigem Untergrund und verschiedenen anderen Böden für eine ein Meter hohe Mauer.

FUNDAMENTPLATTE

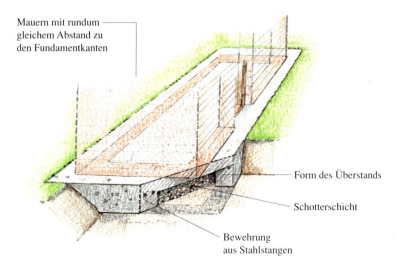

Eine Fundamentplatte ist eine Plattform aus Beton, die sich über die gesamte Fläche eines ummauerten Raums erstreckt, so daß sich das Gewicht der Platte und der Mauern gleichmäßig verteilt. Eine Bewehrung und ein Überstand, der am Rand der Platte weiter ins Erdreich reicht, sorgen für zusätzliche Stabilität.

ABGESTUFTES STREIFENFUNDAMENT

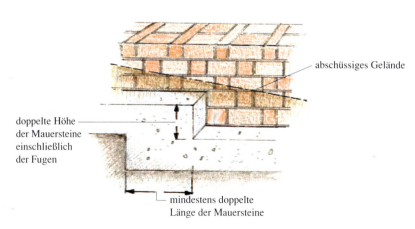

Ein abgestuftes Streifenfundament ist bei Hängen und Schrägen erforderlich. Der Betonstreifen ist dem jeweiligen Gefälle entsprechend abgestuft. Die Abmessungen der Stufen werden so berechnet, daß sie ein Mehrfaches der Mauersteine inklusive der Mörtelfugen betragen.

Ziegelmauern

Die Auswahl der Ziegel für Ihre Gartenmauer steht lediglich am Anfang des Entscheidungsprozesses, wie Ihre Mauer aussehen soll. Welche Art von Ziegeln? Welche Farbe? Sollen die Steine zur bestehenden Architektur passen oder einen Kontrast dazu bilden? Welche Art von Mauerverband? Welcher Grad an Stabilität ist erforderlich? Gibt es eine örtliche Bautradition, an die man sich halten sollte? Wie soll die Mauerkrone aussehen, und welche Farbe und Form sollen die Mauerfugen haben? Und überdies gilt es, Maßnahmen zur Witterungsbeständigkeit sowie ästhetische Gesichtspunkte zu berücksichtigen.

Das Aussehen von Ziegelmauern ergibt sich zum einen aus den verwendeten Baustoffen und zum anderen aus dem gewählten Muster oder Mauerverband, in dem sie angeordnet sind. Ziegel werden in verschiedenen Standardformaten – mit einer Größentoleranz von zwei bis drei Millimeter in jeder Richtung – hergestellt. Vor Einführung der Massenfertigung konnten die Abmessungen selbst bei standardisierten Ziegeln erheblich variieren. Ihre Qualität und Farbe hing vom örtlichen Ton ab, wobei unterschiedliche Partien auch Unterschiede im Brand zeigten. Solche Unregelmäßigkeiten kann man noch an alten Ziegelmauern sehen, die dadurch ein weicheres und harmonischeres Aussehen haben; im Gegensatz dazu strahlen moderne Ziegel eher Klarheit und Uniformität aus. Berücksichtigen Sie diese Gesichtspunkte bei der Auswahl der Materialien und Mauerverbände, denn sie haben einen nicht unwesentlichen Einfluß auf die Atmosphäre, die Sie erzielen möchten.

Sie können den Stil der Mauer durch eine Mauerkrone aus Abdecksteinen, witterungsbeständigen Ziegeln oder Fliesen noch zusätzlich unterstreichen. Spezielle abgeschrägte Formsteine sind ebenfalls im Baustoffhandel erhältlich.

Wählen Sie einen Mauerverband, der Ihnen besonders gut gefällt, gleichzeitig aber auch die erforderliche Stabilität der Mauer gewährleistet. Verschiedene Mauerverbände sind auf Seite 78 f. gezeigt. Besonders stabil wird eine Ziegelmauer, wenn die Steine so angeordnet sind, daß alle senkrechten Mörtelfugen von den darunter- und darüberliegenden Steinen überspannt und durchlaufende senkrechte Fugen, die potentielle Schwachstellen darstellen, vermieden werden. Manche Mauerverbände sind wegen ihrer Stabilität entstanden, andere haben sich aus traditionellen Bauweisen entwickelt. Dazu gehören die Gartenzierverbände, die für freistehende Gartenmauern mit zwei Sichtseiten entwickelt wurden, relativ schnell zu errichten und gut für die unregelmäßigen Größen alter handgeformter Ziegel geeignet waren. Solche Zierverbände erfordern eine geringere Stückzahl von Ziegeln exakter Länge, die als Binder von einer Sichtseite der Mauer zur anderen reichen. Sie bestehen aus mehr Läuferschichten (die Ziegel werden dabei der Länge nach aneinandergereiht) als Binderschichten (die kurzen Seiten der Ziegel werden aneinandergereiht). Die Wirkung eines Mauerverbands läßt sich durch die Ausführung der Fugen zusätzlich unterstreichen.

Gestaltung der Fugen

Die Gestaltung der Fugen wirkt sich wesentlich auf das Aussehen einer Mauer aus. Die Möglichkeiten reichen von unauffälligen Fugen, für die der Mörtel passend zum Mauerwerk eingefärbt wird, bis hin zu stark kontrastierenden Effekten und Fugenprofilen, die deutliche Muster und Schattenlinien erzeugen. Einige haben eher eine ästhetische als eine praktische Funktion. Doch in ungeschützten Gärten sollte man stets darauf achten, daß die Verfugung einer Mauer witterungsbeständig ist. Eine unpassende Art der Verfugung macht auch den Versuch zunichte, eine alte Mauer nachzubauen oder zu ersetzen. Schauen Sie sich daher vor dem Beginn der Arbeiten immer erst das Original sorgfältig an.

Wählen Sie stets einen Mörtel, der den gewählten Baumaterialien angemessen ist. Oberhalb der Feuchtigkeitssperre sollte der Mörtel immer »weicher« als die verwendeten Mauersteine sein. Hierdurch werden die Fugen elastischer, und wenn es aufgrund von Bewegungen zu Rissen kommt, braucht man lediglich die Verfugung zu erneuern und nicht komplette Mauerabschnitte.

PROPORTIONEN EINES ZIEGELS

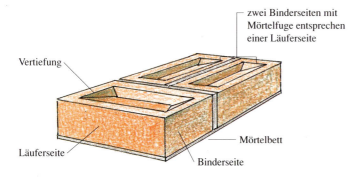

Die Proportionen eines Ziegels sind so angelegt, daß die Läuferseite (lange Seite) zwei Binderseiten (kurze Seite) inklusive einer senkrechten Stoßfuge entspricht. Senkrecht übereinandergesetzt, ergeben vier Ziegel plus vier Mörtelfugen eine Höhe von 32 Zentimeter. Die Abmessungen von Ziegeln variieren, doch ein moderner Standardziegel hat eine Läuferseite von 24 Zentimeter, eine Binderseite von 11,5 Zentimeter und eine Höhe von 7 Zentimeter. Die waagerechten Lagerfugen und die senkrechten Stoßfugen haben eine Breite von einem Zentimeter.

Das Formen der Fugen kann direkt während des Bauens der Mauer erfolgen (Fugenglattstrich) oder erst später, wenn die gesamte Mauer bereits fertiggestellt ist. Ein nachträgliches Verfugen bietet sich beispielsweise dann an, wenn für die Fugen ein teurerer Mörtel verwendet wird als zum Aufmauern der Steine. Die Breite von Mauerfugen beträgt im allgemeinen einen Zentimeter.

Einige beliebte Fugenarten sind unten abgebildet. Sie sind in kontrastierenden Farben ausgeführt, damit sie sich besser erkennen lassen – und um zu zeigen, wie die Mörtelfarbe den Farbton der Ziegel beeinflußt. Die Beispiele machen auch deutlich, wie verschiedene Profile das Muster der Fugen betonen oder abschwächen können und damit den Gesamteindruck einer Ziegelmauer beeinflussen.

Rechts *Bei dieser niedrigen Mauer aus neuen Ziegeln sind die Fugen leicht konkav geformt. Die gleichmäßigen sorgfältig ausgearbeiteten Fugen unterstreichen die moderne, geradlinige Wirkung der Mauer.*

FUGENPROFILE FÜR ZIEGELMAUERN

Vollfuge

Eine Vollfuge läßt Regenwasser von der Mauer ablaufen und ist daher für ungeschützte Lagen geeignet. Sie entsteht, wenn der überschüssige Mörtel nach dem Setzen der Ziegel mit einer Kelle abgestrichen wird; sie läßt sich auch mit einem Stück Holz oder Jute strukturieren.

abgeschrägte Fuge

Diese Fuge läßt Regenwasser gut ablaufen. Die Fugenfläche, die oben zwei bis drei Millimeter zurückspringt, erzeugt Schattenlinien auf dem darunterliegenden Ziegel; die senkrechten Stoßfugen werden mitunter als Vollfugen ausgeführt, um die waagrechten Linien zu betonen.

konkave Fuge

Eine konkave Fuge ist eine leicht ausgehöhlte Fuge, die mit einem schmalen konvexen Gegenstand geformt wird. Konkave Fugen erzeugen ansprechende Schattenlinien, sind jedoch für ungeschützte Lagen ungeeignet.

vorspringende Fuge

Eine vorspringende Fuge, auch Tropffuge genannt, entsteht, wenn die Ziegel fest in den Mörtel gedrückt werden, so daß dieser hervorquillt. Sie bekommt mit der Zeit ein attraktives rustikales Aussehen. Der Mörtel kann die gleiche Farbe wie die Ziegel haben oder zur Strukturierung mit Jute abgerieben werden.

leicht konkave Fuge

Eine leicht konkave Fuge wird mit einem runden Gegenstand geformt – ursprünglich mit einem verzinkten Eimerbügel. Sie betont die Form der einzelnen Ziegel und ist witterungsbeständig.

Schattenfuge

Eine Schattenfuge formt man mit einem speziellen Fugenkratzer, so daß der Mörtel bis zu einer bestimmten Tiefe herausgekratzt wird und eine glatte Oberfläche erhält. Die starken Schattenlinien heben die Ziegelschichten besonders deutlich hervor. Schattenfugen eignen sich nur für geschützte Lagen.

Links *Die attraktive freistehende Mauer im Gotischen Verband bietet einen perfekten Hintergrund für Kletterrosen. Sie unterteilt den Garten in verschiedene Bereiche und verleiht ihm durch ihre Höhe, ihre Gestaltung und den doppelten Ziegelbogen ein solides Aussehen.*

LÄUFERVERBAND

BINDERVERBAND

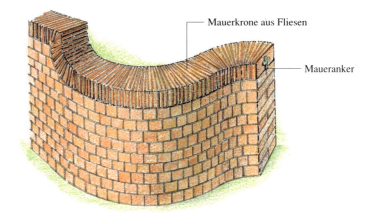

Ein Läuferverband besteht ausschließlich aus Läuferschichten. Die Stoßfugen sind jeweils um einen halben Stein versetzt. Beim höheren Mauerabschnitt entspricht die Mauerstärke der Länge eines Ziegels. Die Mauer ist durch Metallanker verstärkt, die in Abständen in den Mörtel eingebettet sind; der Endziegel wird ebenfalls von Mauerankern gesichert. Der andere Mauerabschnitt ist eine Halbsteinmauer, die sich nur für niedrige Mauern eignet. Halbe Ziegel bilden das Mauerende, die Mauerkrone besteht aus hochkant gestellten eingekürzten Steinen, deren Schnittflächen nach unten zeigen.

Ein Binderverband, bei dem die Schmalseiten der Ziegel sichtbar sind, eignet sich gut für geschwungene Mauern. Für solche Zwecke werden auch spezielle Radiussteine angeboten, doch lassen sich Bogen, deren Innenradius nicht kleiner als 1,8 Meter ist, bei einer Vollsteinmauer auch gut mit normalen Ziegeln im Binderverband errichten. Die senkrechten Stoßfugen sind auf der konvexen Seite zwangsläufig etwas breiter als auf der konkaven Seite. Hochkant verlegte Fliesen eignen sich ausgezeichnet als Abdeckung einer gewundenen Mauer.

AMERIKANISCHER VERBAND

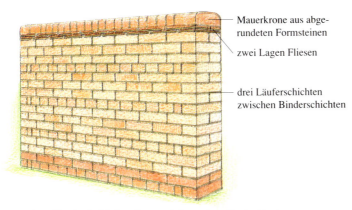

- Mauerkrone aus abgerundeten Formsteinen
- zwei Lagen Fliesen
- drei Läuferschichten zwischen Binderschichten

Der Amerikanische Verband setzt sich aus jeweils drei (oder jeder anderen ungeraden Zahl von) Läuferschichten zusammen, die zwischen einzelnen Binderschichten liegen. Die Mauerkrone besteht aus zwei Lagen Fliesen, die bündig mit der Mauer abschließen (aber auch vorstehen können), und einer Reihe abgerundeter Formsteine.

BLOCKVERBAND

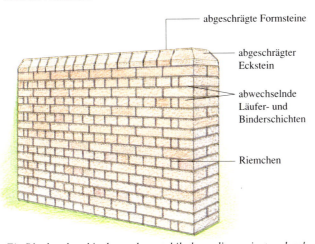

- abgeschrägte Formsteine
- abgeschrägter Eckstein
- abwechselnde Läufer- und Binderschichten
- Riemchen

Ein Blockverband ist besonders stabil, da er die wenigsten durchlaufenden Fugen aufweist. Er besteht abwechselnd aus Läufer- und Binderschichten. Um die senkrechten Fugen zwischen den Läufern an beiden Enden der Mauer zu stützen und zu überbrücken, wird vor dem letzten Stein jeweils ein Riemchen (längs halbierter Ziegel) eingefügt. Hier ist die Mauer mit einer Reihe abgeschrägter Formsteine abgedeckt. Ein breiterer abgeschrägter Eckstein sorgt für zusätzliche Stabilität.

GARTENZIERVERBAND

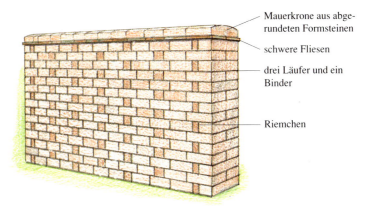

- Mauerkrone aus abgerundeten Formsteinen
- schwere Fliesen
- drei Läufer und ein Binder
- Riemchen

Dieser Gartenzierverband setzt sich aus einem Binder zwischen drei Läufern zusammen, wobei die Binder jeweils mittig über den mittleren Läufern liegen. Die Mauerkrone besteht aus einer Lage vorspringender schwerer Fliesen und einer Reihe abgerundeter Formsteine. Riemchen (längs halbierte Ziegel) sorgen an beiden Enden für den richtigen Abschluß des Mauerverbands.

GOTISCHER VERBAND

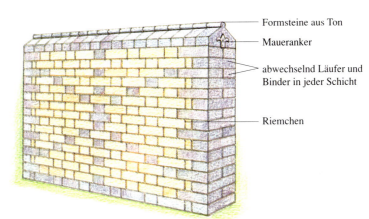

- Formsteine aus Ton
- Maueranker
- abwechselnd Läufer und Binder in jeder Schicht
- Riemchen

Ein Gotischer Verband, bei dem sich Läufer und Binder in jeder Schicht abwechseln, ergibt eine stabile, dekorative Mauer. In jeder zweiten Schicht sind am Mauerende Riemchen (längs halbierte Ziegel) erforderlich. Traditionell wurden dunklere Binder benutzt, um verschiedene Muster entstehen zu lassen. Heute kann man ähnliche Effekte mit Ziegeln in einer anderen Farbe erzielen. Hier wurden blaue Formsteine aus gebranntem Ton für die Abdeckung der Mauer verwendet, die auch einige dazu passende Binder enthält.

Natursteinmauern

Eine Natursteinmauer verleiht jedem Garten ein wundervolles Gefühl von Beständigkeit. Wenn Sie sich für dieses ursprüngliche Baumaterial entscheiden, werden Sie feststellen, daß sich traditionelle Stile nicht einfach ignorieren lassen. Die vielfältigen Gesteinsarten, Gestaltungs- und Verwendungsmöglichkeiten haben zu einer breitgefächerten Palette von Mauerverbänden geführt.

Der Stil einer Natursteinmauer kann von einem streng formalen, architektonischen Aussehen über eine Vielzahl lokaler Traditionen bis hin zu Zufallsprodukten aus rustikalen Bruchsteinen oder Findlingen reichen. Da in der Vergangenheit ausschließlich Steinquader bester Qualität über größere Entfernungen transportiert (und dann nur für herrschaftliche Bauten verwendet) wurden, sind es alte Natursteinmauern, die sich am besten in ihre Umgebung einfügen. Man arbeitete mit dem Material, das vor Ort vorhanden war. Wenn man in einer Region mit guten Gesteinsvorkommen wohnte, gab es oftmals selbst in bescheidenen Gärten schöne regelmäßige Mauern aus behauenen Steinquadern. In manchen Gegenden wurde das Gestein gar nicht oder nur auf einer Seite behauen, so daß die Mauern eine gröbere Struktur hatten. Steine schlechterer Qualität verwendete man unter Umständen für freistehende Trockenmauern oder setzte sie zusammen mit behauenen Steinen (oder Ziegeln) in Mörtel, um den Mauerenden, -ecken und der -abdeckung Stabilität zu verleihen. Gab es keine Gesteinsvorkommen, verwendete man Holz, stellte Ziegel her oder baute Mauern aus Lehm und so weiter. Übertragen auf heutige Verhältnisse bedeutet dies, daß man sich, wenn es keine örtliche Tradition gibt, auf die man zurückgreifen kann, aber man trotzdem eine Natursteinmauer möchte, für einen schlichten und zurückhaltenden Stil entscheiden sollte und nicht für eine ausgefallene Konstruktion, die nicht in ihre Umgebung paßt und deshalb als ein Fremdkörper empfunden werden kann.

Das Prinzip beim Bau einer Natursteinmauer ist das gleiche wie bei Ziegelmauern: nach Möglichkeit sollten alle senkrechten Fugen oben und unten von einem Stein überbrückt werden. Verwendet man keine teuren, gleichmäßig zugehauenen oder geschnittenen Steinquader, wird der Bau einer Natursteinmauer durch die unterschiedlichen Größen und Formen der einzelnen Steine erschwert.

Wie bei Ziegeln müssen die beiden Seiten der Mauer miteinander verzahnt werden. Zu diesem Zweck setzt man auf beiden Seiten im Abstand von ungefähr einem Meter in jeder Richtung einen Binderstein ein, dessen Länge etwa zwei Dritteln der Mauerstärke entspricht. Eine andere Möglichkeit ist die Verwendung von sogenannten Ankersteinen, wie man sie vor allem bei Trockenmauern kennt. Ihre Länge entspricht der Stärke der Mauer, so daß sie auf beiden Seiten der Mauer sichtbar sind. Die Fugen einer Natursteinmauer können entweder zurückspringen, so daß sie die Form der einzelnen Steine hervorheben, oder bündig mit den Steinen abschließen, so daß sich eine einheitliche Fläche ergibt. Mörtel und Steine

FUGENPROFILE FÜR NATURSTEINMAUERN

vorspringende Fuge

Vorspringende Fugen verbinden sich zu einem Netzwerk, das die Illusion erzeugt, jeder Stein sei passend zu dem benachbarten Stein zugehauen. Man zieht dazu mit einer Kelle oder einem anderen geeigneten Werkzeug parallele Linien entlang der Fugen, so daß ein glatter Streifen Mörtel zurückbleibt.

konkave Fuge

Konkave Fugen werden mit einem feuchten Kieselstein (oder einem gebogenen Rohr oder einem Stück Gartenschlauch) geformt, indem man den feuchten Mörtel verhältnismäßig weit nach hinten drückt. Hierdurch entstehen starke Schattenlinien zwischen den Steinen.

zweifach abgeschrägte Fuge

Zweifach abgeschrägte Fugen sehen schnabelförmig aus und werden mit einer Spitzkelle geformt. Für dieses Fugenprofil ist einige Übung erforderlich.

aufgerauhte Fuge

Aufgerauhte Fugen werden für rustikale Natursteinmauern am häufigsten verwendet. Der überschüssige Mörtel wird dazu vor dem Abbinden mit einer steifen Drahtbürste entfernt.

Schattenfuge

Schattenfugen eignen sich am besten für quadratische oder rechteckige Steinquader und werden mit einem speziellen Fugenkratzer geformt. Sie erzeugen auffällige Schattenlinien.

Erdfuge

Erdfugen (der Mörtel ist durch Erdreich ersetzt) eignen sich nur für Steingärten oder Trockenmauern. Damit die Pflanzenwurzeln Feuchtigkeit bekommen, muß die Erde in den Fugen mit dem aus Erdreich bestehenden Mauerkern verbunden sein.

harmonieren besser miteinander, wenn die Mörtelmischung einen Zuschlag aus passendem zerkleinertem Gestein enthält. Mit einem bis zweieinhalb Zentimeter sind die Fugen bei Natursteinmauern in der Regel breiter als bei Ziegelmauern.

Wie bei der Verwendung von Naturstein als Pflastermaterial, sollte man darauf achten, ob das Gestein eine natürliche Maserung aufweist, durch die bei Regen und Frost Risse entstehen können. Solches Gestein sollte immer so verlegt werden, daß die Maserung waagrecht verläuft. In Fällen, wo sie senkrecht verläuft (wie etwa bei dem Fischgrätmuster aus hochkant gestellten Schieferplatten auf Seite 82), ist unbedingt eine schützende Mauerabdeckung erforderlich.

Rechts Die Mauer aus Feld- und Flintsteinen mit ihrer einfachen wasserundurchlässigen Mörtelabdeckung hat ein traditionelles, rustikales Erscheinungsbild. Sie paßt gut in eine naturnahe Umgebung wie diesen Gartenbereich, wo Schneeglöckchen die Grasfläche überziehen und kleinblättriger Efeu an der Mauer emporzuwachsen beginnt.

UNREGELMÄSSIGE BRUCHSTEINMAUER

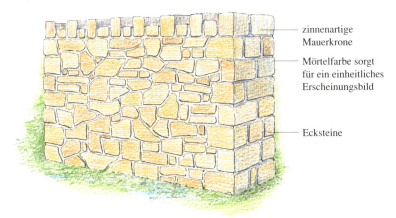

Honigfarbene Sandsteine unterschiedlicher Form und Größe bilden diese unregelmäßige Bruchsteinmauer. Die flachere Seite der einzelnen Steine zeigt jeweils nach vorne. Da die Steine nicht zu Schichten angeordnet sind, gibt es keine waagrechten Linien. Das Ergebnis ist ein attraktives Formengewirr zwischen annähernd rechteckigen Steinblöcken, die als Ecksteine dienen. Für die zinnenartige Mauerkrone wurden ebenfalls Steine mit einer regelmäßigeren Form verwendet.

SCHICHTENMAUERWERK AUS BRUCHSTEINEN

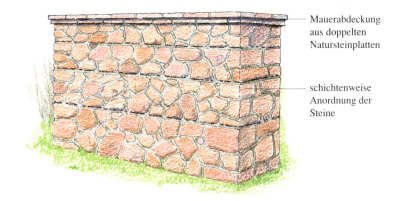

Dieses Schichtenmauerwerk besteht aus rotem Bruchsandstein. Die unregelmäßigen Steine sind hier in Abständen zu Schichten angeordnet, so daß ein regelmäßigeres Bild entsteht. Das abgerundete Profil der Steine verleiht der Mauer jedoch gleichzeitig eine ausgeprägte Struktur und ein rustikales Aussehen. Traditionell sind die Schichten am Fuß der Mauer am höchsten und werden nach oben hin flacher. Ausgeprägte Schattenlinien entstehen durch die Mauerabdeckung aus doppelten Sandsteinplatten.

82 VERTIKALE ELEMENTE

MAUER AUS UNREGELMÄSSIGEN BRUCHSTEINPLATTEN

Mauer-anker — dekorative Mauerkrone aus hochkant gestellten und waagrechten Steinplatten

Eine Mauer aus unregelmäßigen Bruchsteinplatten besteht aus waagrecht aufgemauerten dünnen Bruchsteinplatten wie Schiefer oder Tonschiefer. Diese graublauen Schieferplatten erinnern an Wellen. Die dekorative Mauerkrone ist am Ende durch einen Maueranker gesichert.

MAUER AUS HOCHKANT GESTELLTEN BRUCHSTEINPLATTEM

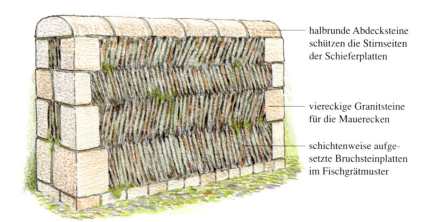

halbrunde Abdecksteine schützen die Stirnseiten der Schieferplatten

viereckige Granitsteine für die Mauerecken

schichtenweise aufgesetzte Bruchsteinplatten im Fischgrätmuster

Für diese Mauer aus hochkant gestellten Bruchsteinplatten wurde örtlich vorkommendes Gestein von verhältnismäßig einheitlicher Größe verwendet. Die einzelnen Schichten sind zu einem attraktiven Fischgrätmuster angeordnet und werden von Abdeck- und Ecksteinen aus härterem Gestein an ihrem Platz gehalten.

UNREGELMÄSSIGES SCHICHTENMAUERWERK

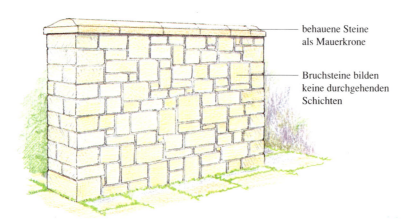

behauene Steine als Mauerkrone

Bruchsteine bilden keine durchgehenden Schichten

Bei einem unregelmäßigen Schichtenmauerwerk, einer verfeinerten Form der unregelmäßigen Bruchsteinmauer von Seite 81, hat jeder quadratische oder rechteckige Stein eine andere Größe, doch alle Steine sind rechtwinklig bearbeitet. Die größeren Ecksteine sind so behauen, daß sie eine strukturierte Oberfläche aufweisen. Die Abdecksteine der Mauerkrone haben eine traditionelle Form, die man auch häufig aus Kunststein findet.

REGELMÄSSIGES SCHICHTENMAUERWERK

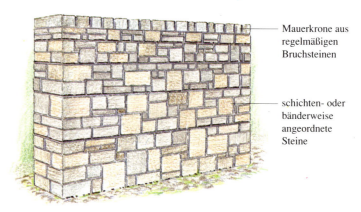

Mauerkrone aus regelmäßigen Bruchsteinen

schichten- oder bänderweise angeordnete Steine

Regelmäßiges Schichtenmauerwerk wird aus rechtwinklig bearbeiteten Bruchsteinen unterschiedlicher Größe gebildet. Diese sind schichtenweise angeordnet, wobei die größeren Blöcke nach unten und die kleineren nach oben kommen, so daß eine interessante Abstufung entsteht. Die einfache Mauerabdeckung besteht aus Steinen einheitlicher Größe.

MAUERN 83

ZYKLOPENMAUERWERK

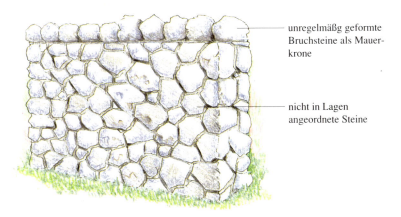

unregelmäßg geformte Bruchsteine als Mauerkrone

nicht in Lagen angeordnete Steine

Ein Zyklopenmauerwerk besteht aus großen unregelmäßigen Bruchsteinen, die nicht in Lagen angeordnet werden. Einige Gesteinsarten wie Kalkstein kommen in tiefen Schichten vor und müssen aus dem Steinbruch herausgesprengt werden. Eine Mauer aus solchen Steinen hat eine unregelmäßige, überaus interessante Oberfläche.

MAUER AUS FINDLINGEN

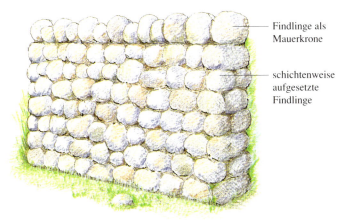

Findlinge als Mauerkrone

schichtenweise aufgesetzte Findlinge

Diese Mauerart bietet sich überall dort an, wo Findlinge in großer Zahl vorkommen. Die Mauerkrone aus mehr oder weniger gleichmäßigen Steinen prägt den Stil der Mauer. Um eine ausreichende Stabilität zu gewährleisten, müssen die glatten abgerundeten Steine angefeuchtet und satt in Mörtel gesetzt werden.

MAUER AUS HALBIERTEN FLINTSTEINEN

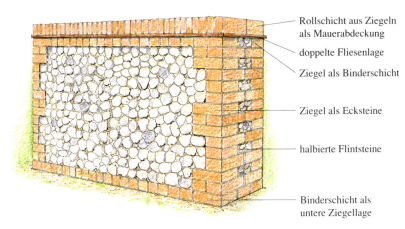

Rollschicht aus Ziegeln als Mauerabdeckung

doppelte Fliesenlage

Ziegel als Binderschicht

Ziegel als Ecksteine

halbierte Flintsteine

Binderschicht als untere Ziegellage

Eine Mauer aus halbierten Flintsteinen (hier mit einer Einfassung aus Ziegelsteinen) findet man normalerweise in Gegenden mit Flintvorkommen. Die unregelmäßigen Flintsteine werden mit Kalkmörtel vermauert, der den Mauerkern schützt und für optischen Kontrast sorgt. Da die Steine halbiert sind, haben sie eine glänzende, relativ ebene Oberfläche. Verwendet man ganze oder geglättete Steine, wird die Mauerfläche unregelmäßig.

TROCKENMAUER

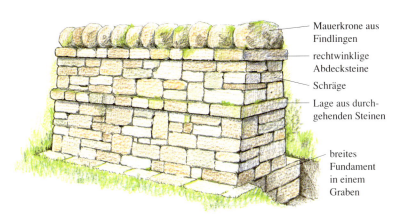

Mauerkrone aus Findlingen

rechtwinklige Abdecksteine

Schräge

Lage aus durchgehenden Steinen

breites Fundament in einem Graben

Ursprünglich folgen Trockenmauern dem Landschaftsverlauf. Sie werden ohne Mörtel auf einem Steinfundament in einem Graben errichtet. Obwohl ihr Aussehen variiert, sind sie im Verhältnis zu ihrer Höhe stets sehr dick. In regelmäßigen Abständen sind Steine eingefügt, die zwei Drittel oder die gesamte Breite der Mauer überspannen. Zur zusätzlichen Stabilität können die Steine so aufgesetzt werden, daß die Mauer unten breiter ist und sich nach oben verjüngt.

Betonsteinmauern

Betonsteine sind häufig verschiedenen Arten von Naturstein nachgebildet, doch können auch schlichte Blöcke oder Elemente aus Beton ansprechend im Garten aussehen, insbesondere in Verbindung mit der modernen Architektur von Gebäuden in unmittelbarer Nähe. Dank der Vielfalt an Oberflächenstrukturen, Farben und Formen lassen sich mit Betonsteinen Mauern bauen, die im Stil von unaufdringlicher Funktionalität bis hin zu bewußt gewählter Auffälligkeit reichen und sich harmonisch in ihre Umgebung einfügen.

Mauern aus Betonsteinen erfordern Bewegungsfugen, die auch den Materialschwund auffangen, der beim Abbinden des Betons entsteht. Je größer die Anzahl der Einzelelemente einer Mauerfläche, desto kleiner ist das Problem, da die Materialbewegungen dann bis zu einem gewissen Grad von den zahlreichen Fugen aufgenommen werden. Achten Sie darauf, einen Zement zu verwenden, der speziell zum Vermauern von Betonsteinen gedacht ist, damit Sie einen entsprechend geschmeidigen und elastischen Mörtel erhalten. Wählen Sie ein Fugenprofil, das der Form der Betonsteine angemessen ist. Betonsteine, die Natursteinen nachgebildet sind, sollten auch wie bei Natursteinmauern verfugt werden. Betonsteinmauern, die klare moderne Formen aufweisen, sehen mit schlichten oder sehr schmalen Fugen am besten aus.

Wenn zwei Betonsteinmauern im rechten Winkel aufeinanderstoßen, werden sie normalerweise miteinander verzahnt. Treffen Mauern T-förmig aufeinander, läßt man sie stumpf gegeneinanderstoßen und verbindet sie mit speziellen Metallstäben oder Mauerankern. Dies gestattet Materialbewegungen, ohne daß die Mauer an Stabilität verliert. Wenn zur Verstärkung von Betonsteinmauern Pfeiler erforderlich sind, sollten sie mindestens doppelt so stark wie die Mauer und ihre Abstände nicht größer als die doppelte Höhe der Mauer sein. Darüber hinaus sind auch senkrechte Bewegungsfugen nötig (siehe auch die Illustration einer Mauer aus Einzelabschnitten auf Seite 73).

Links *Weißgestrichene Betonblocksteine wurden für diese hohe Mauer verwendet, die den Garten in verschiedene Bereiche gliedert. Die Mauer verleiht dem Garten ein betont modernes Aussehen und bildet einen schönen Hintergrund für hohe Pflanzen, Laubgehölze und farbenfrohe Iris.*

MAUERN 85

PLANSTEINE

abgeschrägte Formsteine als Mauerkrone

Plansteine aus feinkörnigem Material haben eine glatte Oberfläche. Der Reiz der Vorderansicht ergibt sich aus dem gewählten Mauerverband, bei dem die einzelnen Lagen jeweils um ein Drittel der Steinlänge versetzt sind. Das Längenverhältnis von Binderseite zu Läuferseite beträgt 1:3 (bei Standardsteinen 1:2). Da Bindersteine hier nur an den Enden der Mauer verwendet werden, sind zur Verstärkung Metallstäbe innerhalb der Mauer erforderlich.

BETONSTEINE MIT ABGESCHRÄGTEN KANTEN

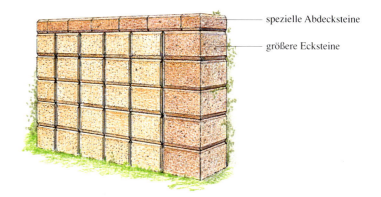

spezielle Abdecksteine

größere Ecksteine

Betonsteine mit abgeschrägten Kanten lassen die Vielseitigkeit von Beton erkennen. Es gibt Mauer- und Decksteine in verschiedenen Formen und Formaten sowie Farben und Oberflächenstrukturen. Bei den gezeigten Steinen ist der Beton an der Oberfläche ausgewaschen, um den Zuschlag freizulegen. Die Kanten sind in einem Winkel von 45 Grad abgeschrägt und unterstreichen durch ihre Schattenwirkung das strenge geometrische Muster. Da die Steine ohne Verband gesetzt sind, ist eine innere Verstärkung durch Metallstäbe notwendig.

IMITIERTE BRUCHSTEINE

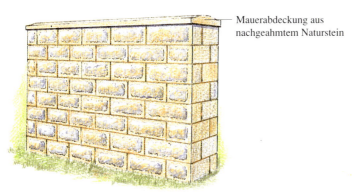

Mauerabdeckung aus nachgeahmtem Naturstein

Imitierte Bruchsteine erzeugen den Eindruck einer klassischen Mauer aus gebrochenem oder behauenem Naturstein. Die Sichtseite jedes Blocks weist in der Mitte eine erhabene bruchrauhe Fläche auf, die von einem glatteren bearbeiteten Rand umgeben ist. Vielfach werden von den Herstellern sogar bestimmte Gesteinsarten nachgebildet. Derartige Betonsteinmauern bieten ein relativ natürliches Aussehen bei vergleichsweise geringen Kosten.

MAUER AUS BETONFORMSTEINEN

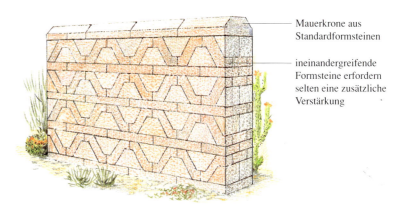

Mauerkrone aus Standardformsteinen

ineinandergreifende Formsteine erfordern selten eine zusätzliche Verstärkung

Solche Mauern lassen sich aus vielerlei Arten von Formsteinen bauen. Hier wurden drei Grundelemente mit Standardabdecksteinen zu einem lebhaften Muster angeordnet. Durch die schmalen Fugen wird die Wirkung noch verstärkt. Die Farbgebung in Erdtönen und die Oberflächenstruktur zeugen von zeitgemäßem Stil. Bei solch markanten Mustern ist darauf zu achten, daß sie mit angrenzenden Bauwerken harmonieren.

Mauern aus gegossenem Beton

Vorgefertigte Betonelemente und Beton, der an Ort und Stelle in eine Holzschalung gegossen wird, bieten weitere Möglichkeiten für interessante Betonmauern, die oftmals ein abstraktes Aussehen haben.

Gegossener Beton paßt am besten in eine moderne Umgebung, wo er nicht mit traditionellen Materialien und Baustilen kollidiert. Er eignet sich vor allem für trockene Klimazonen, da sich in Gegenden mit hoher Luftfeuchtigkeit mitunter unschöne Flecken und Algenbewuchs auf ihm bilden. Wie bei Betonsteinmauern kann man zwischen vielen verschiedenen Oberflächenstrukturen und Farben wählen, wenngleich einige Farbpigmente bei intensiver Sonneneinstrahlung ausbleichen. Außerdem läßt sich mit Hilfe spezieller Betonfarben das Aussehen des Betons verschönern oder verändern oder auch an vorhandene Baumaterialien beziehungsweise Gartenelemente anpassen.

Für besonders feinstrukturierte Oberflächen werden gewöhnlich Einzelelemente in entsprechende waagrechte Formen gegossen und anschließend als Mauer zusammengefügt oder zum Verkleiden einer Mauer aus preiswerterem Material verwendet. Ortbeton hingegen wird an Ort und Stelle in senkrechte Schalungen eingebracht. Speziell bei Stützmauern sorgen Stahlstangen zur Bewehrung des Betons für zusätzliche Stabilität.

Außer bei extrem einfachen Formen erfordert das Gießen von Beton neben Spezialwerkzeugen und -geräten auch einiges Können, so daß die meisten Heimwerker davon Abstand nehmen. Für komplexe Muster sind oftmals professionell hergestellte Formen nötig. Die Betonmischung muß so zusammengesetzt sein, daß sie sich problemlos einbringen läßt, nach dem Abbinden aber die erforderliche Stabilität und Härte aufweist. Überdies muß der Beton nach dem Einbringen gut verdichtet und/oder maschinell bearbeitet werden, um alle Lufteinschlüsse zu entfernen. Bei einem Fachmann hat man die Gewähr, daß die Holzschalung nach dem Abbinden des Betons sachgerecht entfernt wird und auch feinstrukturierte Oberflächen keinen Schaden erleiden. Darüber hinaus müssen der beim Abbinden des Betons eintretende Materialschwund sowie die üblichen Bewegungsfugen (siehe Seite 73) berücksichtigt werden.

Rechts *Eine auffällige weiße Mauer paßt gut zu Pflanzen mit spitzen, architektonisch wirkenden Blättern. Hier bildet die klar gegliederte Mauer – und das dahinterliegende Haus – ein markantes Gestaltungselement in einer eher nüchternen Umgebung. Betonmauern wie diese werden gewöhnlich an Ort und Stelle gegossen. Das Gitter besteht aus Stahlelementen, die – passend zur Mauer – weiß gestrichen sind.*

MAUERN 87

BETON MIT EINER HOLZSTRUKTUR

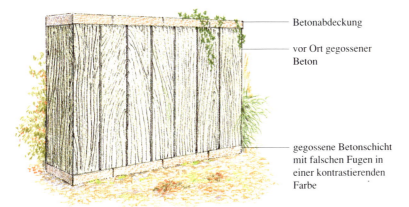

- Betonabdeckung
- vor Ort gegossener Beton
- gegossene Betonschicht mit falschen Fugen in einer kontrastierenden Farbe

Beton mit einer Holzstruktur entsteht, wenn man sägerauhe Bohlen für die Schalung verwendet. Eine solche Oberfläche fügt sich gut sowohl in eine ländliche als auch städtische Umgebung ein. Jeder senkrechte Abschnitt muß in einem Stück gegossen werden. Bei einer waagrechten Schalung läßt sich der Beton lagenweise – jeweils mit einer der Brettkanten abschließend – einbringen. Das Fundament und die Abdeckung werden separat gegossen.

ABSTRAKTE FORMEN

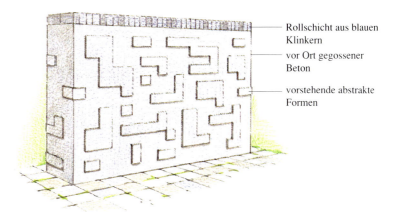

- Rollschicht aus blauen Klinkern
- vor Ort gegossener Beton
- vorstehende abstrakte Formen

Abstrakte Formen werden in die Schalung eingearbeitet und geben ihr Spiegelbild im feinkörnigen Beton wider. Vorstehende Verzierungen und Motive können auch einzeln gegossen und anschließend auf die Mauer aufgebracht werden. Die Abdeckung besteht hier aus einer Rollschicht blauer Klinkersteine; man kann sie jedoch gleichermaßen aus kontrastierend eingefärbtem Beton gießen.

WASCHBETONPLATTEN

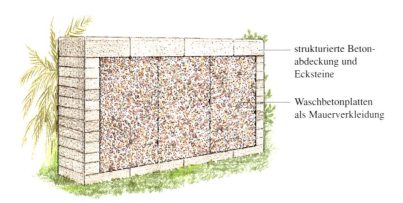

- strukturierte Betonabdeckung und Ecksteine
- Waschbetonplatten als Mauerverkleidung

Waschbetonplatten dienen hier als Verblendmaterial für eine konventionell errichtete Mauer. Leicht strukturierte Betonsteine für den Unterbau, die Seitenwangen und die Abdeckung rahmen die Fläche ein. Die vorgefertigten Verblendplatten werden vollflächig in Mörtel gesetzt und bedürfen zusätzlicher Maueranker oder Metallstäbe.

RAUTENMUSTER

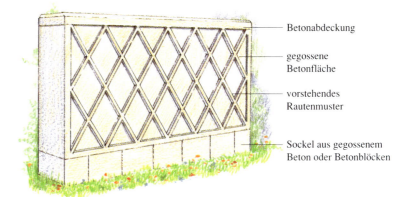

- Betonabdeckung
- gegossene Betonfläche
- vorstehendes Rautenmuster
- Sockel aus gegossenem Beton oder Betonblöcken

Ein solches Rautenmuster wird aus feinkörnigem Beton gegossen. Das spalierartige Muster entsteht durch den Einbau rautenförmiger Schalholzplatten in die Schalform. (Denken Sie daran, daß die Schalung das Negativ des fertigen Objekts darstellt.) Muster wie dieses werden am besten vor Ort gegossen, da der Transport einer vorgefertigten Mauer dieser Größe problematisch ist.

Holzwände

Holz ist ein ungewöhnliches, aber besonders eindrucksvolles Material für »Gartenmauern«. Es bietet sich für Gärten in einer waldähnlichen Umgebung an oder dort, wo eine Baumgruppe auf dem Grundstück oder außerhalb davon die Grenze markiert. Darüber hinaus kann eine Holzwand auch eine kleine Entschädigung für den Verlust eines Ihrer Bäume sein – vorausgesetzt, das Holz ist ausreichend haltbar, wie etwa Rotholz oder Eiche.

Außer in Form von Gittern oder Zäunen wird Holz häufiger für Stützwände als für freistehende Gartenkonstruktionen verwendet und eignet sich auch ausgezeichnet als Einfassung für erhöht liegende Beete. Holzwände benötigen ebenso gute Fundamente wie Ziegel-, Beton- oder Natursteinmauern.

Wählen Sie eine Holzoberfläche, die zu Ihrem Garten paßt. Außer bei einer besonders rustikalen Gartengestaltung bedeutet dies fast immer, daß man geschältes und gesägtes Holz verwendet. Rechtwinklige lasierte Bretter eignen sich für einen anspruchsvollen, raffiniert angelegten Stadtgarten. Sägerauhes oder gespaltenes Holz hat dagegen ein derberes, bodenständigeres Aussehen. Man kann es in einer beliebigen Farbe streichen, so belassen, wie es ist, oder die Holzmaserung durch eine geeignete Lasur hervorheben.

Um Holzwänden ausreichende Stabilität zu verleihen, müssen sie in Größe und Volumen Ziegel- oder Natursteinmauern entsprechen. Damit sie länger halten, witterungsbeständig und vor Insekten- oder Pilzbefall geschützt sind, wird für den Außenbereich zumeist kesseldruckimprägniertes oder mit Holzschutzmitteln getränktes Holz im Handel angeboten. Anderenfalls können Sie das Holz selbst mit einem geeigneten Schutzanstrich versehen. Unabhängig davon gilt jedoch: Je trockener das Holz bleibt, desto länger hält es. Während man viele Holzwände oder -zäune auch als Heimwerker selbst errichten kann, sollte man den Bau von Stützwänden aus Holzrosten (siehe gegenüberliegende Seite, unten rechts) besser einem Experten überlassen, der eine fachmännische Ausführung garantiert.

Links *Hier bilden die rustikale Holzstützwand, die gleichzeitig als Pflanzbeet dient, die Holzstufen und der Holzbelag ein harmonisches Ganzes. Hartholz, das zwar teuer ist, eignet sich aufgrund seiner extremen Haltbarkeit außerordentlich gut für Gartenkonstruktionen. Außerdem strahlt es Wärme aus, paßt in fast jede Umgebung, harmoniert mit einer Vielzahl von Pflanzen und sieht besonders gut in modern angelegten Gärten aus.*

MAUERN 89

SENKRECHTE KANTHÖLZER

in Kies oder Beton eingelassenes Kantholz

Senkrechte Kanthölzer bilden den Hauptabschnitt dieser Stützwand. Zur Stabilität sollten die Hölzer zu einem Viertel oder Drittel ihrer Länge in gut verdichtetem Kies oder Beton eingelassen werden. Schutz gegen Regen bietet ein aufgenageltes Deckbrett. Durch die Fugen zwischen den Kanthölzern kann Wasser aus dem Hang heraustreten, besser ist es jedoch, am Fuß der Stützwand eine Reihe von 2,5 Zentimeter großen Löchern zu bohren. Eine 10 bis 15 Zentimeter hohe Kiesschicht trennt das Holz vom Erdreich.

WAAGRECHTE KANTHÖLZER

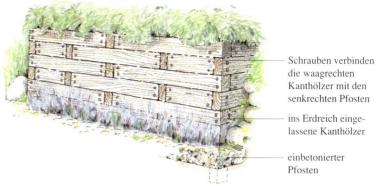

Schrauben verbinden die waagrechten Kanthölzer mit den senkrechten Pfosten

ins Erdreich eingelassene Kanthölzer

einbetonierter Pfosten

Für diese einfache Stützwand werden zunächst Kanthölzer rechtwinklig zur Sichtseite der Stützwand ins Erdreich getrieben; ihr Hirnholz bietet einen interessanten Kontrast zur waagrechten Linienführung. Die liegenden Kanthölzer werden durch vorgebohrte Löcher mit den dahinter befindlichen unsichtbaren senkrechten Pfosten verschraubt. Die Pfosten werden großzügig in den Untergrund eingelassen oder besser einbetoniert. Eine gute Drainage ist für die Beständigkeit einer solchen Stützwand entscheidend.

PALISADENWAND AUS BAUMSTÄMMEN

ins Erdreich eingelassener Teil

Eine Palisadenwand aus Baumstämmen sieht natürlich aus und besteht lediglich aus einer Reihe von Baumstämmen mit unterschiedlichen Längen und Durchmessern, die in den Boden eingelassen werden. Ihre Rinde unterstreicht den rustikalen Charakter, doch kann man auch geschälte imprägnierte Hölzer verwenden. Wände dieser Art ergeben einen guten Sichtschutz für Gartengerätschaften. Da sie bei Kindern beliebt sind, eignen sie sich auch ideal zur Abgrenzung von Spielbereichen.

HOLZROSTE FÜR STÜTZWÄNDE

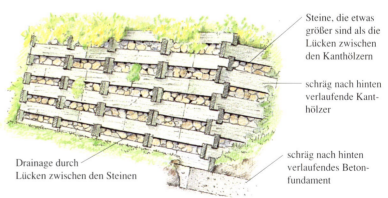

Steine, die etwas größer sind als die Lücken zwischen den Kanthölzern

schräg nach hinten verlaufende Kanthölzer

Drainage durch Lücken zwischen den Steinen

schräg nach hinten verlaufendes Betonfundament

Holzroste für Stützwände sind als Bausätze erhältlich und ideal zum Abfangen von Hängen geeignet. Sie bestehen aus ineinandergreifenden waagrechten Kanthölzern, die parallel angeordnet sind und schräg zum Hang stehen. Der Zwischenraum wird mit Steinen verfüllt, die etwas größer als die Lücken zwischen den Hölzern sein müssen. Ein Betonfundament sorgt für eine ebene Auflage des ersten Balkens und ist unerläßlich, da die Wirkungsweise der Konstruktion auf ihrem Eigengewicht und einer hervorragenden Drainage beruht.

ZÄUNE

Bei der Wahl des Stils, der Art und des Materials einer Einzäunung spielt die vorhandene Architektur ebenso eine Rolle wie die Frage, wo der Zaun im Garten verläuft und ob er Menschen und Tiere vom Verlassen oder Betreten des Grundstücks abhalten soll. Zäune sind im allgemeinen eine schnellere und preisgünstigere Form der Einfriedung als der Bau einer Mauer oder das Pflanzen einer Hecke. Ein einfacher Zaun aus Pfosten und Riegeln kann auch als vorübergehende Lösung dienen, bis man sich in aller Ruhe für eine dauerhaftere Begrenzung entschieden hat. Ein guter Zaun kann ein Leben lang halten, doch sollte man dabei bedenken, daß Holz Pflege benötigt und in regelmäßigen Abständen mit einem Holzschutzmittel behandelt oder gestrichen werden muß, während eine Mauer kaum Instandhaltungsarbeiten erfordert.

Manche Zäune deuten lediglich eine Grenze oder unterschiedliche Gartenbereiche an und erfordern daher nur eine geringe Stabilität. Andere hingegen müssen so konstruiert sein, daß sie auch Pferden und Vieh standhalten. In diesen Fällen sind hochwertige Materialien, einschließlich der Zaunpfosten, sowie eine geeignete Bauweise nötig. Selbst die funktionalsten Zäune können attraktiv aussehen, und viele lassen sich durch Pflanzen verschönern.

Palisaden oder Latten ergeben verschiedenartige Muster aus senkrechten Elementen; andere Zäune bestehen aus Zaunfeldern unterschiedlicher Länge, die in entsprechenden Abständen an Pfosten befestigt werden.

EINSETZEN VON ZAUNPFOSTEN

 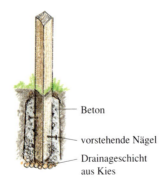

justierbarer Pfostenträger

Beton

vorstehende Nägel

Drainageschicht aus Kies

Das Einsetzen von Zaunpfosten erfordert Sorgfalt, damit der Zaun und das Tor stabil sind. Zaunpfosten können mit Hilfe von Pfostenträgern in die Erde eingelassen oder einbetoniert werden. Es empfiehlt sich, auch die Pfostenträger in Beton zu setzen; treibt man sie direkt ins Erdreich, besteht die Gefahr, daß sie sich verdrehen und die Pfosten sich anschließend nur schwer ausrichten lassen.

Damit sich solche Zäune harmonisch in die Umgebung einfügen, müssen die Pfostenabstände sorgfältig geplant werden. Vermeiden Sie nach Möglichkeit unangemessen abgestufte Zäune an Hängen, und denken Sie daran, daß eine komplexe formale Gestaltung, die auf der Wiederholung großflächiger Muster basiert, ein ebenes, regelmäßiges Gelände erfordert. Je kunstvoller die Gestaltung, desto wichtiger ist das Einhalten gleichmäßiger Abstände.

Latten- oder Staketenzäune

Nichts symbolisiert einen ländlichen Garten besser als ein Lattenzaun. Ob schlicht oder dekorativ, ein Teil seines Charmes liegt darin, daß er verlockende Einblicke in den Garten gewährt und als Rankgerüst für Kletterpflanzen, speziell Rosen, dienen kann. Lattenzäune sind überdies funktional: Die senkrechten Zwischenräume brechen den Wind. Deshalb eignen sich Lattenzäune in ungeschützten Lagen besser als massivere Konstruktionen. Ein hoher stabiler Zaun mit spitz zulaufenden Lattenenden ist eine wirkungsvolle Sicherheitsbarriere.

Wählen Sie die Abmessungen des Zauns so, daß sie zur Gartengestaltung passen. Die Pfosten müssen ausreichend dick sein, damit sich die Latten und Riegel daran befestigen lassen, und sollten im Abstand von etwa 1,8 Meter gesetzt werden. Die Breite, Stärke und Höhe der Latten sowie ihr Abstand voneinander ergeben sich aus den jeweiligen Anforderungen. Die Latten können beispielsweise eine Stärke von einem bis zweieinhalb Zentimeter haben. Je dicker die Latten und je enger die Zwischenräume sind, desto stabiler ist der Zaun (und desto höher sind die Kosten). Wenn Sie einen anmutigen, dekorativen Zaun zur Abgrenzung einzelner Gartenbereiche errichten möchten, müssen die Latten dünner und ihre Abstände größer sein.

Die Zaunpfosten, gewöhnlich quadratische oder rechteckige Kanthölzer, sollten gut in verdichtetem Kies eingelassen oder einbetoniert werden. An den Pfosten bringt man dann zwei oder mehr waagerechte Riegel, häufig Dreikanthölzer, an und befestigt daran mit rostfreien Nägeln oder Schrauben die senkrechten Latten. Die Pfosten und Riegel verlaufen stets auf der Zaunseite, die zum Grundstück zeigt.

Sie können naturbelassenes Holz verwenden – handelt es sich nicht um Hartholz, sollte es allerdings mit einem Holzschutzmittel imprägniert sein – oder den Zaun passend zur Umgebung lasieren oder streichen. Sofern Sie sich nicht für eine der vielen pigmentierten Holzschutzfarben entscheiden, die heute im Handel sind, muß der Anstrich alle zwei Jahre erneuert werden. Zur besseren Haltbarkeit sollten alle Pfosten, Riegel und Latten entsprechend vorbehandelt sein.

LATTEN UND PFOSTEN MIT EICHELFÖRMIGEN ENDEN

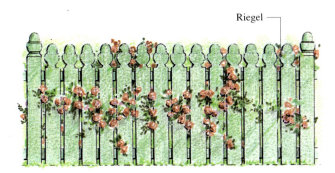

Latten und Pfosten mit eichelförmigen Enden stellen eine traditionelle Zaunform dar; bei den Latten ist das Ziermotiv herausgesägt, während die Pfosten mit einem eichelförmigen Aufsatz versehen sind. Die dunkelroten Farbtöne der herrlich duftenden Kletterrose ›Etoile de Hollande‹ sind ein auffälliger Kontrast zu diesem grüngestrichenen Zaun.

SPITZ ZULAUFENDE ZAUNLATTEN

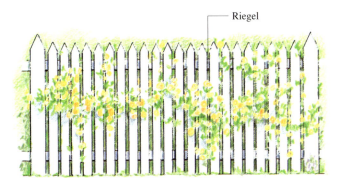

Spitz zulaufende Zaunlatten mit dazu passenden Pfosten ergeben einen schlichten, klassischen Staketenzaun. Sie sind eine sichere Abgrenzung – vorausgesetzt, der Abstand zwischen den Latten ist so eng, daß man sich nicht mit dem Fuß auf den Riegeln abstützen und über den Zaun klettern kann. Hier hebt sich die gelbe Kletterrose ›Golden Showers‹ wundervoll von dem weißgestrichenen Lattenzaun ab.

GESCHWUNGENER LATTENZAUN

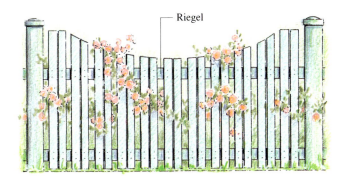

Dieser geschwungene Lattenzaun besteht aus runden Zaunpfosten mit dekorativen Köpfen und paarweise angebrachten Latten. Die oberen Lattenenden sind so zugeschnitten, daß sich in jedem Zaunfeld eine konkave Rundung ergibt. Der verwaschene blaugrüne Schutzanstrich ist ein idealer Hintergrund für eine aprikotfarbene Rose wie die duftende ›Gloire de Dijon‹, die zwischen den Latten hindurch und über den Zaun wächst.

SPITZ ZULAUFENDE STAKETEN MIT RAUTENFÖRMIGEN DURCHBRÜCHEN

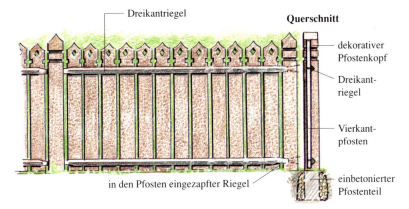

Dieser spitz zulaufende Staketenzaun mit rautenförmigen Durchbrüchen ist in der Rückansicht gezeigt. Die stabilen Vierkantpfosten werden in gut verdichtetem Kies in den Boden eingelassen oder einbetoniert. Die beiden Dreikantriegel, an denen die Latten festgeschraubt sind, werden in die Pfosten eingezapft. Eine rotbraune Holzschutzfarbe verstärkt die dekorative Wirkung des Zauns.

Palisaden

Eine Palisade besteht im wesentlichen aus eng nebeneinanderstehenden Pfosten oder Pfählen. Die Hölzer können geschält oder naturbelassen sein. Man setzt sie entweder einzeln in die Erde oder befestigt sie an Riegeln, die von einbetonierten Pfosten gehalten werden (siehe unten). Palisadenzäune sind normalerweise schlicht und funktional, wobei die Funktion des Zauns als Barriere häufig dadurch unterstrichen wird, daß die oberen Enden der Pfähle spitz zulaufen. Von der Gartenseite aus wirken die Riegel als willkommene Unterbrechung der kompromißlosen senkrechten Linienführung. Durch die runden Pfähle entstehen hübsche Schattenlinien auf der Zaunfläche, die sich durch dekorative Elemente noch verstärken lassen.

Rechts   *Dieser traditionelle Palisadenzaun besteht aus einzelnen Pfählen, die in den Boden eingelassen sind. Er ist ein schönes Gerüst für die Kletterrose ›New Dawn‹ und ein ansprechender Hintergrund für ein Beet mit Jungfer im Grünen und Neuseeländer Flachs. Die geraden Pfahlenden schwächen das typische Palisadenaussehen ab.*

PALISADENZAUN MIT SPITZ ZULAUFENDEN PFÄHLEN

Die spitz zulaufenden Pfähle, von denen die Baumrinde nicht abgeschält wurde, ergeben eine traditionelle Palisade. Ein solcher Zaun sieht urwüchsig aus, ist praktisch und bietet sich für Garteneinfriedungen an, die – wie Grenzbefestigungen in früheren Zeiten – Eindringlinge fernhalten sollen. Seine abweisende Wirkung läßt sich abschwächen, wenn man die oberen Enden der Pfähle abrundet.

GESCHWUNGENER PALISADENZAUN

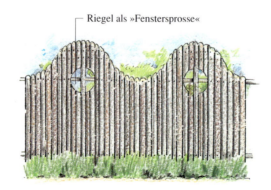

Bei diesem dekorativen Palisadenzaun bilden die geschälten Pfähle ein wellenförmiges Muster; ihre Enden sind abgerundet, so daß der Zaun freundlicher wirkt als eine Palisade mit spitz zulaufenden Pfählen. In die Zaunbogen wurden kreisrunde Fenster geschnitten, deren waagrechte Sprossen von den halbrunden Riegeln gebildet werden, die auf der Rückseite des Zauns verlaufen.

WECHSELSEITIG ANGEBRACHTE PFÄHLE

Dieser Zaun besteht aus Brettern, die abwechselnd auf der Vorder- und Rückseite befestigt werden, so daß der Wind gebrochen wird, gleichzeitig aber ein wirkungsvoller Sichtschutz gegeben ist. Hier wurden halbrunde Pfähle in zwei unterschiedlichen Längen abwechselnd auf beiden Seiten der waagrechten Riegel befestigt. Die Pfähle sind geschält und oben abgerundet.

Bambus

Dank seiner Vielseitigkeit bietet Bambus erfrischende Alternativen zu Holzzäunen leichterer Bauart. Bambus ist von Natur aus dekorativ. Die glatten, anmutigen Stangen weisen in Abständen attraktive Verdickungen auf, und ihre Strukturen werden durch verschiedene Bearbeitungstechniken hervorgehoben. Dicke Stangen, kleinere Stäbe und verzweigte Stengel ergeben zusammen mit halbierten, gespalteten oder flachgepreßten Bambusrohren eine bunte Palette an Stilen.

Schlichte Zaunformen haben ein ansprechendes, neutrales Aussehen, das zu einem breiten Spektrum an Gärten paßt – städtische und ländliche, formale und freigestaltete, große und kleine. Einige sind einfachen asiatischen Wandschirmen entlehnt, andere bilden ein überaus dekoratives Element.

Rechts Schlanke Bambusstäbe, die mit Draht zusammengebunden und von stärkeren waagrechten Bambusrohren gehalten werden, geben diesem Zaun ein graziles Aussehen, das an einen Wandschirm erinnert. Darüber hinaus paßt der Bambuszaun ausgezeichnet zu der asiatischen Gestaltung und Bepflanzung des Gartens.

FLECHTWERK AUS BAMBUS

verzierte rostfreie Pfostenkappe

SENKRECHTE BAMBUSROHRE

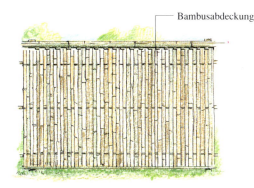

Bambusabdeckung

BAMBUSGITTER

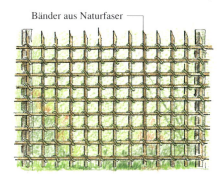

Bänder aus Naturfaser

Dieser Zaun, der aus längs halbierten dicken Bambusrohren besteht, hat eine stark ausgeprägte Struktur. Die Zaunfelder werden an stabilen Pfosten befestigt, die zum Schutz vor Nässe mit verzierten Metallkappen versehen sind. Schlichte Oberflächen und Pflanzen mit skulpturalen Formen ergänzen diesen rustikalen Zaun sowohl in einem städtischen als auch einem ländlichen Garten ideal.

Senkrechte Bambusrohre zeichnen sich durch ihre neutrale Wirkung aus und harmonieren mit vielen Gartenstilen. Der Zaun besteht aus stabilen Bambusrohren, die mit Naturfasern oder Draht zusammengebunden und auf der Rückseite von waagrechten Bambusstangen gehalten werden. Als Zaunpfosten kann man stabile Bambusrohre, aber auch haltbare Rund- oder Kanthölzer verwenden.

Für Bambusgitter werden senkrechte und waagrechte Bambusrohre in gleichmäßigem Abstand mit Naturfasern zusammengebunden. Hier sind die oberen Rohrenden zur größeren Sicherheit schräg angespitzt. Bei niedrigeren Zäunen oder Gartenabtrennungen können die Enden gerade abschließen. Die einzelnen Zaunabschnitte werden von Pfosten gehalten, die in den Boden eingelassen sind.

Zäune aus Pfosten und Riegeln

Zäune aus Pfosten und Riegeln, bei denen Querhölzer und/oder Bretter an fest im Erdreich sitzenden Pfosten befestigt werden, bieten vielfältige Gestaltungsmöglichkeiten. Zu dieser Kategorie gehören auch verschiedene Arten von Weidezäunen, die dazu dienen, Pferde und Vieh auf benachbarten Weiden vom Garten fernzuhalten. Damit solche Zäune dem Gewicht von Tieren standhalten, müssen die Querhölzer ausreichend stabil sein und die Pfosten nötigenfalls einbetoniert werden. Das rustikale Aussehen von Spaltpfählen und unbesäumten Brettern ist eine Alternative zu den gefälligen, funktionalen Linien von Kanthölzern und besäumten Planken. Zäune aus Pfosten und Riegeln, die nicht als Weidezäune dienen, werden bevorzugt dekorativ gestaltet. Hartholzpfosten und -riegel können naturbelassen bleiben, Weichholz sollte dagegen in jedem Fall holzschutzbehandelt sein.

KANTHÖLZER UND BESÄUMTE BRETTER

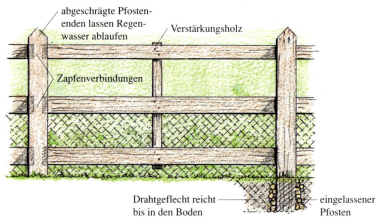

Kanthölzer und besäumte Bretter sind exakt auf Maß geschnitten und haben eine glatte, gleichmäßige Oberfläche. Die quer verlaufenden Riegel werden in die Pfosten eingezapft; ihre Anzahl und ihr Abstand sind jeweils vom Verwendungszweck des Zauns abhängig. Zur Verstärkung läßt sich zwischen den Pfosten ein zusätzliches Kantholz anbringen. Um kleinere Tiere oder Geflügel vom Garten fernzuhalten, befestigt man an einem der waagrechten Riegel Drahtgeflecht, das ein Stück weit in den Boden reicht, so daß sich auch Kaninchen keinen Weg in den Garten graben können.

SPALTPFÄHLE UND UNBESÄUMTE BRETTER

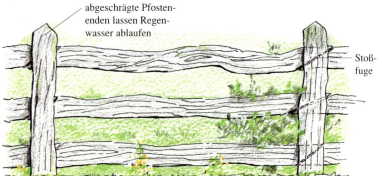

Zäune aus Spaltpfählen und unbesäumten Brettern passen ausgezeichnet in ländliche Gegenden. Stammstücke aus Hartholz werden so gespalten, daß sie stabile quadratische Pfosten ergeben. Die Riegel bestehen aus dicken unbesäumten Brettern, wodurch die ursprüngliche Wuchsform des Holzes erhalten bleibt. In die Pfosten sind Langlöcher eingearbeitet, in denen die auf Gehrung geschnittenen Riegelenden verdeckt gegeneinander stoßen.

Oben   Dieser elegante weißgestrichene Zaun fügt sich perfekt in die städtische Umgebung des Gartens ein. Senkrechte Latten in zwei verschiedenen Längen sind abwechselnd zwischen den Pfosten angebracht und mit einem waagrechten Deckbrett versehen.

WECHSELSEITIG ANGEBRACHTE BRETTER

BOGENFÖRMIGE ZAUNELEMENTE

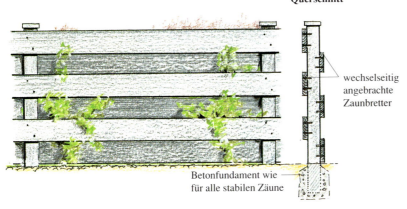

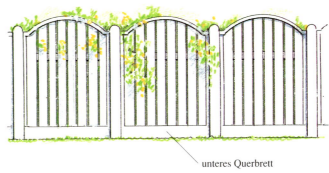

Bei diesen Zäunen werden die Holzplanken abwechselnd auf der Vorder- und Rückseite der senkrechten Pfosten befestigt. Sie bilden eine optische Barriere, die für einen vollständigen Sichtschutz sorgt; da der Wind durch die versetzte Anordnung der Bretter gebrochen wird, eignet sich dieser Zaun gut für Gärten in ungeschützten Lagen. Nach dem gleichen Prinzip lassen sich auch senkrechte Zaunbretter wechselseitig an horizontalen Riegeln befestigen.

Dieser geschwungene Zaun zeigt, wie sich traditionelle Zaunbauweisen phantasievoll abwandeln lassen und gegebenenfalls Elemente benachbarter Architektur aufgreifen. Die senkrechten Zaunbretter werden hier von elegant geschwungenen Deckbrettern abgeschlossen, deren Form sich in den abgerundeten Pfostenenden widerspiegelt. Dieser Zaun ist weiß gestrichen, doch eignet sich auch jede andere hochwertige Farbe oder Lasur, die zur Umgebung paßt.

DIAGONALE BRETTER

SCHEREN- ODER JÄGERZAUN

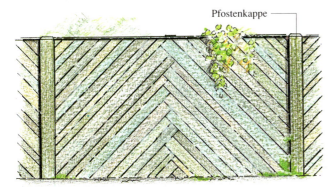

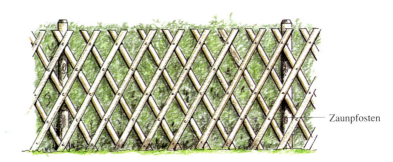

Diagonale Bretter bringen die Holzstruktur gut zur Geltung. Dieser Zaun wurde aus Brettern unterschiedlicher Breite gebaut, die diagonal verlaufen und an waagrechten Riegeln auf der Rückseite des Zauns befestigt sind. Die einzelnen Bretter sind mit unterschiedlichen Farben gestrichen, doch man kann auch nur eine Farbe verwenden. Ein waagrechtes Deckbrett schützt die Enden der diagonalen Zaunbretter.

Scheren- oder Jägerzäune eignen sich gut für weniger massive Abgrenzungen und passen zu vielen Arten der Gartengestaltung. Sie sind vormontiert und ausziehbar erhältlich, wodurch sie in Länge und Höhe variabel sind. Die dazugehörigen halbrunden Zaunpfosten, an denen die Gatter sitzen, werden in den Boden getrieben.

96 VERTIKALE ELEMENTE

Zaunfelder und Flechtzäune

Mit Ausnahme der rechts abgebildeten Dreikantpflöcke, die vormontiert und rollenweise verkauft werden, bestehen die hier gezeigten traditionellen Zäune aus vorgefertigten Zaunfeldern, die in entsprechenden Abständen an dazugehörige Zaunpfosten befestigt werden. Bei vielen handelt es sich um altbewährte Konstruktionsweisen, hervorgegangen aus den geflochtenen Hürden, die Bauern früher zur dauerhaften oder provisorischen Abgrenzung ihrer Weiden benutzten. Während einige auch heute noch am besten in ländliche Gegenden passen, eignen sich die meisten Zaunfelder aus Stülpschalungen oder Holzflechtwerk ebensogut für Gärten in der Stadt.

DREIKANTPFLÖCKE

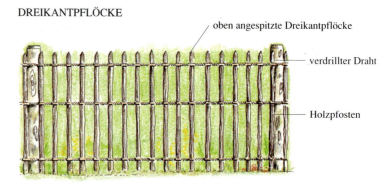

Für Zäune aus Dreikantpflöcken werden gerade Äste, oftmals von Kastanien, zu Pflöcken von dreieckigem Querschnitt mit etwa 2,5 bis 3 Zentimeter Seitenlänge gespalten und oben angespitzt. Sie sind mit verdrilltem Draht verbunden und zwischen Pfosten aus Kant- oder Rundhölzern gespannt. Diese Zäune werden rollenweise verkauft und eignen sich als provisorische Abgrenzung – beispielsweise bis eine Hecke ihre gewünschte Größe erreicht hat oder wenn später der Bau einer Mauer vorgesehen ist. Ein besonderer Vorteil solcher Zäune ist, daß sie in engen Bogen gesetzt werden können.

FLECHTZAUN AUS HASELRUTEN

Oben   *Diese leicht im Zickzack angelegten Zaunfelder grenzen ein Beet mit Pfingstrosen von einer Spielfläche ab. Die einfachen Zaunelemente, bei denen sich die waagrecht verlaufenden Bretter überlappen, sind jeweils in der Mitte durch eine senkrechte Latte verstärkt.*

Dieser Flechtzaun besteht aus Haselpflöcken, um die gespaltene Haselruten von etwa 2,5 Zentimeter Stärke geflochten sind. Die einzelnen Felder werden im allgemeinen an kräftigen, angespitzten Pfosten befestigt, die in die Erde getrieben werden. Ursprünglich wurden diese leichten, tragbaren Zäune zur vorübergehenden Abgrenzung von Weideflächen für Schafe verwendet. Sie sind in verschiedenen Größen erhältlich, haben eine Lebensdauer von etwa acht Jahren und eignen sich ideal als provisorischer Grenzzaun für einen neuen Garten.

FLECHTZAUN AUS WEIDENRUTEN

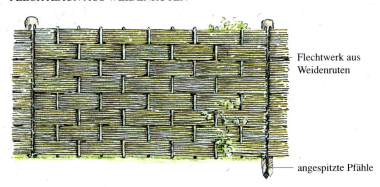

Dieses Flechtwerk ähnelt dem aus Haselruten, hat seinen Ursprung jedoch in Gegenden, wo Korbweiden kultiviert werden. Die Bäume werden in regelmäßigen Abständen stark zurückgeschnitten, damit sie neu austreiben und man Ruten zum Korbflechten erhält. Die geschmeidigen, dünnen Weidenruten werden nicht gespalten und nicht einzeln, sondern lagenweise geflochten. Weidenflechtzäune sind eleganter als ihre derberen Gegenstücke aus Haselruten und werden daher gerne zur Abschirmung von Sitzbereichen verwendet.

HOLZFLECHTZAUN

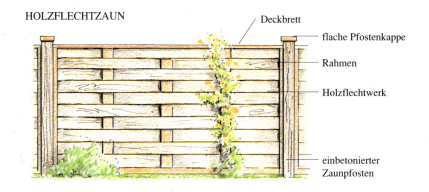

Holzflechtzäune bestehen aus etwa 6,5 Zentimeter breiten Lamellen, die von einem Rahmen eingefaßt und durch senkrechte Latten verstärkt sind. Als Pfosten dienen einbetonierte Kanthölzer mit Pfostenkappe oder geschlitzte Betonpfähle. Die Qualität solcher vorgefertigten Zaunfelder ist recht unterschiedlich; mindere Ware erkennt man am dünnen Holz, das vielfach noch durch Astverwachsungen geschwächt ist. Es gibt Zaunfelder verschiedener Größe im Handel, und das Holz läßt sich auf vielfältige Weise farblich gestalten.

ZAUNFELD MIT ÜBERLAPPENDEN LAMELLEN

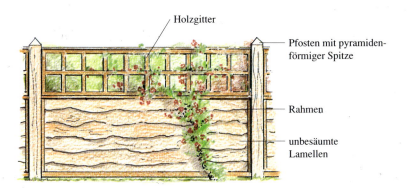

Solche Zaunfelder werden in einer Vielzahl an Größen und Ausführungen angeboten. Die Zaunfelder sind Holzflechtzäunen in vieler Hinsicht ähnlich. Die sich überlappenden Lamellen verlaufen waagrecht zwischen Rahmenhölzern und sind auf der Rückseite an senkrechten Latten befestigt. Mitunter haben die Lamellen gerade Kanten, doch zumeist sind sie unbesäumt. Die unregelmäßigen Kanten geben dem Zaun ein dekoratives, rustikales Aussehen. Hier ist das Zaunfeld zusätzlich mit einem gitterförmigen Aufsatz versehen.

STÜLPSCHALUNG

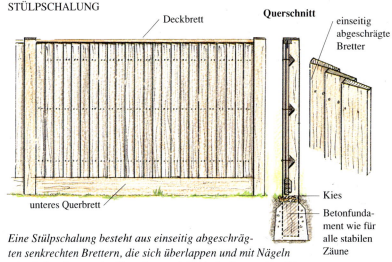

Eine Stülpschalung besteht aus einseitig abgeschrägten senkrechten Brettern, die sich überlappen und mit Nägeln oder Schrauben an der Unterkonstruktion befestigt werden. Diese qualitativ hochwertigen Zaunfelder werden gewöhnlich aus Hartholz wie Eiche hergestellt. Ein Deckbrett schützt die freiliegenden Hirnholzkanten, und ein unteres Querbrett, das über einer Kiesschicht verläuft, sorgt für eine gute Drainage. Wenn das untere Querbrett verrottet ist, kann es einzeln ausgewechselt werden.

Metallzäune und -geländer

Das andere Extrem von Zäunen aus Pfosten und Riegeln oder Zaunfeldern sind die Eisengeländer und -zäune, mit denen Balkone und die Grenzen vieler Gärten in der Stadt oder auf dem Land gestaltet werden. Die jeweilige Ausführung kann für einen örtlichen historischen Baustil typisch sein, so daß man stets darauf achten sollte, daß der Gesamteindruck eines alten Hauses gewahrt bleibt. Schauen Sie sich benachbarte Gebäude gleichen Stils an, bei denen die Originalgeländer und -zäune noch vorhanden sind, und wählen Sie entsprechende Konstruktionen für Ihren eigenen Garten. Wenn Sie nicht an historische Vorbilder gebunden sind, sollten Sie sich für ein schlichtes, unaufdringliches Design entscheiden oder mit einer völlig modernen Gestaltungsweise neue Wege beschreiten. Mitunter lassen sich historische Zaunteile auch gut in eine moderne Umgebung integrieren, so daß es sich lohnt, bei Abbruchunternehmen nach interessanten alten Stücken zu fragen. Eine Alternative sind Reproduktionen von gußeisernen Elementen. Sie werden aus neueren Legierungen hergestellt, müssen in den meisten Fällen aber dennoch regelmäßig gestrichen werden. Weitere Möglichkeiten sind schwarze, braune oder grüne kunststoffummantelte Zäune.

Zäune aus Maschendraht zeichnen sich durch ein Maximum an Zweckmäßigkeit aus. Sie sind überall dort angebracht, wo Gärten an freie Flächen oder Niemandsland grenzen oder wo bestimmte Bereiche innerhalb von Gärten, wie Tennisplätze oder spezielle Spielareale, abgegrenzt werden sollen.

MASCHENDRAHTZÄUNE

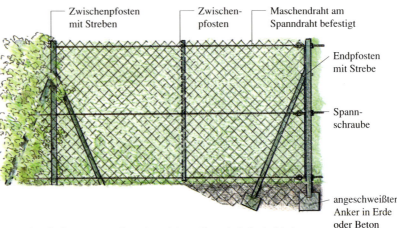

Maschendrahtzäune ergeben eine sichere Grundstückseinfriedung. Wird der Draht in die Erde versenkt, hält er auch Tiere ab, die sich sonst unter dem Zaun durchgraben würden. Mit einer Kunststoffbeschichtung in Dunkelgrün oder Schwarz paßt er sich besser der Umgebung an als verzinktes Material – immergrüne Kletterpflanzen wie Efeu lassen ihn noch unauffälliger erscheinen. Die Pfosten können aus Holz, Beton oder – wie hier gezeigt – aus Winkeleisen bestehen, wobei angeschweißte Anker zusätzliche Stabilität geben.

ZÄUNE AUS METALLSTÄBEN

Querschnitt

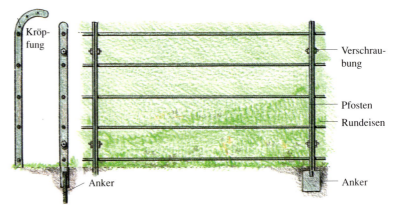

Zäune aus Metallstäben bestehen aus langen Rundeisenstäben, die durch Löcher in den senkrechten Pfosten gesteckt werden. Es gibt sie als fertige Segmente zu kaufen, die nur noch miteinander verschraubt werden müssen. Mitunter sind die Pfosten oben gekröpft, um sie mit normalem Draht oder Stacheldraht bespannen zu können.

Oben *Gestrichene Metallzäune können sehr hübsch aussehen, sind aber auch ein ausgezeichnetes Gerüst für sonnenhungrige* Clematis-*Arten wie* Clematis alpina ›Frances Rivis‹ *und andere Kletterpflanzen – insbesondere wenn die Blüten mit der Farbe des Zauns harmonieren.*

BOGENFÖRMIGE METALLSTÄBE

Schrauben
Rundeisen
einbetonierter Eisenpfosten

Zäune aus bogenförmigen Metallstäben wirken sowohl allein als auch in Verbindung mit einer Hecke elegant. Sie gelten als schwer zu übersteigen, da die Stäbe zu eng nebeneinander stehen, um dem Fuß Halt zu bieten. Die gebogenen Rundeisen sind durch die waagrechten Metallstäbe geführt, die mit einbetonierten Eisenpfosten verschraubt sind.

SCHMIEDEEISERNE ZÄUNE

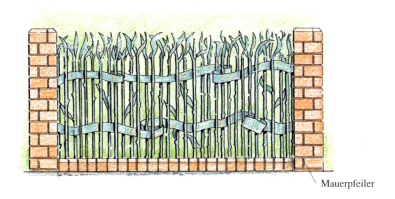

Mauerpfeiler

Die Gestaltung von schmiedeeisernen Zäunen ist oft von Blüten- oder Pflanzenformen inspiriert. Dieser Zaun aus Schmiedeeisen im Art-nouveau-Stil ist zwischen zwei Mauerpfeilern eingesetzt. Individuell gestaltete Zaunfelder werden aus Stahl oder Bronze auf Bestellung handgeschmiedet. Sie sind als Abgrenzung und als Gestaltungselement überaus wirkungsvoll.

ROMANISIERTE GELÄNDER

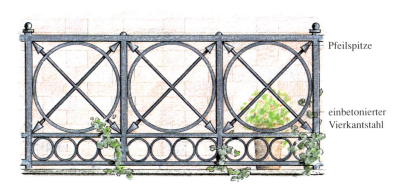

Pfeilspitze
einbetonierter Vierkantstahl

Romanisierte Geländer aus Eisenstäben zeigen die stetige Wiederholung eines Motivs. Man findet sie auch aus Gußeisen, obwohl sie dann meist wuchtiger wirken. Typisch ist ihre Verwendung als Balkongeländer und Gehwegabgrenzung. Die Farbe des Anstrichs sollte sich an benachbartem Holzwerk orientieren oder in Schwarz oder dunklen Grüntönen gehalten werden.

SPITZENBEWEHRTE GITTER

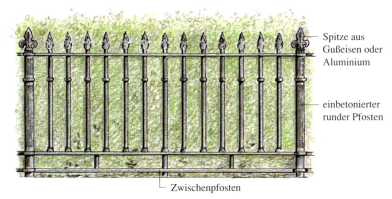

Spitze aus Gußeisen oder Aluminium
einbetonierter runder Pfosten
Zwischenpfosten

Spitzenbewehrte Gitter passen erstaunlich gut zu immergrünen Hecken oder anderen Hinterpflanzungen. Die traditionellen Eisenstäbe mit gußeisernen Spitzen werden heute vielfach aus Aluminiumguß hergestellt. Wenn sie jedoch lackiert sind (üblicherweise in Schwarz), sind sie vom Original so gut wie nicht zu unterscheiden.

TORE UND MAUERÖFFNUNGEN

Tore, Ziergitter und offene Abschirmwände gewähren Zutritt zu den Gartenbereichen, die jenseits einer massiven Mauer oder eines geschlossenen Zauns liegen. Als ansprechende Gartenelemente gestaltet, tragen diese Öffnungen und Durchbrüche zur Gesamtatmosphäre bei – sei es, daß sie einen Durchgang darstellen, zum Erkunden einladen oder auch nur einen verlockenden Blick in den Garten bieten. Durchbrochene Abschirmungen, einschließlich Gitter (Treillage) und Spaliere, sind dort zweckmäßig, wo eine massive vertikale Konstruktion unangemessen wäre (beispielsweise in kleinen Gärten), gleichzeitig aber ein gewisser Schutz nötig ist. Ein weiterer Vorteil ist ihre Funktion als Windschutz, so daß sie sich besonders gut für ungeschützte Lagen eignen. In umschlossenen Arealen wirken sie der Bildung von Luftwirbeln entgegen.

Durchbrochene Abschirmungen

Wie offen eine Abschirmung wirkt, hängt von ihrer Bauweise ab: der Größe der Durchbrüche, der Stärke der Einzelelemente und dem Standort. Bei einigen Konstruktionen sind die Durchbrüche so klein, daß sich alles, was auf der anderen Seite liegt, dem Blick entzieht. Dennoch vermitteln alle durchbrochenen Abschirmungen eine gewisse Weite auf der anderen Seite und wirken damit einem beengenden Gefühl entgegen. Überdies verdecken sie unansehnliche Gartenelemente wie Komposthaufen oder Abfallkübel.

Die Materialien sind ebenso vielfältig wie die für Mauern und sollten so gewählt werden, daß sie mit benachbarten Gartenelementen harmonieren. Sie können dekorativ sein oder auch schlicht und funktional und als Kletterhilfe für Pflanzen dienen. Wie Gartenmauern erfordern auch freistehende Abschirmungen ein solides Fundament, das ungefähr die doppelte Breite der vorgesehenen Abschirmwand haben sollte. Bei gemauerten Wänden sollten die ersten beiden Steinlagen aus Klinkern bestehen, die als Feuchtigkeitssperre dienen.

Für ungeschützte Terrassen, Balkone und Dachgärten ist Sicherheitsglas ein gutes Abschirmmaterial. Es versperrt nicht die Sicht und ist gleichzeitig ein wirkungsvoller Windschutz. Das Glas kann eingefärbt und/oder strukturiert sein und einen UV-Filter enthalten. Bei der Verwendung von Glas gelten strikte Sicherheitsregeln, und das Einsetzen der Rahmen und das Befestigen der Scheiben muß von einem Fachmann vorgenommen werden.

DURCHBROCHENE ZIEGELMAUER

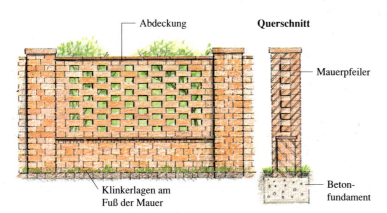

Durchbrochene Ziegelmauern sind wie eine normale Mauer mit Stützpfeilern und einer Abdeckung konstruiert. Wie der Querschnitt zeigt, hat der obere Teil des Mauerwerks nur die Stärke eines Ziegels. Dies bedeutet, daß die Steine gut ineinander verzahnt oder durch Maueranker mit den Pfeilern verbunden sein müssen. Die Durchbrüche entstehen, indem man bei einem Gotischen Verband die Bindersteine wegläßt (siehe Seite 79).

ORNAMENTSTEINE AUS BETON

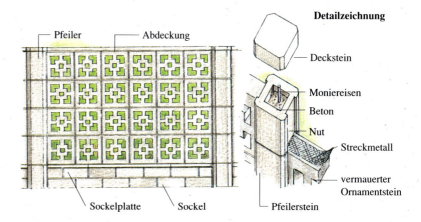

Ornamentsteine aus Beton gibt es in verschiedenen Farben, Strukturen und Mustern. Sie können aus einem Stück bestehen (wie hier gezeigt) oder aus vier Einzelelementen. Da der Mauerverband aufgrund der durchgehenden waagrechten und senkrechten Fugen instabil ist, wird Streckmetall in die Lagerfugen gelegt, das die Steine untereinander und mit den Pfeilern, die aus vorgefertigten Betonsteinen bestehen, verbindet.

TORE UND MAUERÖFFNUNGEN 101

FIRSTPFANNEN

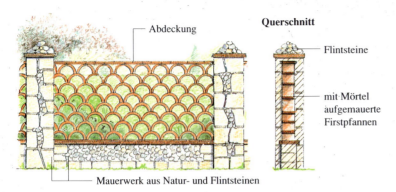

In Mörtel gesetzte und zu einem Schuppenmuster angeordnete Firstpfannen ergeben eine überaus dekorative durchbrochene Abschirmung. Der Mauersockel und die Pfeiler bestehen aus Naturstein und halbierten oder ganzen Flintsteinen und sind mit Tonplatten abgedeckt, die in Stil und Farbe zu den Firstpfannen passen. Zu kleinen Pyramiden arrangierte und mit Mörtel aufgesetzte ganze Flintsteine zieren die Pfostenabdeckungen.

TERRAKOTTA-ELEMENTE

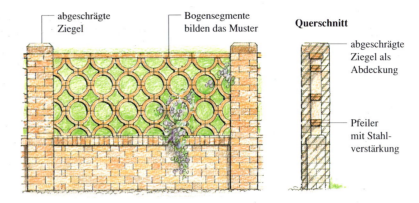

Terrakotta-Elemente sind in unterschiedlichen Ausführungen erhältlich. Das hier gezeigte Muster setzt sich aus einheitlichen Bogensegmenten mit geraden Kanten zusammen. Die Segmente werden so vermauert, daß sich jeweils vier zu einem Element fügen und abwechselnde Lagen aus Ringen und nach innen gerundeten Rauten entstehen. Mauerpfeiler und ein Sockel, der die Tonelemente vor Nässe und hochspritzendem Erdreich schützt, sind unerläßliche Bestandteile einer solchen Abschirmung.

HOLZBRETTER

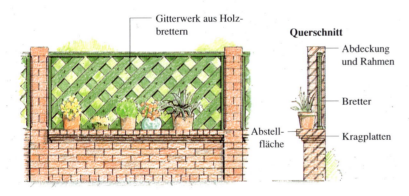

Holzbretter lassen sich mit Streben zu einem einfachen, stabilen Gitter zusammensetzen. Der dunkelgrüne Anstrich wirkt elegant, muß aber regelmäßig erneuert werden. Alternativ kann man sich auch für eine Lasur oder kesseldruckimprägniertes Holz entscheiden. Das mit einem Rahmen versehene Gitterwerk sitzt zwischen Mauerpfeilern auf einer niedrigen Mauer. Am oberen Ende der Mauer wurden Kragplatten und vorspringende Ziegel verlegt, die als Abstellfläche für Blumentöpfe genutzt werden können.

GLASSCHEIBEN IN ALUMINIUMRAHMEN

Glasscheiben in Aluminiumrahmen schützen vor Wind, ohne die Sicht zu beeinträchtigen. Die Höhe der Scheiben aus Sicherheitsglas ist von den jeweiligen Gegebenheiten abhängig. Hier schützt es den Sitzbereich auf einem Balkon. Aus Gründen der Bequemlichkeit und Sicherheit wurde ein zusätzliches Geländer angebracht. Die Säulen sind aus Fiberglas (können aber ebensogut aus Holz oder Stein bestehen) und tragen einen Holzbalken, an dem eine Kletterpflanze rankt.

Tore

Ebenso wie eine Haustür ist auch ein Gartentor ein wichtiges Gestaltungselement. Das Aussehen mancher Tore wird durch die beidseitig angrenzenden vertikalen Konstruktionen bestimmt. So verfügen beispielsweise Metall- und Lattenzäune im allgemeinen über dazugehörige Tore, da andere Materialien oder Stile nicht dazu passen würden. Mauern aus Ziegeln, Naturstein, Beton oder verputztes Mauerwerk bieten Möglichkeiten für eigenständig gestaltete Tore.

Design, Material und Oberflächenbehandlung sollten stets auf die benachbarte Architektur abgestimmt sein. Holz bietet viele Gestaltungsmöglichkeiten, die sowohl traditionell als auch innovativ sein können und von Abwandlungen funktionaler Weidetore über Tore im japanischen Stil bis hin zu massiven, türähnlichen Konstruktionen aus naturbelassenem oder gestrichenem Holz reichen. Egal, für welche Art Sie sich entscheiden, achten Sie darauf, daß die gewählten Beschläge, Scharniere und Schlösser zum Gesamtbild passen. Metall, die wichtigste Alternative, hat nicht die urwüchsige Ausstrahlung von Holz, beschränkt sich aber keineswegs auf Eisentore traditionellen Stils. So können leichte moderne Konstruktionen aus Stahl oder Aluminium farbig gestrichen oder mit verschiedenen Metalleffekten, etwa Bronze, versehen werden.

Das Anbringen von ein- oder mehrflügligen Toren erfordert einiges Können, und je größer das Tor ist, desto mehr Sachverstand braucht man. Selbst bei einem kleinen Tor wirken erhebliche Kräfte auf die Torpfosten oder -säulen ein, so daß diese ausreichend stabil und standfest sein müssen. Holzpfosten sollten einbetoniert werden. Pfeiler aus Naturstein oder Ziegeln werden in der Mitte durch ein Moniereisen verstärkt, das bis in das Betonfundament reicht. Schon die kleinste Bewegung eines Torpfostens oder -pfeilers kann dazu führen, daß sich ein Tor nicht mehr richtig öffnen und schließen läßt.

Links *Der geschwungene Holzzaun mit seinen eichelförmigen Lattenenden und dem passenden Tor greift die Bogen der filigranen Verzierungen der dahinterliegenden Veranda auf. Mit etwas Phantasie wurden der schlichte Zaun und das Tor zu einem ausdrucksstarken gestalterischen Element, dessen Wirkung die schönen Torpfosten noch verstärken.*

TORE UND MAUERÖFFNUNGEN 103

RUNDBOGENTOR MIT FENSTERAUSSCHNITT

Dieser Zugang hat eine geheimnisvolle Ausstrahlung, die durch die nach unten führenden Stufen noch verstärkt wird. Die Türfüllung besteht aus Nut-und-Feder-Brettern und sorgt neben der einfachen verputzten Wand für ein massives Aussehen. Die korrespondierenden Rundungen des Tores, der Mauer und des Fensters stellen einen eleganten Blickfang dar.

ZWEIFLÜGLIGES TOR IM JAPANISCHEN STIL

Das zweiflüglige Tor ist aus leichtem Holz gefertigt. Der Rahmen ist farbig gestrichen, während die Füllungen lasiert sind, um die Holzmaserung hervorzuheben. Die muschelförmigen Ausschnitte gewähren einen Einblick in den Garten. Das einfache, verputzte Mauerwerk unterstreicht die schlichte Gestaltung.

HOLZTOR MIT TUDORBOGEN

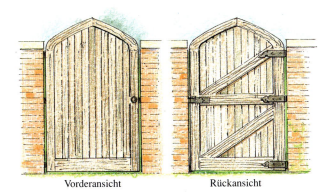

Vorderansicht   Rückansicht

Das Tor ist braun lasiert und besteht aus senkrechten Nut-und-Feder-Brettern, die von einem Rahmen umschlossen werden. Diagonale Streben auf der Rückseite verhindern, daß sich das Tor verzieht. Der Tudorbogen als Abschluß sorgt für ein markantes Aussehen und paßt zu vielen Arten der Gartengestaltung. Dieses Tor erfordert ein kräftiges Mauerwerk. Die Scharniere müssen die schwere Tür tragen können.

WEIDETOR MIT RIEGELN

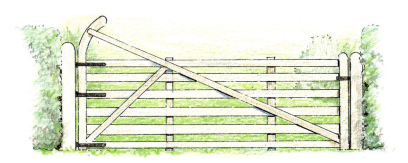

Diese traditionelle Torform kann je nach Gegend variieren. Die fünf oder sechs waagrechten Riegel sind diagonal (und mitunter auch vertikal) verstrebt. Das ziemlich schwere Tor wird auf beiden Seiten von stabilen Pfosten getragen und erfordert kräftige Scharniere. Elegante Abwandlungen von Weidetoren haben ihren Weg vom Land in die Vorstädte gefunden und zieren dort vielfach Hauseinfahrten.

ZWEIFLÜGLIGES METALLTOR

Ein zweiflügliges Metalltor für einen Haupteingang kann elegant und zweckmäßig zugleich sein. Moderne Gegenstücke traditioneller Tore aus Schmiedeeisen bestehen meist aus Stahlrohr oder Vierkantstahl. Wegen des hohen Gewichts solcher Tore müssen die Stahlaufhängungen tief in die Torpfosten oder -pfeiler eingelassen werden.

TOR AUS VIERKANTSTAHL

Dieses Tor aus Vierkantstahl (Metallstäbe mit quadratischem Querschnitt) erlaubt einen Blick in den dahinterliegenden Garten und demonstriert die vorteilhafte Verwendung dieses Materials. Das abgewinkelte Oberteil ist sowohl der Gitterform wie auch dem Material angemessen, da sich Vierkantstahl nur schlecht zu Rundungen biegen läßt.

RUNDES TOR

Die langen Scharnierbänder dieses Tores sind mit einer Bronzefarbe »patiniert«. Wenn das Tor geöffnet ist, präsentiert sich lediglich die kreisrunde Maueröffnung; im geschlossenen Zustand hat das Tor ein kontemplatives Aussehen. Die drei langen Scharniere, die das Tor tragen, sind ebenfalls ein Bestandteil des Designs.

ZWEIFLÜGLIGES TOR MIT ZIERGIEBEL

Die überschwengliche Ausprägung dieses im viktorianischen Stil gestalteten Tores kann im richtigen Kontext völlig angemessen sein. Das Doppeltor greift die Form des Lattenzauns auf, doch die Dachpfannen für die Ziergiebel und die Verzierungen seines Holzwerks sollten denen des Wohngebäudes entsprechen. Der Ziergiebel muß von stabilen Pfosten getragen werden.

Ziergitter und Maueröffnungen

Ebenso wie durchbrochene Tore und Spaliere erlauben auch Ziergitter und fensterähnliche Maueröffnungen verlockende Einblicke in den Garten und lassen hohe, funktionale Einfriedungen interessanter und weniger massiv erscheinen. Im Süden der Vereinigten Staaten, in Mittel- und Südamerika, Südeuropa und Ländern des Vorderen Orients sind Fenstergitter aus Metall ein wesentlicher Bestandteil der Architektur, da sie sowohl für Sicherheit als auch für die in diesen südlich gelegenen Ländern so wichtige Luftzirkulation sorgen.

In Material und Stil haben Ziergitter viel mit Metalltoren gemein. Einige besonders interessante und zeitgemäße Gitter sind Überarbeitungen traditioneller Gestaltungsweisen in modernen Materialien wie Vierkantstahl. Doch Ziergitter für moderne Gärten können auch völlig neue Designs aufweisen, die perfekt zu ihrer Umgebung passen.

Rechts   Ein Mauerdurchbruch über einer attraktiven Steinbank lockert diese schöne Natursteinmauer auf und gewährt einen einladenden Blick in den angrenzenden Garten. Die Öffnung erinnert an ein Burgfenster und paßt gut zu dem alten Mauerwerk.

SENKRECHTE DURCHBRÜCHE MIT SCHLANGENFÖRMIGEM MOTIV

Das schlangenförmige Motiv in den Durchbrüchen stellt ein elegantes Zierelement in einer verputzten Mauer dar. Die geschwungenen Metallstäbe mit jeweils einem Kleeblatt sind an den Art-nouveau-Stil angelehnt, der sich ideal für einen Garten eignet.

ZIERGITTER AUS VIERKANTSTAHL

Dieses Ziergitter hat einen markanten Umriß, der durch die Form der Mauer vorgegeben ist. Vierkantstahl eignet sich hervorragend für Designs, die auf Quadraten und Diagonalen beruhen. Die Katzensilhouette dient als weiteres gestalterisches Element.

GITTER MIT BOGENFÖRMIGEN ZIERELEMENTEN

Solche Gitter bilden Muster aus Kreisen und Bogen, die hier durch die halbrunden Abdeckplatten wieder aufgegriffen werden. Die spiralförmigen Elemente links haben ein graziles, traditionelles Aussehen, die sich überlappenden Kreise rechts wirken moderner.

DEKORATIVE KONSTRUKTIONEN

Sich draußen im Freien zu befinden, gleichzeitig aber von Pflanzen geschützt und umgeben zu sein, gehört zu den Annehmlichkeiten von Gartenlauben, Pergolen, Bogengängen, Pavillons und Sommerhäuschen. Die rechteckigen oder bogenförmigen Konstruktionen wirken von innen wie ein Rahmen, durch den sich der Blick auf den Garten oder die angrenzende Landschaft richtet. Dieser Rahmen kann auch als Gerüst für Kletterpflanzen dienen, von denen viele herrliche Blüten aufweisen, die ihren Duft in Kopfhöhe verströmen.

Markante lineare Konstruktionen fungieren als großflächige Gartenunterteilungen und benötigen viel Platz. Da sie fast immer auf geraden Linien basieren, sind sie ein integraler Bestandteil der Geometrie eines Gartenentwurfs. Wenn beispielsweise eine Pergola einen Gehweg umschließt, wird sie zu einem Schlüsselelement der Gartengestaltung. Bei einem großen, formal gestalteten Garten kann sie einen Hauptweg überspannen. In einem kleinen oder schmalen Garten sollte sie besser parallel zu einer Grenzmauer entlang eines Seitenwegs verlaufen.

Große Gartenkonstruktionen müssen so gebaut sein, daß sie wind- und wetterfest sind und dem Gewicht des Bewuchses standhalten. Ihr Maßstab sollte der Größe des Gartens angemessen sein. Die Bauweise von Pergolen und Bogengängen läßt sich auf viele andere Gartenkonstruktionen übertragen. Zum Beispiel kann man statt einer langen Reihe von Bogen an der Kreuzung zweier Wege eine kleine rechtwinklige Konstruktion errichten. Mit einer etwas größeren Version aus zwei oder drei Querbalken, die von senkrechten Pfosten getragen werden, läßt sich ein schattiger Sitzbreich schaffen; errichtet man sie an einer Grenzmauer oder einer Hauswand, wirkt sie wie ein Raum im Freien. Pergolen, Ziergitter und andere Konstruktionen lassen sich mit *trompe-l'œil*-Effekten versehen, um einen Eindruck von Weite zu erwecken. Wenn der Platz begrenzt ist, kann eine dekorative Konstruktion zwei- statt dreidimensional sein. So läßt sich mit einer Reihe Pfosten, zwischen denen Seile gespannt werden, ein Rankgerüst für Kletterpflanzen schaffen. Die Girlanden stellen einen luftigen Sichtschutz dar, dienen aber auch der Unterteilung des Gartens.

Links *Diese massive Pergola ist mit Kletterrosen bewachsen, die auf der mit Natursteinplatten gepflasterten Veranda für willkommenen Schatten sorgen. Die klaren Linien und der helle Anstrich geben der Pergola ein frisches und luftiges Aussehen. Die kannelierten Abschlüsse der Pfosten verleihen der Konstruktion eine elegante Note.*

Pergolen

Pergolen haben ihren Ursprung in Rankgerüsten für Kletterpflanzen wie Wein. Bei manchen von ihnen handelt es sich um massive Konstruktionen mit wuchtigen gemauerten Säulen und dicken Deckbalken. Zierlichere Versionen eignen sich für kleinere Gärten. Bei sehr kleinen Grundstücken ist es am besten, die Bauweise zu modifizieren und die Pergola entlang einer Mauer verlaufen zu lassen, damit der Garten nicht noch kleiner wirkt. Die Größenverhältnisse der einzelnen Elemente werden stets durch die Höhe der Pergola bestimmt, die so ausgelegt sein muß, daß ein Erwachsener aufrecht unter ihr gehen kann.

Die Breite einer Pergola oder eines Laubengangs hängt vom verfügbaren Raum und dem gewünschten Effekt ab. Als minimale Breite gelten 1,5 Meter, bei der zwei Personen bequem nebeneinander gehen können. Für eine imposante Konstruktion läßt sich dieses Maß bis zum Dreifachen verbreitern, jedoch verlangt ein solches Bauwerk eine massivere Bauweise mit 4,5 Meter langen Querbalken. Achten Sie darauf, daß die Proportionen der Pfosten sowie der Längs- und Querbalken, die das Dach bilden, in einem ausgewogenen Verhältnis zueinander stehen.

Landschaftsarchitekten bedienen sich oftmals eines Würfelsystems, um die Abstände der Pfosten festzulegen, doch sollte man das Hauptaugenmerk auf die Gesamtproportionen richten. Enge Abstände machen eine Pergola tunnelähnlich, weitere Abstände ergeben das Bild einer Reihe großer Fenster. Die Pfosten werden von den Längsträgern und Querbalken überspannt. Enger gesetzte Querbalken geben den Kletterpflanzen mehr Halt und spenden mehr Schatten. Auch wenn Sitzbereiche aus umstehenden höheren Häusern eingesehen werden können, sind enger gesetzte Querbalken als Sichtschutz sinnvoll.

Das Gewicht der Pflanzen, die eine Pergola überwachsen, sollte man nicht unterschätzen. Dies bedeutet, daß die Pfosten, die das Gewicht der waagrechten Balken und der Pflanzen tragen, entsprechend stabil sein müssen und solide Fundamente benötigen (siehe Seite 108). Die Längs- und Querbalken, die das Dach bilden, müssen fest miteinander und mit den Pfosten verbunden sein.

GROSSE PERGOLA

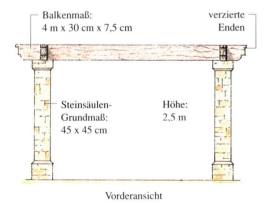

Balkenmaß: 4 m x 30 cm x 7,5 cm
verzierte Enden
Steinsäulen-Grundmaß: 45 x 45 cm
Höhe: 2,5 m
Vorderansicht

MITTELGROSSE PERGOLA

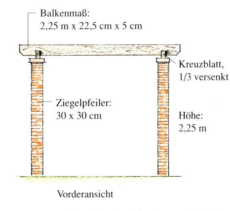

Balkenmaß: 2,25 m x 22,5 cm x 5 cm
Kreuzblatt, 1/3 versenkt
Ziegelpfeiler: 30 x 30 cm
Höhe: 2,25 m
Vorderansicht

KLEINE PERGOLA

Balkenmaß: 1,3 m x 20 cm x 2,5 cm
Kreuzblatt, voll versenkt
Holzständer mit abgeschrägten Kanten: 10 x 10 cm
Höhe: 2,25 m
Vorderansicht

(Die angegebenen Maße stellen eine Orientierungshilfe dar)

Eine große Pergola ist so breit, daß zwei oder drei Personen bequem aneinander vorbeigehen können. Dicke Steinsäulen schaffen ein optisches Gegengewicht zu den wuchtigen Querbalken und sind ausreichend stabil, um das beträchtliche Gewicht der Balken und Pflanzen zu tragen. Sowohl die Säulen als auch die Balken mit ihren dekorativen Abschlüssen wirken imposant. Pergolen dieser Größe sollten parkähnlichen Gärten vorbehalten sein.

Eine mittelgroße Pergola von annähernd quadratischem Querschnitt ist breit genug, daß man darunter nebeneinander gehen kann. Ziegelpfeiler (in mindestens eineinhalbfacher Steinbreite) dienen als Pfosten. Die Querbalken sind zu einem Drittel ausgenommen und werden auf die Längsbalken, die sie tragen, aufgesetzt. Diese Art der Holzverbindung sowie die abgeschrägten Balkenenden lassen die Konstruktion weniger wuchtig erscheinen.

Eine kleine Pergola wirkt verhältnismäßig hoch und schmal, ist aber noch immer breit genug, daß zwei Personen aneinander vorbeigehen können. Sie ist vollständig aus Holz gebaut, und aufgrund ihrer schlichten, kompakten Bauweise richtet sich die Aufmerksamkeit vor allem auf die Kletterpflanzen, von denen sie überwuchert wird. Die Längs- und Querbalken sind an den Verbindungsstellen bis zur Hälfte ausgenommen und bündig ineinandergesteckt.

108 VERTIKALE ELEMENTE

Pergolapfosten

Da die Pfosten, Säulen oder Ständer einer Pergola gewöhnlich stärker ins Auge fallen als die oberen Balken, tragen ihr Material und Stil am meisten zum Charakter der Pergola bei. Holz, Metall, Ziegel, Natur- oder Kunststein lassen sich verwenden, um die Pergola der bestehenden Gartenarchitektur anzugleichen oder sie als eigenständiges Element zu gestalten. Eine Pergola kann imposant oder elegant sein, traditionell oder modern, rustikal oder kunstvoll. Der Stil und die Größe der Pfosten bestimmen die Abmessungen der oberen Längs- und Querbalken.

HOLZPFOSTEN

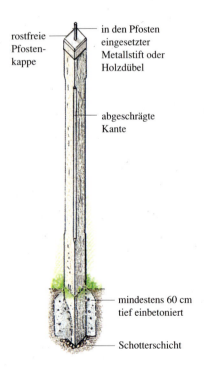

- rostfreie Pfostenkappe
- in den Pfosten eingesetzter Metallstift oder Holzdübel
- abgeschrägte Kante
- mindestens 60 cm tief einbetoniert
- Schotterschicht

GEMAUERTER PFEILER

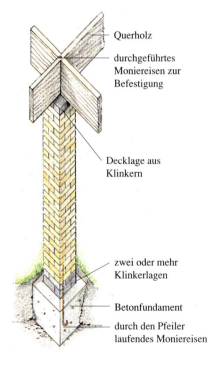

- Querholz
- durchgeführtes Moniereisen zur Befestigung
- Decklage aus Klinkern
- zwei oder mehr Klinkerlagen
- Betonfundament
- durch den Pfeiler laufendes Moniereisen

Oben *Diese Pergola überdacht einen Durchgang mit den wundervollen Herbstfarben der rotvioletten Reben-Art* Vitis coignetiae. *Die wuchtigen Holzbalken werden von klassischen Säulen mit Kapitellen und quadratischen Sockeln getragen. Die überstehenden Querbalken unterstreichen die großzügige Gestaltung dieser breiten Pergola.*

Holzpfosten müssen einbetoniert werden. Der am oberen Ende vorstehende Stift oder Dübel dient zum Befestigen der oberen Balken. Eine Kappe aus rostfreiem Material, zum Beispiel Zink oder Blei, schützt den Pfosten vor Feuchtigkeit. Abgeschrägte Kanten lassen den Vierkantpfosten eleganter erscheinen.

Gemauerte Pfeiler müssen ein dem Untergrund und dem Gesamtgewicht der Pergola angemessenes Fundament haben. Das durch die Mitte des Pfeilers laufende Moniereisen steht oben über und sichert die Balkenlage. Die Pfeiler werden abschnittsweise aufgemauert, damit der Mörtel Zeit zum Abbinden hat.

DEKORATIVE KONSTRUKTIONEN 109

PERGOLAPFOSTEN

Pergolapfosten können aus den verschiedensten Materialien bestehen, die von Baumstämmen bis zu Ziegeln, verschweißten Metallstäben oder Naturstein reichen. Darüber hinaus kann man sich auch für Ersatzstoffe traditioneller Materialien entscheiden – Aluminium statt Gußeisen und Beton oder Fiberglas anstelle von Naturstein. Für ein eleganteres Erscheinungsbild sollten die Pfosten am Fuß mit einem Sockel und am oberen Ende mit einem Kapitell versehen sein. Zierprofile, dekorative Einkerbungen und abgeschrägte Kanten wirken ebenfalls stilvoll. Metallstifte, die oben in die Pfosten eingelassen werden, dienen zum Befestigen der Querbalken – das Ende des Stiftes kann mit einem Gewinde versehen sein, um eine Schraubenmutter aufdrehen zu können.

Baumstamm mit Rinde

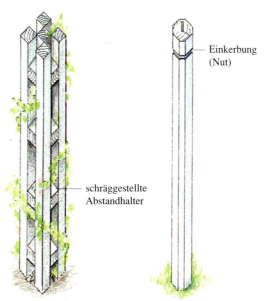
schräggestellte Abstandhalter

fünf Kanthölzer, zum Quadrat angeordnet

Einkerbung (Nut)

Achteckpfosten mit Einkerbung

Gußeisen oder Aluminium

verschweißter Vierkantstahl

klassische Säule (Beton, Fiberglas oder Stein)

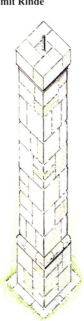
Betonwerkstein

Bruchsteinplatten

halbrunde Ziegel

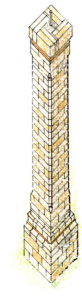
Eckziegel mit abgeschrägten Kanten

110 VERTIKALE ELEMENTE

Dachkonstruktionen für Pergolen

Die Dachkonstruktion einer Pergola besteht im allgemeinen aus Holzbalken, Rund- oder Kanthölzern, mitunter aber auch aus Metallträgern. Der Stil und das Gewicht der Dachkonstruktion wird durch die Tragfähigkeit der Pergolapfosten bestimmt. Die oberen Hölzer können am Ende mit dekorativen Profilen versehen und abgeschrägt sein, so daß die gesamte Konstruktion weniger massiv erscheint, oder im rechten Winkel abschließen, um ihre Stabilität zu unterstreichen. Die Abbildungen und Beschreibungen führen einige der zahlreichen Bauweisen für Pergoladächer vor. Die beiden unten gezeigten Beispiele demonstrieren, wie sich eine Seite der Dachkonstruktion an einer Mauer befestigen läßt.

Rechts *Eine rustikale Pergola, die sich perfekt in ihre Umgebung einfügt und einen optischen Bezug zu den hohen Bäumen im Hintergrund schafft. Die stabile Bedachung besteht aus geraden Baumstämmen, während für die Endpfosten krummgewachsene Stammstücke verwendet wurden.*

BÜNDIGE KREUZÜBERBLATTUNG

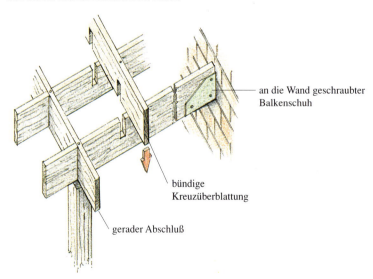

Für eine bündige Kreuzüberblattung werden die Längs- und Querhölzer, die die gleichen Abmessungen haben, jeweils bis zur halben Materialstärke ausgenommen und anschließend ineinandergesteckt. Das schlichte, stabile Aussehen dieser Holzverbindung wird durch die rechtwinkligen Brettenden unterstrichen.

ÜBERSTEHENDE KREUZÜBERBLATTUNG

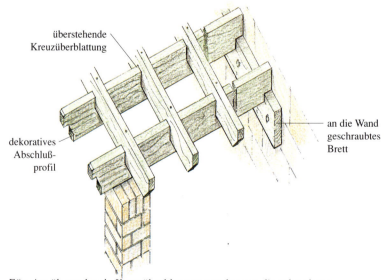

Für eine überstehende Kreuzüberblattung werden nur die schmaleren Längshölzer ausgenommen, so daß sie höher als die Querhölzer liegen. Für einen besseren Sichtschutz sollten die Längs- und Querhölzer eng gesetzt werden; schaut man schräg von oben auf die Pergola, so ist der Blick auf den darunterliegenden Bereich weitgehend verdeckt.

DEKORATIVE KONSTRUKTIONEN 111

LÄNGSBALKEN MIT AUFGENAGELTEN ODER AUFGESCHRAUBTEN QUERLATTEN

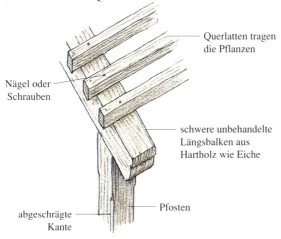

Querlatten tragen die Pflanzen

Nägel oder Schrauben

schwere unbehandelte Längsbalken aus Hartholz wie Eiche

abgeschrägte Kante

Pfosten

Längsbalken mit aufgenagelten oder aufgeschraubten Latten sind eine einfache Alternative zu Kreuzüberblattungen. Stabile, aber leichte Querlatten überspannen in kurzen Abständen die senkrechten Pfosten der Pergola und verteilen das Gewicht der Pflanzen gleichmäßiger, als dies bei wenigen wuchtigen Querbalken der Fall wäre.

KANTHÖLZER MIT KREUZÜBERBLATTUNG UND ABSCHLUSSPROFIL

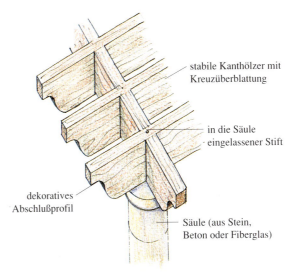

stabile Kanthölzer mit Kreuzüberblattung

in die Säule eingelassener Stift

dekoratives Abschlußprofil

Säule (aus Stein, Beton oder Fiberglas)

Stabile Kanthölzer mit Kreuzüberblattung, deren Enden ein dekoratives Profil aufweisen, bilden eine stilvolle Pergola, die von schlanken Säulen getragen wird. Das S-förmige Profil der Balkenenden gibt dem Design ein markantes Aussehen, kann in einem rustikal gestalteten Garten jedoch unangemessen wirken.

RUSTIKALE RUNDHÖLZER

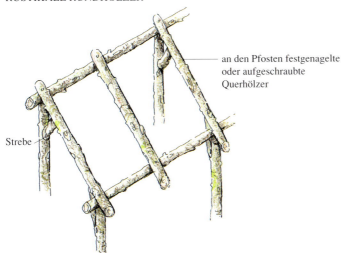

an den Pfosten festgenagelte oder aufgeschraubte Querhölzer

Strebe

Eine solche Pergola paßt am besten in einen ländlichen Garten. Sie sieht hübsch aus, hat aber keine allzu lange Lebensdauer, da sie ausschließlich aus unbehandelten dicken Ästen mit Rinde besteht.

GEGOSSENE METALLBOGEN

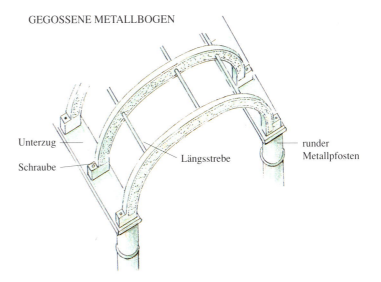

Unterzug

Schraube

Längsstrebe

runder Metallpfosten

Diese dekorativen Bogen können aus Bronze, Aluminium oder Stahl bestehen, sind mit Schrauben an den Unterzügen aus Metall befestigt und bilden eine ungewöhnliche Pergola oder einen Bogengang.

Bogen- und Laubengänge

Wenn Sie ein längliches dekoratives Gartenelement errichten möchten, das Pflanzenbewuchs und geometrische Formen vereint, sollten Sie einen Bogen- oder Laubengang in Erwägung ziehen. Beide verleihen einem größeren Garten einen unverkennbaren Charakter. Sie setzen sich aus mehreren miteinander verbundenen Bogen zusammen, die eine durchgehende lineare Konstruktion ergeben. Sie können aus Metall oder Holz bestehen und sind auch als Bausatz erhältlich. Obwohl es sich um offene, luftige Gebilde handelt, vermitteln sie dennoch einen geschlosseneren Eindruck als eine Pergola. Ein besonderer Reiz von Lauben- und Bogengängen ist das gedämpfte Sonnenlicht (oder auch Mondlicht), das durch die Bedachung und den Pflanzenbewuchs ins Innere fällt. Der Standort einer solchen Konstruktion sollte so gewählt werden, daß der Blick am Ende des Ganges auf ein einladendes, markantes Gartenelement fällt, wie etwa eine Bank, eine Statue oder eine schöne Spindel.

BOGENGANG AUS METALLELEMENTEN

Solche Bogengänge kann man als Bausatz kaufen und selbst zusammenmontieren. Sie werden in verschiedenen Größen und Ausführungen aus beschichtetem Rund- oder Vierkantrohr angeboten. Die senkrechten Stützen können einfach in den Boden eingelassen werden, doch ist es sicherer, wenn man sie einbetoniert. Das Drahtgeflecht im unteren Bereich dient als Rankhilfe für Kletterpflanzen.

BOGENGANG AUS BÄUMEN

Zwei Reihen dicht nebeneinander gepflanzte junge Bäume werden so erzogen und verflochten (siehe Seite 68), daß sie oben bogenförmig ineinanderwachsen. Blühende Gehölze wie etwa Goldregen sehen im Frühjahr wunderschön aus. Birnbäume, die im Frühling blühen und im Herbst Früchte tragen, eignen sich ebenfalls gut. Damit die Bäume in der gewünschten Form wachsen, bindet man die Äste und Zweige zunächst an einem Drahtgestell fest, das später entfernt werden kann. Die Bäume müssen regelmäßig gestutzt und formiert werden.

LAUBENGANG AUS KANTHÖLZERN

Dieser Laubengang aus Kanthölzern kann aus Hartholz oder behandeltem Weichholz gebaut werden. Die waagrechten Streben bestehen aus Stahlrohr. Die Proportionen der Pfosten und Deckbalken sind sorgfältig aufeinander abgestimmt; die abgeschrägten Kanten der Pfosten lassen die Konstruktion weniger wuchtig erscheinen. Die Rohre sind ein ansprechender Kontrast zu den Kanthölzern, sorgen für Stabilität und dienen als zusätzliches Rankgerüst für Pflanzen.

Girlanden und Pfeiler

Zu den romantischsten Gartenelementen gehören zweifellos Pfeiler, die von Blumengirlanden geziert werden. Sie ähneln einer Pergola, sind aber nur zweidimensional und eignen sich daher besonders gut für kleinere Gärten, in denen eine Pergola zu wuchtig wirken würde. Wählen Sie dekorative Pfosten aus Holz, Metall oder Mauerwerk, deren Stil zur Umgebung paßt. Plazieren Sie sie in regelmäßigen Abständen entlang eines Weges oder hinter einer niedrigen Pflanzung, wo sie wie eine Reihe von Fenstern wirken, durch die man in den Garten schaut.

Die waagrechten Elemente bestehen aus locker hängenden Seilen oder Ketten, die von wuchsfreudigen Kletterpflanzen, wie beispielsweise Kletterrosen, umschlungen werden. Stimmen Sie den Maßstab und die Proportionen der Elemente auf die jeweilige Umgebung ab. Sie können sogar parallele Reihen von Girlanden und Pfeilern auf beiden Seiten eines Weges aufstellen, so daß die Konstruktion wie eine nach oben offene Pergola wirkt.

Rechts *Hier wachsen Kletterrosen an Seilen, die zwischen paarweise aufgestellten Pfosten gespannt sind. Mit Hilfe solcher Girlanden läßt sich die Aufmerksamkeit auf einen Blickfang am Ende eines Gartenwegs lenken.*

DOPPELGIRLANDE

Diese Doppelgirlande besteht aus weißgestrichenen Pfosten, deren oberes Ende von aufgesetzten Kugeln geziert wird, und zwei parallel verlaufenden weißen Seilen. Die Seile für Girlanden müssen ziemlich dick sein, damit sie zu den Proportionen der Pfosten passen, und sollten wegen der besseren Haltbarkeit aus Kunstfasern bestehen. Nach dem gleichen Prinzip kann man auch bei einer Tennisplatz-Einzäunung verfahren, um die funktionalen senkrechten Zaunpfosten und einen Teil des Maschendrahts zu verdecken (siehe Seite 168).

ZIEGELPFEILER UND KETTEN

Ziegelpfeiler und Ketten sind das Richtige für einen großen Garten. Gemauerte Pfeiler vermitteln ein Gefühl von Stabilität und Beständigkeit. Neue Ziegel passen zu verschiedenen Arten der Gartengestaltung, doch hier wurden alte Ziegelsteine verwendet. Die Zierelemente am oberen und unteren Ende der Pfeiler greifen Details der nahegelegenen Mauern auf. Für die Girlanden wurden mit Bronzefarbe »patinierte« Ketten verwendet. Die Pflanzen sollten möglichst unauffällig sein: Dunkler oder ziegelfarbener Draht ist besser als weißer oder grüner.

Holzgitter

Traditionelle Holzgitter lassen sich als eine Art durchbrochenes Zaunfeld beschreiben, das aus gitterförmig angeordneten Leisten besteht und von einem Rahmen umschlossen wird. In der Verwendung von Stützpfosten, der Auswahl des Holzes und seiner Oberflächenbehandlung ähneln Holzgitter durchaus konventionellen Zaunfeldern und lassen sich wie diese auch relativ schnell aufstellen. Doch während ein Zaun in erster Linie eine Barriere darstellt, erfüllt ein Holzgitter eher die Funktion eines luft- und lichtdurchlässigen Wind- und Sichtschutzes.

Holzgitter weisen stets einen kunstvollen, architektonischen Charakter auf, der die Gartengestaltung unterstreicht. Es ist daher besonders wichtig, daß der gewählte Stil und die Farbgebung mit nahegelegenen Bauten harmonieren: Achten Sie darauf, daß gestrichene Holzgitter zu den Ziegeln oder Steinen der dahinterliegenden Mauer passen. Sobald das Holzgitter von Kletterpflanzen überwuchert ist, fällt es weniger stark ins Auge, doch stellen Sie sicher, daß das Rot Ihrer Lieblingsrose auch farblich mit dem dahinterliegenden Mauerwerk harmoniert. Holzgitter sind in vielfältigen Ausführungen als Fertigelemente erhältlich, können aber auch angefertigt werden. Stark verzierte Gitter – insbesondere solche mit bogenförmigen Ornamenten – können ebenso teuer wie Mauern gleicher Größe sein und müssen regelmäßig gestrichen oder mit einem Holzschutzmittel behandelt werden. Eine stabile Konstruktion aus Holzgittern, Pfosten und ansprechenden Abschlußhölzern kann eine funktionale Einfriedung sein, wirkt aber dennoch dekorativ. Selbst einfache Rechtecke oder vorgefertigte Holzgitter, wie sie im Gartencenter erhältlich sind, haben ihren Charme, da sich reizvolle Ansichten ergeben, wenn man durch ihr Geflecht aus Leisten, Blüten und Blättern schaut.

Holzgitter dienen überlicherweise als Rankgerüst für Pflanzen, können aber auch alleine attraktiv aussehen. Diese beiden Aspekte müssen Sie bei Ihren Überlegungen berücksichtigen und stets den Stil und die Feingliedrigkeit der Holzgitter auf die Wuchseigenschaften der gewählten Kletter- oder Schlingpflanzen abstimmen. Soll das Holzgitter lediglich als Gerüst für eine immergrüne Blätterkaskade dienen, entscheiden Sie sich am besten für ein schlichtes stabiles Gitter aus behandeltem Holz, das nur wenig Pflege erfordert. Soll hingegen das Holzgitter selbst als gestalterisches Element fungieren, müssen Sie darauf achten, daß es nicht zu stark von Pflanzen überwuchert wird.

ZIERLEISTEN MIT V-FÖRMIGEN AUSSCHNITTEN

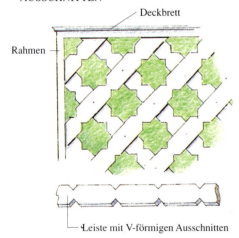

Dieses Gitter zeigt, wie sich Leisten mit einfachen ausgesägten Formen zu komplexen Mustern zusammensetzen lassen. Hier wurden diagonal verlaufende Leisten mit V-förmigen Ausschnitten versehen. Dadurch verwandeln sich die quadratischen Gitterdurchbrüche in achteckige Sterne.

ZIERLEISTEN MIT HALBKREISFÖRMIGEN AUSSCHNITTEN

Das Muster dieser waagrecht und senkrecht angeordneten Zierleisten wirkt statisch. Die Abstände der Ausschnitte sind davon abhängig, wie groß die Durchbrüche der Ziergitter sein sollen. Das entstehende Muster erinnert an ineinandergestellte Quadrate und Kreise.

HOLZGITTER MIT LAUBSÄGEARBEITEN

Eine Alternative zu Zierleisten sind Holzgitter mit Laubsägearbeiten. Sie können von jedem geschickten Heimwerker angefertigt werden. Die Motive werden aus dünnen Holz-, Sperrholz- oder Spanplatten herausgesägt und können für jedes Element unterschiedlich oder Teil eines größeren Musters sein.

DEKORATIVE KONSTRUKTIONEN 115

ZIERGITTER MIT RAUTENMUSTER UND RUNDBOGEN

Das Ziergitter mit Rautenmuster und Rundbogen rahmt eine Bank am Ende des Gartenwegs ein. Die pyramidenförmigen Pfostenspitzen greifen das Muster des Gitters auf. Der Bogen ist aus Schichtholz oder dünnen Holzleisten gefertigt. Hier wachsende Kletterpflanzen sollten zart und duftig sein, um mit der Gitterkonstruktion im Einklang zu stehen.

KONTRASTIERENDE HOLZGITTER

Holzgitter mit unterschiedlichen Mustern wurden hier zu einem gestalterischen Element vereint. Die hofartige Fläche ist mit einfachen Holzgittern abgegrenzt, doch das fensterähnliche Gitter mit Sternenmuster weist maurische Anklänge auf, die durch den Kielbogen unterstrichen werden. Die Holzgitter, die auf einer niedrigen Mauer stehen, schließen den Raum ein, ohne ihn einzuengen.

KOMBINIERTE HOLZGITTER

Solche Holzgitter sind ein ausdrucksstarkes architektonisches Element. Die Proportionen der unterschiedlichen Gitterelemente stehen in einem ausgewogenen Verhältnis zueinander und sorgen für ein harmonisches Gesamtbild. Der Ausschnitt in der Mitte (auch ein Spiegel ist möglich) bildet ein zusätzliches gestalterisches Element.

BOGENFÖRMIGE HOLZGITTER

Diese bogenförmigen Gitter zeichnen sich durch ihre wohlproportionierten viereckigen Gitterfelder aus. Die Bogen erzeugen einen Rhythmus, der durch den mittleren Kreisausschnitt akzentuiert wird. Das Design und der satte rotbraune Lackauftrag zeugen von einer Inspiration durch japanische Gestaltungsstile.

116 VERTIKALE ELEMENTE

Oben *Eine Laube aus Holzgittern ist das Grundelement dieser optischen Täuschung in einem alten Stadtgarten, die durch die hübsche Wandmalerei bewirkt wird. Die Steinstufen, die Position des Holzkorbs, der angedeutete gemalte Pflanzkübel mit Lilien und die halbgeöffnete, ebenfalls gemalte Tür lenken den Blick auf eine breite Terrasse in einer unwirklichen Landschaft.*

Trompe-l'œil-Effekte

Trompe-l'œil (»Augentäuschung«) ist ein altbewährtes Mittel, um optische Täuschungen herzustellen. Beim Betrachter wird durch sie der Eindruck erweckt, daß es sich beispielsweise bei einem Wandgemälde um »reale« Gegenstände handelt oder daß ein reales Objekt größer, weiträumiger oder weiter entfernt ist als in Wirklichkeit. *Trompe-l'œil*-Techniken waren bereits bei den alten Griechen bekannt, die die Säulen ihrer Tempel nach oben hin schmaler bauten, damit sie höher wirkten. Architekten und Maler haben sich seither immer wieder die Gesetze der Perspektive zunutze gemacht, um ähnliche optische Täuschungen hervorzurufen.

Ein einfacher *trompe-l'œil*-Trick in der Gartengestaltung ist es, einen Weg oder eine Rabatte zum Ende hin schmaler werden zu lassen. Durch die Überbetonung der natürlichen Perspektive wird somit eine größere Entfernung vorgetäuscht. Selbstverständlich funktioniert dieses Phänomen nur von einem bestimmten Standort aus – in umgekehrter Richtung ergibt sich ein recht merkwürdiges Bild –, und selbst dann muß die *trompe-l'œil*-Technik mit äußerster Sorgfalt eingesetzt werden, um nicht lächerlich zu wirken: Alle senkrechten und sonstigen Elemente der »Gartenansicht« müssen den Gesetzen der veränderten Perspektive entsprechen. Am besten ist es daher, die einzelnen Gestaltungselemente möglichst einfach zu halten und das Maß an Geometrie so weit einzuschränken, daß die optische Wirkung prägnant und eindeutig ist. Auch die Farben müssen sorgfältig gewählt sein, um die räumlichen Effekte zu unterstreichen – verwaschene Blau-, Grün- und Grautöne, um eine größere Entfernung vorzutäuschen, und kräftigere Rot-, Weiß- und Gelbtöne, um den Vordergrund näher heranzurücken.

Trompe-l'œil-Techniken eignen sich besonders gut für kleine bis mittelgroße Gärten. Überall dort, wo nur wenig Platz zur Verfügung steht, sind Mittel, die das Areal größer erscheinen lassen, stets willkommen. Darüber hinaus ist es auch einfacher, künstliche Effekte in einem kleinen Bereich zu erzeugen, wo der Betrachter so gelenkt werden kann, daß er aus dem richtigen Blickwinkel auf das betreffende Objekt zugeht. Unauffällig plazierte Spiegel sind nützlich, um mehr Raum und größere Tiefe vorzutäuschen, und lassen sich gut mit Holzgittern kombinieren sowie mit Toren (um Durchgänge vorzutäuschen, wie auf der gegenüberliegenden Seite gezeigt) und mit kleinen Wasserbecken (siehe als Beispiel das Foto des kleinen Stadtgartens auf Seite 196).

DEKORATIVE KONSTRUKTIONEN 117

WANDGITTER MIT KÜNSTLICHER PERSPEKTIVE

Dieses Wandgitter erzeugt die Illusion einer Dreidimensionalität. Leisten, die zur Mitte hin mit engerem Abstand gesetzt sind, täuschen den Blick in einen Tunnel vor, dessen Eingang von dem Ziegelbogen gebildet wird. Hellblaue Blumen in einem kleinen Terrakotta-Wandtopf sind ein Blickfang, der den Eindruck räumlicher Tiefe erzeugt. Diagonale Holzgitter zu beiden Seiten vervollständigen das Bild, und die Pflanzen sorgen für einen Bezug zum übrigen Garten.

ÜBERTRIEBENE PERSPEKTIVE

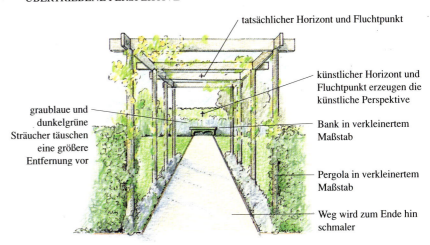

Die übertriebene Perspektive läßt den Garten durch eine Reihe optischer Täuschungen länger erscheinen. Der Kiesweg wird zum Ende hin schmaler, und die Gartenbank ist kleiner als gewöhnlich. Die graublauen und dunkelgrünen Pflanzen verstärken den Eindruck räumlicher Entfernung. Pfosten und Querbalken der Pergola werden nach hinten zunehmend kleiner und stehen enger beieinander.

WANDMALEREIEN

Wandmalereien erzeugen Landschaftsillusionen sowie räumliche Weite und erfüllen Bereiche wie dieses Untergeschoß mit Licht und Luftigkeit. Wählen Sie schlichte Motive, und verwenden Sie Farben für den Außenbereich auf einem glatten, festen Untergrund. Gut plazierte Pflanzen machen die optische Täuschung »realistischer«.

VORGETÄUSCHTER DURCHGANG MIT SPIEGEL

Ein für den Außenbereich geeigneter Spiegel wird an einer Mauer befestigt. Er ist von einem Torbogen aus Riemchen, die durch ihr Spiegelbild wie ganze Ziegel aussehen, eingerahmt. Das Spiegelbild der Pflanzen und des Wegs erzeugt Tiefe. Das falsche Tor in halber Materialstärke macht die optische Täuschung noch glaubhafter.

Gartenbauten

Ein kleines Gebäude für den Garten zu entwerfen, bietet die Möglichkeit, die eigene Phantasie walten zu lassen. Auch wenn Sie dabei Aspekte der angrenzenden Architektur einbeziehen möchten, können Sie auf eine ganze Reihe zusätzlicher Gestaltungselemente zurückgreifen. Zum einen steht Ihnen ein ganzes Repertoire an Pflanzen zur Verfügung – wenn nicht in Form eines Bogengangs aus Bäumen oder einer Laube aus kunstvoll beschnittenem Baum- oder Buschwerk, dann vielleicht in Form einer Wand aus Kletterpflanzen, die an einem metallenen oder hölzernen Ziergitter wachsen. Auch Baumaterialien aus Pflanzen, wie rustikales Bauholz und Bretter, Haselruten und Bambusrohre, sind ansprechend. Solche Materialien, die mit dem Wohngebäude kontrastieren, eignen sich meistens besser als Ziegel, die nicht genau zum Haus passen. In jedem Fall fügen sie sich harmonischer in freigestaltete oder ländliche Gärten ein.

Es gibt viele Quellen, von denen man sich inspirieren lassen kann – seien es japanische Teehäuser oder die strohgedeckten Hütten der Südseeinseln, Blockhütten oder maurische Gartenhäuschen. Gärten aus dem 18. und 19. Jahrhundert weisen eine Vielfalt von Bauten auf, die von viktorianischen Pavillons und Gewächshäusern (Reproduktionen werden heute als Bausatz angeboten) bis zu individualistischen Hütten, Unterständen und Sommerhäuschen reichen, von denen man einzelne Elemente übernehmen und den eigenen Erfordernissen anpassen kann. Exzentrizität ist seit jeher eine liebenswerte Eigenschaft von Gartenbauten, und Bücher über alte Gärten bieten zahlreiche Ideen für Zierbauten, Ruinen, Einsiedlergrotten und andere individuelle Bauwerke, die einen angemessenen Platz in entlegenen Winkeln des Gartens finden können.

Die Gestaltung konventioneller Gartenbauten ist von ihrem Verwendungszweck abhängig – also der Frage, ob Sie einfach nur einen geschützten Sitzplatz möchten, um die Aussicht zu genießen, oder praktischere

Links *Hopfen und* Clematis *gehören zu den Kletterpflanzen, die diese Laube mit ihrer grünen Blätterwand aus* Jasminum officinale *zieren. Da die Pfosten vollständig von Blüten und Blättern verdeckt sind, scheint das pergolaähnliche Dach frei in der Luft zu schweben. Die schneeweiße Sitzbank und die Buchsbaumkugeln verleihen dem üppigen Pflanzenwuchs eine gewisse Ordnung.*

LAUBE AUS VERFLOCHTENEN ZWEIGEN

Eine Laube aus verflochtenen Zweigen strahlt ein Gefühl der Geborgenheit aus. Sie entsteht durch das Verflechten von Hasel- oder Weidenruten – nach der gleichen Methode, die man auch bei Flechtzäunen anwendet (siehe Seite 96). Der als Kranz gebildete Rand erinnert an einen Korb. Lauben aus solchen Naturmaterialien fügen sich ausgezeichnet in einen naturnah gestalteten Garten ein – und sind ein idealer Platz für Naturbeobachtungen.

Prioritäten haben, wie etwa das Unterstellen von Gartenmöbeln und Grillzubehör, oder die Nutzung für sportliche Aktivitäten. Nach ihrer Komplexität lassen sich solche Gartenbauten unterscheiden in: einfache Schutzbauten wie Lauben und Bogengänge, kleine Konstruktionen wie Pavillons sowie vollständig ausgestattete Sommerhäuschen und Gewächshäuser zur Kultivierung von Pflanzen. (Wintergärten, die eher eine Erweiterung des Wohnhauses darstellen, werden in diesem Buch nicht behandelt.)

Planen Sie ein Gebäude so, daß es den gewünschten Verwendungszweck erfüllt, doch berücksichtigen Sie auch seine Funktion als gestalterisches Gartenelement. Pavillons sind häufig reine Zierbauten, die als Blickfang dienen oder eine Statue beherbergen oder einrahmen. Ihre ursprüngliche Funktion war es jedoch, von ihnen aus einen Blick auf den Garten oder die angrenzende Landschaft zu ermöglichen.

Neben dem Vergnügen, das die Auswahl und die Gestaltung eines Gartengebäudes mit sich bringt, stellt sich auch die Frage, wie Sie es nennen wollen. Die raffiniertesten Sommerhäuser werden von ihren Besitzern mitunter schlicht Hütte genannt, einfache Bauten dagegen oftmals durch die Bezeichnung Pavillon aufgewertet. Ein Pavillon ist strenggenommen ein Zelt oder eine tragbare Schutzhütte, doch heutzutage impliziert der Begriff auch einen bestimmten Verwendungszweck und steht für ein kleines Gebäude, in dem man eine Erfrischung zu sich nehmen oder nach einem Spiel duschen kann. Bezogen auf ein ausgefalleneres Gartengebäude ruft das Wort noch immer romantische Assoziationen wach. Eine Laube bestand ursprünglich aus dicht gepflanzten Sträuchern oder Bäumen, die oben zu einem Dach zusammenwuchsen. Heute ist der Begriff weiter gefaßt und schließt jeden Sitzbereich mit ein, der oben hauptsächlich von Blattwerk abgeschirmt wird. Schenken Sie also den Bezeichnungen keine allzu große Aufmerksamkeit, wenn Sie die Beispiele auf den folgenden Seiten und in Herstellerkatalogen studieren. Nicht auf den Namen kommt es an, sondern darauf, ob die Konstruktion für Sie und Ihren Garten das Richtige ist.

BAUMLAUBE

SPALIERLAUBE

GROTTE

Solche Baumlauben lassen sich durch eine ringförmige Anpflanzung lichter Bäume, wie Birken oder Espen, schaffen. Ihre schönen Stämme bilden die Pfosten, und ihre belaubten Äste vereinen sich zu einem Dach. Um einen geschlossenen, formalen Eindruck zu erzeugen, wählt man Bäume mit dichteren Kronen, wie Buchen, und flechtet die Zweige ineinander (siehe Seite 68). Die bogenförmige Bank aus Knüppelholz unterstreicht den waldartigen Charakter dieser Laube.

Diese Spalierlaube aus blaß türkisfarbenen Holzgittern, einem Lamellendach und eingebauter Sitzbank weist ein hohes Maß an Vollkommenheit auf. Rosarote Kletterrosen, die an den Gittern und durch sie hindurch wachsen, kontrastieren mit der Farbe der Spaliere und strahlen eine Atmosphäre altmodischer Romantik aus. Wählen Sie zum Begrünen Pflanzen mit wohlriechenden Blüten, damit Sie deren Duft genießen können, wenn Sie in der Laube sitzen.

Diese Grotte wird von einer Nische in einem Steingarten gebildet. Die Außenseite besteht aus großen Felsbrocken, das Innere ist mit Kieseln und Muscheln ausgekleidet. Aus einem bizarren Wasserspeier aus Muscheln plätschert Wasser in eine Schale, aus der es in ein flaches Becken läuft. Derartige Gestaltungselemente lassen sich mit Hilfe einer Wasserzuleitung und einer Pumpe problemlos realisieren.

120 VERTIKALE ELEMENTE

Oben Eine bogenförmige Holzkonstruktion unter hohen, schattenspendenden Bäumen ist ein wunderschöner Pavillon für warme Gegenden. Das Holzdeck, das sich an die gepflasterte Terrasse vor dem Haus anschließt, besteht aus Brettern derselben Holzart, so daß sich ein harmonisches Gesamtbild ergibt. Die niedrigen Geländer aus quadratischen Holzgittern grenzen den Bereich stilvoll ab. Ausladende Palmen spenden zusätzlichen Schatten und bestechen durch ihre geschwungene Form.

PAVILLON AUS FINDLINGEN UND STAMMHOLZ

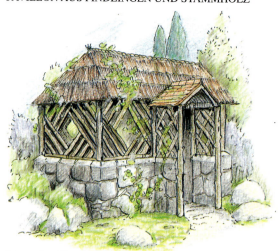

Dieser Pavillon besteht aus Materialien, die vor Ort zusammengetragen wurden, und fügt sich daher ausgezeichnet in seine ländliche Umgebung ein. Das diagonal angeordnete Stammholz gibt der gesamten Konstruktion – trotz der massiven Baumaterialien – ein weniger wuchtiges, dekoratives Aussehen.

GEGENÜBERLIEGENDE BADEHÄUSCHEN

Die beiden Badehäuschen bilden einen imposanten Zugang zu einem Swimmingpool und dienen gleichzeitig als Umkleidekabine und Abstellraum. Kuppeln aus bronziertem oder eingefärbtem Glas lassen Licht ins Innere fallen. Die exotische Architektur, die einen Eindruck von strahlendem Licht und tiefem Schatten hervorruft, paßt in sonnige, trockene Gegenden.

Rechts Rosen, Lilien und Lavendel umrahmen diesen Pavillon mit einer anmutigen Statue, der einen hübschen Blickfang darstellt. Sein leicht verwitterter weißer Anstrich paßt ausgezeichnet zu der Statue. Der Pavillon könnte auch grau, grün, schwarz oder in einer anderen Farbe gestrichen sein, die mit nahe stehenden Gebäuden und der Blatt- oder Blütenfarbe der Pflanzen harmoniert. Die paarweise gesetzten Eckstützen bestehen aus Kanthölzern; das Dach aus dicht angeordneten Holzleisten ist mit einem auffälligen Zierelement versehen.

ACHTECKIGER PAVILLON

Dieser achteckige Pavillon erinnert an die Pavillons, wie sie auf orientalischen Miniaturgemälden zu sehen sind. Das leichte Tragwerk ist aus Metall oder einem anderen Material und läßt sich durch eine individuelle Form- und Farbgebung den eigenen Vorstellungen anpassen.

MASSGEFERTIGTER PAVILLON

Die Gestaltung dieses aus grün beschichtetem oder lackiertem Stahl gefertigten Pavillons hat das Quadrat als Basis: Die Seiten sind als achteckige Teilflächen mit eingelegten Rauten, das offene Dach aus Quadratrohr gebaut. Die hohe Felswand bildet einen imposanten Hintergrund.

PAVILLON MIT KUPPELDACH

Dieser Pavillon aus Metall hat ein reichverziertes traditionelles Design und ist mit einer Bronzefarbe »patiniert«. Die Bogen ziehen den Blick auf sich und rahmen gleichzeitig die verschiedenen Gartenansichten ein. Durch sein formales Aussehen paßt er gut in einen kleinen, geometrisch angelegten Garten.

122 VERTIKALE ELEMENTE

RUSTIKALES GARTENHÄUSCHEN

Dieses rustikale Gartenhäuschen ist aus naturbelassenen Baumstämmen gebaut. Pfähle bilden die Wände und das Dach. Besonders hübsch sieht es aus, wenn man eine solche Konstruktion mit wuchsfreudigen Kletterpflanzen wie Clematis *und* Geißblatt (Lonicera) *begrünt.*

DREHBARES SOMMERHÄUSCHEN

Drehbare Sommerhäuschen, die sechs- oder achteckig sein können, sind auf einem Drehkranz gelagert. Durch diese technische Spielerei lassen sie sich je nach Tages- und Jahreszeit dem Sonnenstand anpassen. Der Antrieb kann entweder, wie hier, mit Muskelkraft erfolgen oder auch mit Hilfe eines Elektromotors.

Oben   *Dieser schöne, alte Pavillon mit seinen schmalen Bogenfenstern und einem Bleidach, das am Rand nach oben gezogen ist, wirkt anheimelnd und scheint einem Märchen entsprungen zu sein. Die dreieckigen Bleiplatten des turmartigen Dachs sind an Metallstreben festgenietet. Die Dachspitze wird von einem eleganten Holzaufsatz geziert.*

GARTENHAUS AUS HOLZ

Ein typisches Beispiel für Sommerhäuser in Fertigbauweise ist dieses Gartenhaus aus Holz. Durch Stilvarianten bei Fenstern und Türen und zusätzliche Vorrichtungen wie Markisen und Holzdecks läßt es sich seiner Umgebung anpassen. Das mit Bitumendachbahnen gedeckte Flachdach hat für den Ablauf des Regenwassers ein leichtes Gefälle. Als Unterbau dient ein Fundament aus Kiesschüttung oder gegossenem Beton.

DEKORATIVE KONSTRUKTIONEN 123

GEWÄCHSHAUS MIT KUPPEL

Solche Gewächshäuser bieten wie die meisten mehrseitigen Gewächshäuser eine optimale Raumausnutzung und sehen von allen Seiten gut aus. Sie passen sowohl in traditionelle wie auch in moderne Gartenanlagen und sind ein attraktives Element im Kräuter- oder Gemüsegarten oder in Innenhöfen. Als Material kommen Aluminiumprofile und Zedernholz in Betracht. Das abgebildete Gewächshaus ist mit einer verstellbaren Belüftungsklappe in der Kuppelspitze und einer Schiebetür ausgestattet.

ANLEHNGEWÄCHSHAUS

Anlehngewächshäuser sind raumsparend und lassen sich gut an einer Hauswand errichten. Ein Gewächshaus ausreichend kühl zu halten, kann mitunter teurer sein, als es zu beheizen. Man sollte daher nur dann einen sonnigen Platz wählen, wenn ausreichende Beschattung und Belüftung gewährleistet sind. Hochwertige Gewächshäuser bestehen aus verzinkten Stahl- oder eloxierten Aluminiumprofilen. Damit ein harmonisches Gesamtbild entsteht, sollten die Sockelsteine des Gewächshauses mit denen der dahinterliegenden Wand identisch sein.

GEWÄCHSHAUS IM VIKTORIANISCHEN STIL

Dieses Gewächshaus im viktorianischen Stil ist eine moderne Nachbildung und ist so gestaltet, daß es zu Häusern dieser Bauperiode des 19. Jahrhunderts paßt. Es ist allerdings nicht für eine verborgene Ecke im Gemüsegarten bestimmt, so wie es früher üblich war. Seine dekorative stilgetreue Bauweise mit der unterschiedlich geformten, teilweise geschwungenen Verglasung wird durch den Sockel aus Ziegeln und Flintsteinen unterstrichen. Rost- und wartungsfreie Materialien wie Aluminiumlegierungen ersetzen die ursprünglichen Bauteile aus Gußeisen. Moderne Annehmlichkeiten wie Doppelverglasung und automatische Belüftungs- und Heizungssysteme bringen ein solches Gewächshaus auf den aktuellen Stand der Technik. Die zweiflüglige Tür ist raumsparend nach außen zu öffnen.

DIE AUSSTATTUNG DES GARTENS

Pflanzen, Pflanzgefäße, Dekorationen,
Beleuchtung, Steine, Teiche,
Brunnen, Sitzplätze und Spielbereiche

Pflanzen und Pflanzgefäße 128
Schmückendes Gartenzubehör 138
Wasser und Steine 144
Freizeit und Spiel 159

Gegenüber *Ein künstlich angelegter Teich mit
einem Kieselufer und einer üppigen Uferbepflanzung bildet
eine vollkommene Oase, in der man sich ausruhen kann.
Nahe dem Sitzbereich plätschert Wasser aus einem Wasserspeier
über Steine hinab und läßt beruhigende Hintergrundgeräusche
entstehen. Pflanzgefäße und bogenförmige Trittsteine,
die über den Teich führen, sorgen für eine Struktur.*

Zur Ausstattung eines Gartens gehören all jene Dinge, die seine Grundstruktur, also seine horizontalen und vertikalen Komponenten, ergänzen. Sie können unter Umständen so wichtig sein, daß sie die gesamte Gestaltung beeinflussen. Elemente wie beispielsweise ein großer Teich mit bepflanzten Ufern, ein Swimmingpool oder ein Tennisplatz müssen von Anfang an eingeplant werden. Dies beinhaltet eine vorbereitende Geländegestaltung, eine genaue Planung der notwendigen Versorgungsleitungen und Überlegungen, wie man mit der Umgebung verfährt, ob man etwa den Bereich abtrennt oder in den übrigen Garten integriert.

Andere zur Ausstattung gehörende Objekte können als Schlußakzente betrachtet werden, die man hinzufügt, wenn die wesentlichen Elemente des Gartens fertiggestellt sind. In diese Kategorie fallen Dekorationen. Manche können Blickfänge bilden, die sofort ins Auge fallen, die Aufmerksamkeit auf sich ziehen und eine Aussage über den Charakter des Gartens machen. Andere liegen versteckt, Überraschungen, die man erst entdeckt, wenn man in einen anderen Teil des Gartens gelangt. Man biegt um eine Ecke und stößt vielleicht auf eine Skulptur, eine Bank, einen Brunnen oder eine Sonnenuhr. Solche Objekte sind zwar kein wesentlicher Bestandteil der Gestaltung, sollten aber dennoch als Teil des Gesamtentwurfs betrachtet werden. Meistens kann man sie erst anbringen oder aufstellen, wenn die Umgebung fertig ist, aber man sollte sie bereits beim Gestalten des Hintergrunds berücksichtigen.

Vergleicht man die Gestaltung mit einem Eisberg, so stellen die zur Ausstattung gehörenden Elemente die Spitze des Eisbergs dar, egal, ob es sich um ein großes Objekt oder einen kleinen Schmuck handelt: Was die Aufmerksamkeit auf sich lenkt, ist nur der am deutlichsten sichtbare Teil des Ganzen. Wenn Ihr Blick auf die Fontäne eines formal gestalteten Teichs fällt, sehen Sie das Ergebnis eines langen und vermutlich komplexen Prozesses. Die sprudelnde Fontäne ist das Resultat zahlreicher Entscheidungen, die bei der Gestaltung notwendig waren. Ein Besucher sieht vermutlich nur, daß es sich um einen formalen Teich handelt, der auf ebenem Boden angelegt wurde. Doch der Gartengestalter mußte über die Größe, die verwendeten Materialien, die Form und Ausgestaltung des Randes und die genaue Lage entscheiden. Weitere Planung war erforderlich, um die notwendigen technischen Anlagen auszuwählen. Und schließlich mußte die Idee in die Realität umgesetzt werden – vom Auskoffern des Bodens bis zum Einschalten der Pumpe.

Manche der Elemente, die sofort ins Auge fallen, wenn man einen Garten betritt, sollten weniger offensichtlich »inszeniert« sein und erfordern eine zwanglosere Vorgehensweise. Möglicherweise sind sie nicht einmal beständig. Eine Menge formschöner oder farbenfroher Pflanzen verändert sich Tag für Tag und mit den Jahreszeiten, und eine Gruppe aus Tongefäßen stellt man vielleicht nach Lust und Laune um. Manchmal wird ein Tisch mit Stühlen zu einem zentralen Element im Garten, selbst wenn dies ursprünglich nicht so geplant wurde, weil das Auge Formen und Farben, die sich von

ihrem Hintergrund abheben, zuerst wahrnimmt. Vielleicht drückt er unbewußt eine Einladung aus: Hier kannst du herkommen, um dich hinzusetzen, zu entspannen, zu essen und zu trinken. Aus diesem Grund vermittelt selbst zwanglos aufgestelltes Gartenmobiliar einen Eindruck vom Garten und darf nicht deplaziert wirken.

Gegenstände einbeziehen

Aufgrund Ihres Entwurfs haben Sie vermutlich eine klare Vorstellung entwickelt, welche Art von Zubehör Ihr Garten braucht. Die Auswahl von Dingen für eine bestimmte Umgebung ist teilweise eine Frage der Größenverhältnisse und ganz gewiß eine Frage des Geschmacks. Wenn man jedoch die Auswahl treffen muß, dann ist dies oft ein wenig so, als ob man Schuhe kauft, aber den Anzug oder das Kleid, zu dem sie passen sollen, zu Hause gelassen hat. Einige Leute sind in der Lage, Accessoires zu kaufen, die perfekt zur übrigen Kleidung passen, doch nicht jedem gelingt dies auf Anhieb. Die meisten Leute ziehen es vor, beide Elemente zusammen zu sehen, um sicherzugehen. Es kann also hilfreich sein, wenn Sie Fotos des vorgesehenen Gartenbereichs mit in das Geschäft oder Gartencenter nehmen. Einige Dinge werden Ihnen vielleicht auch zur Ansicht mitgegeben, so daß Sie an Ort und Stelle prüfen können, ob sie passen.

Es ist stets ein Problem, ein Gartenelement oder -zubehör in genau der richtigen Größe zu finden. Wenn Sie entscheiden wollen, wie groß beispielsweise ein Teich werden soll, ist es hilfreich, den Umriß mit Pflöcken abzustecken oder ihn mit einem Gartenschlauch auf dem Boden nachzulegen, um einen Eindruck von seiner Größe zu bekommen und feststellen zu können, wie sie aus verschiedenen Blickwinkeln wirkt. Auch bei einem Dekorationsgegenstand kann man zunächst eine Attrappe im Garten aufstellen, um die geeignete Größe zu finden. Sie können zum Beispiel Kisten verwenden, um die richtige Höhe für einen Sockel festzulegen, und mit Pflöcken die Dimensionen einer angrenzenden Pflasterfläche oder anderer Elemente in der Umgebung markieren. Bei der Auswahl von Gartenmöbeln, Grills und Kinderspielgeräten müssen Sie zuerst feststellen, wieviel Platz zur Verfügung steht, und auch Raum zum Umherlaufen berücksichtigen, damit der Platz sinnvoll genutzt werden kann.

Kontraste und Blickfänge

Ein Gegenstand, der als Blickfang verwendet wird, hebt sich von seiner Umgebung ab. Sie können dies wörtlich nehmen: Ein vertikales Ornament, wie etwa ein Obelisk, ein hoher Baum oder die Blütenstände von Königskerze und Fingerhut, erhebt sich tatsächlich über seine Nachbarn zu ebener Erde und zieht zuerst den Blick auf sich. Dies ist auch der Fall, wenn man einen Gegenstand so plaziert, daß das Auge ihn etwas früher wahrnimmt als seinen Hintergrund. Häufiger aber läßt man einen Gegenstand im übertragenen Sinn »heraustehen«, das heißt, er bildet einen Kontrast mit dem Hintergrund und tritt dadurch deutlich hervor. Hier spielen kontrastierende Materialien, Strukturen, Konturen, Formen und Farben eine Rolle.

Besteht der Hintergrund aus natürlichen Materialien und Pflanzen, so bildet fast jeder künstliche Gegenstand diesen Kontrast. In einem Garten

Links *Größe und Design von Tisch und Stühlen, die in einer zum Spalier passenden Farbe gebeizt wurden, sind perfekt auf diesen kleinen gepflasterten Stadtgarten abgestimmt. Am Ende des Spalierbogens wurde ein großer Spiegel an der Mauer befestigt, der dieser leichten, anmutigen Gestaltung eine zusätzliche räumliche Dimension verleiht.*

heben sich helle Farben, die durch glatte Oberflächen betont werden, am auffälligsten von Blätterwerk ab. Eine perlmuttfarbene Marmorstatue oder eine weiß gestrichene Bank zieht sofort die Aufmerksamkeit auf sich. Wer diesen Kontrast als zu kraß empfindet, der kann seine Wirkung vielleicht dadurch mildern, daß er eine Statue aus Kalkstein wählt (Flechtenbewuchs würde die helle Farbe noch mehr dämpfen), die Bank in einem hellen Grau streicht oder Holz verwendet, das beim Altern einen silbrigen Ton annimmt. Doch selbst wenn man Objekte in Farben und aus Materialien wählt, die natürlicher wirken – etwa ein Vogelbad aus Schiefer oder eine schwarz oder dunkelgrün gestrichene Bank –, werden sie aufgrund ihrer harten Konturen hervortreten.

»Bilder« entstehen lassen

Sowohl bei formalen als auch freigestalteten Entwürfen geht es darum, den Garten als ein Anzahl einzelner »Bilder« oder »Theaterszenen« zu planen, die jeweils einen Blickfang darstellen. Wenn man beispielsweise eine Sammlung von Objekten unterschiedlicher Größe hat, wie etwa kleine Töpfe aus Ton oder glasierter Keramik, gruppiert man sie so, daß sie beim ersten Anblick in ihrer Gesamtheit und nicht wie ein unruhiges bunt zusammengestelltes Sammelsurium wirken. Bei einem formalen Grundriß verwendet man Paare aus Pflanzspindeln oder Solitärpflanzen, um einer Treppe Wirkung zu verleihen, oder man läßt durch in regelmäßigen Abständen aufgestellte Objekte einen Rhythmus entstehen.

Bedienen Sie sich optischer Tricks, etwa indem Sie bestimmte Gartenelemente »einrahmen«, um sie hervorzuheben. Beginnen Sie damit am Eingang des Gartens. Wenn der Blick beim Öffnen der Tür zu einem Hinterhof auf eine Schmuckplatte an der gegenüberliegenden Wand oder einen in der Mitte plazierten Brunnen fällt, hat diese Methode funktioniert. Eine andere Möglichkeit ist es, ein wichtiges, schmückendes Element von seiner Umgebung zu trennen. Dies bewirkt man unter Umständen dadurch, indem man es erhöht auf eine Plattform oder einen Sockel stellt. Um seine Attraktion nicht zu schmälern, sollten sich keine konkurrierenden Dinge in der Nähe befinden.

Mitunter wird der Blick von großartigen Aussichten gelenkt, die an einem zentralen Element enden. In parkähnlichen, formalen Gärten kann auf diese Weise die Perspektive genutzt werden. Stellen Sie sich vor, die gerade, lange Linie eines axialen Weges oder einer Allee hinunterzuschauen, während die horizontalen Linien zu beiden Seiten an einer Statue oder einem Gartenhaus zusammenlaufen. *Trompe-l'œil*-Spaliere ahmen diesen Effekt künstlich, aber sehr wirkungsvoll nach (siehe Seite 116f.). Bei einer freien Gestaltung muß man das Auge des Betrachters raffinierter lenken, geschwungene Formen entstehen lassen und die natürlichen Konturen und Strukturen von Pflanzen nutzen, um die Richtung aufzuzeigen, in die der Blick gehen sollte.

Oben   *In diesem kleinen Stadtgarten bestimmen Töpfe und Pflanzen unterschiedlicher Größe das Bild. Ein Paar großer Pflanzkübel, in denen Lorbeerbäumchen wachsen, bildet den auffälligsten vertikalen Akzent. Die kleineren Töpfe im Vordergrund erhalten durch üppige weiße Margeriten und Hortensien einen optischen Zusammenhalt. Weißgeränderte Funkien führen dieses Farbthema fort.*

PFLANZEN UND PFLANZGEFÄSSE

Wenn Pflanzungen nicht nur einfach Bestandteil vertikaler und horizontaler Flächen sein sollen, sondern eigenständige Elemente, so müssen sie eine starke optische Wirkung oder eine besondere Eigenschaft besitzen. Oft reicht jedoch eine kluge Plazierung aus.

Manche Pflanzen haben Konturen oder Wuchsformen, die sich von der Masse abheben und die Aufmerksamkeit auf sich ziehen, wie etwa üppige Palmen, säulenförmige Immergrüne oder Palmlilien mit ihren schmalen spitzen Blättern. Man kann solche Pflanzen benutzen, um einzelne Blickfänge oder Mittelpunkte entstehen zu lassen, oder sie in eine Gruppe einbeziehen. Andere Pflanzen haben – vor allem während der Blüte – mehr dekorativen als skulpturalen Charakter und können wie Zuckerguß auf einem Kuchen verwendet werden. Sie sind kein optisches Schlüsselelement in der Gestaltung, sondern ein vergänglicher Schmuck. Die Struktur des Gartens kommt auch ohne ihn aus, aber er rundet sie ab. Durch die Art und Weise, wie man Pflanzen in zwanglosen Gruppen oder formalen Mustern arrangiert, kann man zudem einen »Revuemädchen-Effekt« entstehen lassen. In der Größe können solche Elemente von riesigen Staudenrabatten bis zu wenigen Pflanzen in einem Blumenkasten reichen oder von einem variationsreichen Muster aus bunten Bodendeckern, die von grünen Randpflanzungen eingerahmt werden, wie bei einem traditionellen Parterre, bis zu einem üppigen Arrangement aus Stiefmütterchen in einem einzelnen großen Topf.

Ein Pflanzgefäß kann nicht nur dekoratives Beiwerk, sondern ein wichtiges Gestaltungselement im Garten sein. Zudem erlauben es Gefäße, Pflanzen an Plätzen zu ziehen, an denen eine Pflanzenkultur sonst nicht möglich wäre. In Hinterhöfen und auf Dächern lassen sich mit Pflanzgefäßen ganze Gärten anlegen. Erhöht aufgestellte Pflanzgefäße können Älteren und Behinderten die Gartenarbeit erleichtern und für Menschen, die ans Haus gebunden sind, ein wichtiger Quell der Beschäftigung und Freude sein.

Pflanzen als Blickfänge

Pflanzungen müssen in ihrer Größe dem Gesamtbild des Gartens, den Sie anlegen wollen, angepaßt werden. Angenommen, Sie planen ein Farbthema, das aus einer Komposition von Strukturen in verschiedenen Grüntönen, durchsetzt von flammendem Rot besteht. In einem großen Garten kann sie sich aus einer Gruppe von überwiegend immergrünen Bäumen zusammensetzen, die aber auch einen rotblättrigen Ahorn umfaßt – im Herbst wird er für Spannung sorgen. Auf einem mittelgroßen Grundstück ist ein Strauch passend, der im Frühjahr oder Sommer rote Blüten trägt, vielleicht ein Rhododendron oder eine Rose. In einem Hinterhof oder auf einer Fensterbank bilden möglicherweise die roten Blüten eines Storchschnabels einen ausreichenden Blickfang.

Um die Rolle eines Blickfangs einnehmen zu können, muß eine Pflanze Eigenschaften besitzen, die sie in den Mittelpunkt rücken. Manchmal ist dies allein aufgrund ihrer Größe und/oder ihrer Form und Farbe möglich. Bildet ein schöner einzelner Strauch den Endpunkt einer Aussicht, so muß er sich vor allem in seiner Gesamtform von seinen Nachbarn unterscheiden. Eine Bank oder ein Ornament an seiner Basis betont seine besondere Rolle.

Wenn man einen Solitärbaum auswählt, der in einem kleineren Garten für Höhe sorgen und als Blickfang dienen soll, kann man ihm zu einer größeren Wirkung verhelfen, indem man ihn optisch von seinen Nachbarn trennt. Der Baum findet ein Gegengewicht in dem ihn umgebenden freien

Links   *Hier läßt ein formschöner Farn in einer klassischen Spindel vor einer efeubedeckten Wand einen großartigen Blickfang entstehen. Die Elfenblume* (Epimedium) *zu seinen Füßen harmoniert gut mit dem Ziegelweg und hat eine warme Wirkung.*

PFLANZEN UND PFLANZGEFÄSSE 129

WUCHSFORMEN VON BÄUMEN UND STRÄUCHERN

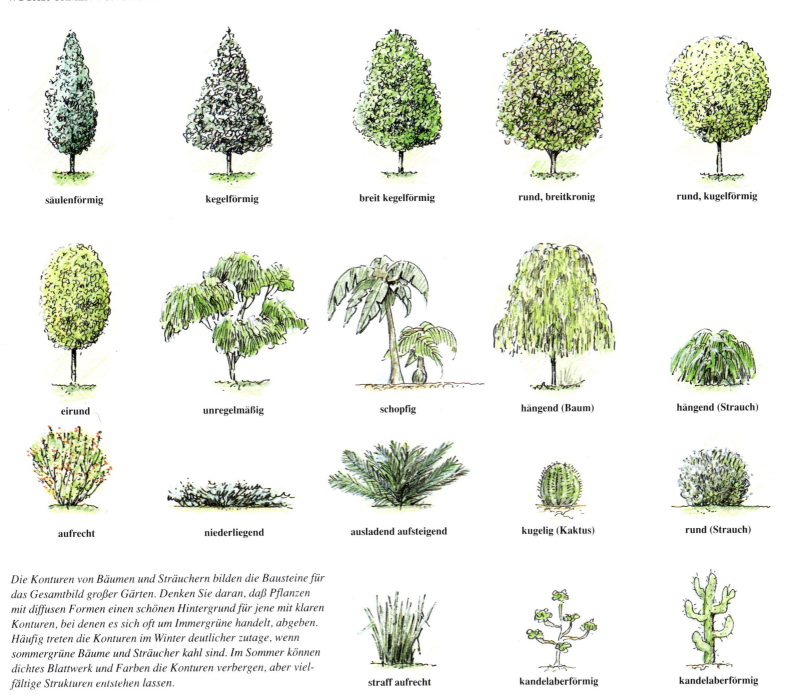

Die Konturen von Bäumen und Sträuchern bilden die Bausteine für das Gesamtbild großer Gärten. Denken Sie daran, daß Pflanzen mit diffusen Formen einen schönen Hintergrund für jene mit klaren Konturen, bei denen es sich oft um Immergrüne handelt, abgeben. Häufig treten die Konturen im Winter deutlicher zutage, wenn sommergrüne Bäume und Sträucher kahl sind. Im Sommer können dichtes Blattwerk und Farben die Konturen verbergen, aber vielfältige Strukturen entstehen lassen.

Raum. Gut geeignet sind hier oft blühende Bäume, und besonders empfehlenswert sind solche, die auch eine schöne Herbstfärbung haben. Da aber Blüten- und Blattfarben vergänglich sind, ist es wichtig, sich für einen Baum zu entscheiden, der auch eine anmutige Form hat.

Pflanzengruppen und Muster

Wo anstelle einer einzelnen Pflanze eine Pflanzgruppe vorgesehen ist, müssen die Pflanzen auf andere Weise zueinander in Beziehung gebracht werden. Die Form jeder Pflanze muß mit den Formen ihrer Nachbarn harmonieren, um ein befriedigendes Gesamtbild entstehen zu lassen. Studieren Sie die Silhouetten Ihrer Pflanzen, die die Bausteine Ihres Bildes sind, und verwenden Sie als Gegengewicht zu Pflanzen mit klarem, markantem Charakter solche mit einer diffuseren Form. Emporstrebende Linien und Konturen lenken das Auge nach oben. Bei einer zwanglosen Gestaltung sind durch Form und Farbe entstehende Schwünge und Diagonalen, die das Blickfeld kreuzen, notwendig, um das Interesse des Betrachters aufrechtzuerhalten und ihn zur weiteren visuellen Erkundung anzuregen.

Eine andere Idee ist die Verwendung von Pflanzen, die anstelle von Bildern Muster entstehen lassen. Bei einer formalen Gestaltung strebt man nach Symmetrie, um ein Gleichgewicht herzustellen. Man kann waagrechte Formen schaffen, wie etwa ein traditionelles Parterre (einen in einem Muster angelegten, ebenen Ziergarten), indem man niedrige Pflanzen in Beete setzt, die von Wegen und niedrigen Hecken exakt begrenzt werden. Die Beete oder Elemente dieser Muster können mit Beetpflanzen für den Sommer und Winter oder dauerhaften Pflanzungen aus Zwiebelblumen und Stauden angelegt werden. Wenn man an den wichtigsten Punkten des Entwurfs mit kegelförmig geschnittenem Buchsbaum oder kleinen aufrechten Koniferen Akzente setzt, erhält das Bild einen stärkeren dreidimensionalen Charakter.

Muster können vollkommen dreidimensional werden, wenn man andere aufrecht wachsende Pflanzen hinzufügt, wie etwa Kletterpflanzen, mit denen man Säulen und Bogen verbirgt oder die man mit Hilfe von Gerüsten als Hochstämmchen oder Bäumchen mit hängendem Wuchs erzieht. Auf diese Weise entsteht aus einem eher unförmigen Blattwerk eine schöne Solitärpflanze oder ein Blickfang.

Oben *Eine Komposition in Grün, Violett, Gelb und Weiß mit einer Eibenhecke als Hintergrund. Eine hohe Robinie (Robinia pseudoacacia) bildet die Spitze eines Dreiecks, das aus Farben und einigen dominanten vertikalen Formen besteht. Die silbrige Farbe von zwei Artischocken (Cynara scolymus) wiederholt sich in den niedrigeren Pflanzen im Vordergrund.*

EINFACHES ARRANGEMENT AUS
BÄUMEN UND STRÄUCHERN

Dieses einfache Arrangement aus Bäumen und Sträuchern spielt mit Pflanzenformen wie ein Landschaftsmaler mit seinen Farben und führt das Auge in schwungvollen Linien und Formen vor und zurück. Auch bei kleineren, freigestalteten Pflanzungen – sogar bei wenigen Blattpflanzen und Blumen in einem winzigen Hinterhofbeet – gilt es, mit Kontrasten und Vielfalt ein harmonisches Ganzes zu bilden.

Auswahl von Pflanzgefäßen

Bei der Auswahl eines Pflanzgefäßes muß man sowohl die Umgebung, in der es aufgestellt wird, als auch die Pflanze, die in ihm wachsen soll, berücksichtigen. Wenn alle drei Dinge zueinander passen, fügt sich das Pflanzgefäß harmonisch in den Garten ein, und man gewinnt den Eindruck, daß die Pflanze sich in ihrem Gefäß wohl fühlt. Eine einzelne, auffallende Pflanze, wie ein Rosenhochstämmchen, eine kleine Palme oder ein formierter Lorbeerbaum, sehen in einem klassischen Versailles-Kübel, einer alten Steinspindel oder einem runden Kübel aus glattem Kunststoff gleichermaßen hübsch aus. In einem formalen Garten können sie entlang eines breiten Wegs paarweise aufgestellt werden, doch in den meisten Gärten wirkt auch ein einzelnes Pflanzgefäß schön. Imposante oder kunstvolle Pflanzgefäße erfordern große Pflanzen: Schneeglöckchen oder Vergißmeinnicht würden der Größe und Erscheinung eines solchen Gefäßes nicht gerecht werden.

Schauen Sie sich Beispiele an, und überlegen Sie, ob Sie die klare Wirkung einer einzelnen skulpturhaften Pflanze in einem formschönen Gefäß vorziehen oder die lockere Gruppierung von mehreren Töpfen, die zusammen ein dekoratives Gesamtbild entstehen lassen. Bedenken Sie auch, ob die Pflanze (oder das Pflanzgefäß) im Winter im Freien bleiben kann und wieviel Zeit Sie für die Pflege und das Umtopfen aufbringen wollen. Dies hilft Ihnen bei der Entscheidung, ob Sie dauerhafte Sträucher und Stauden pflanzen oder kurzlebige Arten, die Sie in jeder Saison erneuern.

VERSAILLES-KÜBEL

Ein Versailles-Kübel besitzt eine schlichte Eleganz, die formierte immergrüne Pflanzen wie dieses Lorbeerhalbstämmchen auf vollkommene Weise ergänzt. Er hat seinen Platz in einem formalen Garten, wo er möglicherweise einen frostempfindlichen Strauch beheimatet, der im Haus überwintert werden muß. Früher waren solche Kübel stets aus Holz, heute bekommt man jedoch auch preiswertere Versionen aus leichtem Kunststoff oder Fiberglas; sie sind pflegeleichter, wirken aber nicht so solide.

Oben Einfache Tontöpfe mit rosafarbenen Margeriten, die in regelmäßigen Abständen aufgestellt wurden, geben diesen Stufen aus Eisenbahnschwellen eine formale Note. Sie sorgen für Höhe und ziehen die Blicke auf sich. Der Rhythmus, den die Töpfe entstehen lassen, führt das Auge die Stufen hinauf in den dahinterliegenden dunklen Bereich.

132 DIE AUSSTATTUNG DES GARTENS

Einige Pflanzgefäße sind leicht genug, um beliebig umgestellt werden zu können. Behandeln Sie diese wie Topfpflanzen und Schnittblumenarrangements im Haus – entweder als ständig veränderbare Elemente oder als halbdauerhaftes Inventar, das hin und wieder gepflegt werden muß. Setzen Sie sie als Blickfänge oder Akzente an das obere Ende einer Treppe oder die Biegung eines Wegs, vielleicht erhöht, damit die Pflanzen besser zur Geltung kommen oder sich die Zweige einer Pflanze mit hängendem Wuchs anmutig über die Seiten des Gefäßes neigen können. Oder Sie arrangieren die Pflanzgefäße zu einer Gruppe und verbinden sie durch irgendeine gemeinsame Eigenschaft. Verwenden Sie beispielsweise eine Anzahl von Gefäßen aus dem gleichen Material oder im gleichen Stil oder verschiedene Töpfe mit Pflanzen eines bestimmten Farbspektrums.

Größere Kübel oder fest eingebaute Pflanzgefäße müssen als dauerhafte Elemente bereits bei der Gartenplanung berücksichtigt werden. In Hinterhofgärten können sie die wichtigsten Pflanzflächen bilden. Stellt man sie erhöht auf, mildern sie die kastenartige Wirkung einer eingefriedeten kleinen Fläche. Solide Pflanzgefäße aus Stein oder Holz können auch als Sitzgelegenheit oder Raumteiler benutzt werden.

GEFÄSSE MIT INTEGRIERTEM WASSERSPEICHER

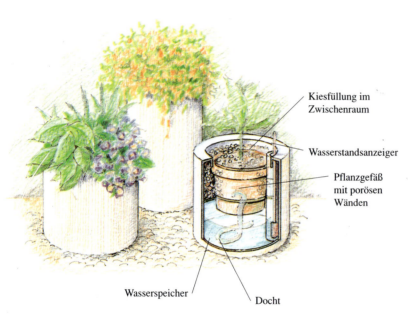

Pflanzgefäße mit einem integrierten Wasserspeicher sind im Handel erhältlich, können aber auch mit vorhandenen Töpfen improvisiert werden. Der äußere Behälter ist dicht und besteht gewöhnlich aus Fiberglas oder einem anderen starren Kunststoff. Der Topf mit der Pflanze sitzt über einem Wasserspeicher. Im Pflanzsubstrat befindet sich ein Docht, der über sein anderes Ende Wasser aus dem Speicher ansaugt. Diese Methode gewährleistet, daß die Pflanze nicht überwässert werden kann, da sie nur aufnimmt, was sie benötigt. Zudem braucht man nicht täglich zu wässern, sondern muß nur hin und wieder den Wasserstand im Reservoir prüfen (einige handelsübliche Modelle haben einen Wasserstandsanzeiger). Kies oder ähnliches Material zwischen den beiden Töpfen läßt das Gefäß hübscher aussehen und erhöht außerdem die Luftfeuchtigkeit um die Pflanze.

PFLANZGEFÄSSE AUS HOLZ

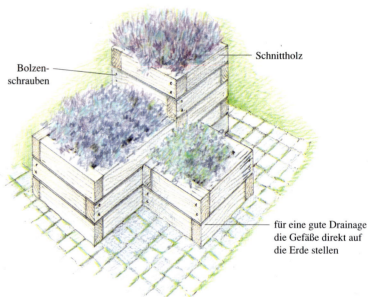

Pflanzgefäße aus gesägtem Holz wirken sehr solide, wenn man die Bohlenstücke zu einer Reihe von Würfeln unterschiedlicher Höhe zusammenfügt. Diese Elemente haben eine ausreichende Größe, um einen kleinen Baum zu beheimaten. Sie eignen sich ideal für einen kleinen Hinterhof, wo Pflanzen in Hochbeeten mehr Licht erhalten. Wenn möglich, sollte man die Gefäße nicht auf eine befestigte Fläche, sondern direkt auf Erde stellen, damit eine gute Drainage gewährleistet ist. Holz und Anstrich können passend zu einem angrenzenden Deck ausgewählt werden; verwendete Holzschutzmittel müssen jedoch für Pflanzen ungefährlich sein. Hier besteht die Pflanzung aus harmonischen Blau-, Purpur- und Silbertönen, die gut zu der gealterten Oberfläche der Gefäße passen.

PFLANZEN UND PFLANZGEFÄSSE 133

Dekorative Pflanzgefäße

Dekorative Spindeln und andere Pflanzgefäße sind in jeder Hinsicht beeindruckend und stattlich. Man plaziert sie an exponierten Stellen als Untermalung für stilvolle Pflanzen mit üppigen Blättern oder ausgefallenen Blüten, vielleicht mit Gras oder immergrünem Blattwerk als Hintergrund. Wählen Sie die Materialien für umliegende, waagrechte und senkrechte Flächen mit Sorgfalt aus, um Disharmonien zu vermeiden. Zu der großen Palette der im Handel erhältlichen Materialien gehören Naturstein, Kunststein, Beton, Ton und Metall wie Blei oder Bronze. Leichte Pflanzgefäße aus Fiberglas, die zur Vermeidung von Windschäden jedoch gut fixiert werden müssen, eignen sich besonders für Situationen, in denen Stein und Ton zu schwer sind.

DEKORATIVER STEINKRUG

Dekorative Steinkrüge oder hochwertige Nachbildungen aus Kunststein sind in einer Vielzahl von Ausführungen erhältlich. Ihr Platz muß jedoch sorgfältig ausgesucht werden. Steine oder Pflaster in der Umgebung, die von anderer Art oder Farbe sind, können ihre Wirkung beeinträchtigen.

KAMINAUFSATZ

TERRAKOTTASCHALE

KLASSISCHE SPINDEL

Dieser viktorianische Kaminaufsatz ist, wie viele alte Kaminaufsätze, genauso dekorativ wie im Handel erhältliche Pflanzgefäße. Kaminaufsätze sind zu ebener Erde ebenso nützlich wie auf dem Dach. Man kann sie mit anderen Töpfen zusammen gruppieren oder sie allein als Blickfang verwenden.

Terrakottaschalen wirken eindrucksvoller, wenn man sie erhöht auf einen passenden Sockel stellt. Hier wurde das warme Ziegelrot der Terrakotta durch Pflanzen zu Leben erweckt. Man kann harmonierendes Feuerrot, Gelb und Orange verwenden oder mit Weiß und Blau Kontraste setzen.

Diese Spindel hat klassische Linien und kommt gut zur Geltung, wenn man sie mit einer bunten Mischung aus Blüten und Blättern füllt. Sie kann aber auch unbepflanzt als Gartenschmuck benutzt werden. Die Spindel besteht aus Kunststein oder einem Kunststoff, aus dem auch der solide wirkende Sockel ist.

Pflanzgefäße für Fenster, Mauern und Dachgärten

Einige Pflanzgefäße, wie etwa Ampeln, Wandgefäße und Fensterkästen, spielen bei der Gestaltung senkrechter Flächen eine besondere Rolle: Sie haben eine willkommene auflockernde Wirkung, vor allem vor kahlen Wänden. In Taillen- oder Augenhöhe oder sogar noch höher angebrachte reizvolle Pflanzen sorgen auf einer ungewöhnlichen Ebene für kühles Grün und Blütenfarben. Für kleinere Gefäße eignet sich Ton gut, da er porös ist, Wasser speichert und durch die Verdunstung von Wasser kühl bleibt. Größere Pflanzgefäße, vor allem solche für Dachgärten, sollten leicht und bequem zu erreichen sein, damit sie regelmäßig gewässert werden können. Geringes Gewicht ist überall dort wichtig, wo Pflanzgefäße bewegt werden müssen. Gefäße für Dachgärten müssen darüber hinaus dem Wind standhalten können und auch besondere Vorrichtungen für Bewässerung und Drainage haben.

FENSTERKÄSTEN

stabile Träger

Fensterkästen bereichern den Garten mit einem reizvollen vertikalen Aspekt und verschönern zudem die Aussicht aus dem Fenster. Es ist jedoch notwendig, sie mit stabilen Trägern sicher an der Mauer oder dem Fensterbrett zu befestigen. Von den traditionellen Ton- oder Holzkästen sind heute Nachbildungen aus leichterem Fiberglas erhältlich, die von ferne wie ihre Originale wirken. Ein zweiter Kasten aus Fiberglas, Kunststoff oder einem anderen wasserundurchlässigen Material, der in den Holzkasten eingesetzt wird, verlängert die Lebensdauer des Holzes.

AMPEL AUS KERAMIK ODER METALL

Winkelträger

Eine Ampel aus Keramik oder Metall, die sowohl leer als auch bepflanzt reizvoll aussieht, wirkt von unten betrachtet besonders schön. Ein geschlossenes Gefäß ohne Drainagelöcher muß behutsam gewässert werden, denn zu viel Wasser ist für Pflanzen ebenso schlecht wie zu wenig. Die meisten Metall- oder Tongefäße können wie Drahtkörbe bepflanzt werden; Kupfertöpfe sollte man jedoch lackieren oder mit wasserdichtem Kunststoff auskleiden, damit sich durch den ständigen Kontakt mit Wasser und nassem Laub keine schädlichen Kupfersalze bilden können.

HALBRUNDES WANDGEFÄSS

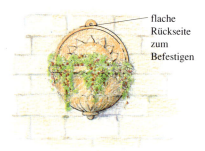

flache Rückseite zum Befestigen

AMPEL AUS DRAHT

Vorrichtung zum Herablassen

Ampeln aus Draht sind im Garten vielseitig verwendbar. Mit jeder Jahreszeit können sie in neuen Farben gestaltet und beliebig ihrer Umgebung angepaßt werden. Drahtkörbe werden im Vergleich zu anderen Pflanzgefäßen sehr dicht bepflanzt. Da die Pflanzen große Mengen Wasser aufnehmen und viel Wasser durch Verdunstung verlorengeht, muß man, vor allem im Sommer, häufig wässern. Es ist daher sinnvoll, einen Flaschenzug oder eine andere Vorrichtung anzubringen, um die Ampel herablassen zu können. Der Erde kann zusätzlich feuchtigkeitsspeicherndes Granulat beigefügt werden.

Halbrunde Wandgefäße können hervorragend dafür eingesetzt werden, nackte Wände durch Pflanzen reizvoller zu gestalten. Sie lassen auf kleinen Flächen oder gegenüber von Fenstern hübsche Blickfänge entstehen. Solche Gefäße sind in vielen Formen erhältlich, auch mit durchbrochenen Wänden, die wie Drahtampeln bepflanzt werden können. Dieses Wandgefäß aus Terrakotta hat eine Schmuckplatte, die eine aufgehende Sonne zeigt.

Rechts Von dieser Dachterrasse aus hat man eine großartige Sicht auf die New Yorker Skyline. Ein Eisenspalier, das als Stütze für Kletterpflanzen dient, gewährleistet Schutz und verbirgt häßliche Aussichten. Passende Geländer machen den Garten sicher. Sträucher, eine Rabatte mit blühenden Pflanzen und kleine Bäume in länglichen Pflanzgefäßen erinnern an Pflanzungen zu ebener Erde.

PFLANZGEFÄSS FÜR EINEN DACHGARTEN

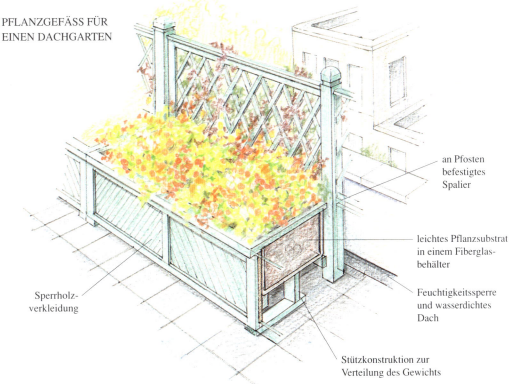

an Pfosten befestigtes Spalier

leichtes Pflanzsubstrat in einem Fiberglasbehälter

Feuchtigkeitssperre und wasserdichtes Dach

Sperrholzverkleidung

Stützkonstruktion zur Verteilung des Gewichts

Zu diesem Pflanzgefäß für einen Dachgarten gehört ein stabiles Spalier, das Pflanzen als Stütze dient und Schutz für Menschen gewährleistet. Die funktionellen Behälter aus Fiberglas sind mit einem leichten Pflanzsubstrat gefüllt und erhöht auf einer Stützkonstruktion aufgestellt, durch die das Gewicht gleichmäßig verteilt wird. Die Behälter haben im Boden Löcher, so daß Regenwasser ablaufen kann. Die Außenverkleidung ist aus dauerhaftem Bootssperrholz mit einem Nut-und-Feder-Muster. Es versteckt die Stützkonstruktion und läßt die Pflanzgefäße tiefer erscheinen, als sie tatsächlich sind. Die Konstruktion kann in Abschnitten vorgefertigt oder vor Ort zusammengesetzt werden. Sie wirkt sehr solide und macht das Dach zu einem üppigen Garten, wobei sie jedoch den Beschränkungen dieses Standorts vollkommen gerecht wird.

Ausstattungen für besondere Bedürfnisse

Ist ein Familienmitglied bereits älter oder behindert, so sollte der Garten natürlich bequem zugänglich und sicher sein. Spezielle Hochbeete oder Pflanzgefäße wie die gezeigten, ermöglichen es ihm darüber hinaus, sich aktiv an der Gartenpflege zu beteiligen.

Hochbeete sorgen durch ihre Höhe für eine reizvolle Abwechslung, und die Pflanzen, die in ihnen wachsen, kann ein sitzender Mensch oder ein Rollstuhlfahrer besser sehen und riechen. Viele an den Rollstuhl gefesselte Gärtner empfinden die Pflege von Hochbeeten als einfacher, auch wenn die Handhabung langstieliger Handgeräte bei der Gartenarbeit in Taillenhöhe eine gewisse Kraft erfordert.

Für Menschen, die im Rollstuhl sitzen oder schlecht sehen, eignen sich Anlagen ohne scharfe Biegungen und Ecken am besten. Wege und Sitzbereiche sind im Idealfall so breit, daß man sie mit einem Rollstuhl befahren kann oder zwei Personen auf ihnen bequem nebeneinander gehen können. Hat das Gelände ein Gefälle, sind Rampen mit einer maximalen Steigung von fünf Prozent erforderlich. Die Betonung von waagrechten Pflanzgefäßen und Wegen in einer solchen Gestaltung kann durch vertikale Akzente wie dichte Baum- und Strauchgruppen ausgeglichen werden.

Sicher begehbare Flächen haben für alle oberste Priorität, die schlecht zu Fuß sind oder nicht gut sehen können. Pflaster sollten eben und rutschfest sein. Ein kleiner Wechsel in der Oberflächenbeschaffenheit, der leicht wahrzunehmen ist, kann ein Hinweis auf eine bevorstehende Gefahr, Stufen oder ein Gefälle, sein oder beispielsweise auch darauf, daß man an einem Sitzbereich mit einer Bank angelangt ist, auf der man sich niederlassen und ausruhen kann. Wege sollten direkt verlaufen und klar begrenzt sein, Stufen stets die gleiche Höhe und Breite haben. Ein Geländer sorgt zusätzlich für Sicherheit.

Duftende Pflanzen sind vor allem bei Menschen, die schlecht sehen, sehr beliebt. An Bogen und neben Wegen sollte man jedoch Geißblatt-Arten und stachellose Rosen pflanzen. Auch Pflanzen, die eine Kombination von Duft und charakteristischer Oberflächenstruktur aufweisen, wie beispielsweise Kräuter, sind in solchen Situationen geeignet. Überdies kann man hier Elemente einbeziehen, die ebenfalls durch Berührung erfahren werden, wie Spindeln, Statuen oder Wand-Wasserspeier. Das Geräusch von Wasser dient auch als Orientierungshilfe für Menschen mit schwachem Augenlicht.

NÜTZLICHE GERÄTE UND GARTENZUBEHÖR

Einstellmechanismus für die Zinken

leichtes Kombigerät zum Harken und Graben

Geräte mit auswechselbarem Griff

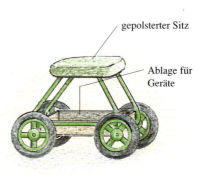

gepolsterter Sitz

Ablage für Geräte

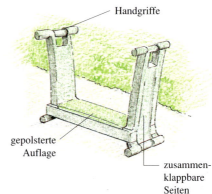

Handgriffe

gepolsterte Auflage

zusammenklappbare Seiten

fahrbarer Schemel

Kniehilfe

Zum nützlichen Zubehör für den Garten gehören Handgeräte, die an Griffen unterschiedlicher Länge montiert werden können; Werkzeuge mit bunten Griffen gehen nicht so schnell zwischen den Pflanzen verloren. Eine leichte Harke und Schaufel sind für Menschen zweckmäßig, die sich schlecht bücken können. Für einen fahrbaren Schemel ist ein fester, ebener Untergrund erforderlich, wie etwa Pflaster oder ein trockener Rasen – die Füße können in diesem Fall zum Bremsen benutzt werden. Eine Kniehilfe vereinfacht die Gartenarbeit am Boden. Ihre Handgriffe dienen als Stütze beim Niederknien und auch beim Aufstehen, das gewöhnlich schwieriger ist. Dreht man das Gerät um, wird daraus eine Bank. Einige Modelle können zusammengeklappt werden.

PFLANZEN UND PFLANZGEFÄSSE   137

HOCHBEET

Hochbeete erleichtern Menschen, die nicht mehr so beweglich sind, das Pflegen von Pflanzen. Eine breite Mauer ist gleichzeitig ein bequemer Sitzplatz, und langstielige Werkzeuge vereinfachen allen Gärtnern die Arbeit. Damit aus der Perspektive von Rollstuhlfahrern nicht nur die erste Pflanzenreihe zu sehen ist, setzt man in die Mitte der Beete höhere Pflanzen und an den Rändern niedrige.

ARBEITSTISCH FÜR ROLLSTUHLBENUTZER

Dieser Arbeitstisch ist aus Holz und so konstruiert, daß Rollstuhlfahrer ganz an ihn heranfahren und mit den Händen auf der Tischplatte arbeiten können. An den Rändern ist der Pflanztisch flach, in der Mitte jedoch tiefer, was ihm größere Stabilität verleiht und auch den Pflanzen zugute kommt. Als weitere Sicherheitsmaßnahme wurden die Beine am Boden befestigt.

HOCHBEET MIT GELÄNDER

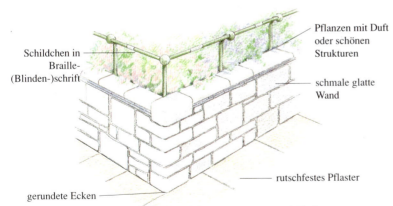

Ein Hochbeet mit einem Geländer ist eine Orientierungshilfe für Menschen, die schlecht sehen oder blind sind. Die Höhe des Geländers erlaubt es, sich vorzulehnen und die Pflanzen zu bewundern. Der Schwerpunkt der Bepflanzung liegt auf duftenden Gewächsen und schönen Blattstrukturen, wie etwa aromatische Kräuter, die einen Duft verströmen, wenn man sie streift oder zerdrückt. Aus Gründen der Bequemlichkeit und Sicherheit ist die Mauer glatt und hat gerundete Ecken.

WEGE UND WEGRÄNDER

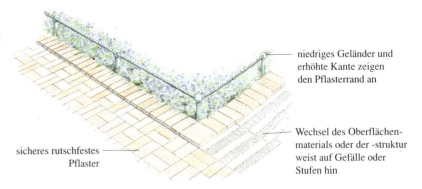

Wege und Wegränder müssen so gestaltet werden, daß eine Steigung oder ein Gefälle dem Rollstuhlfahrer oder Sehbehinderten angekündigt wird. Dies kann durch eine Veränderung in der Oberflächenstruktur geschehen. Leicht erhöhte Ränder von Wegen und gepflasterten Flächen sind für Rollstuhlbenutzer eine wertvolle Hilfe. Als Ergänzung oder Alternative kann, wie hier, ein niedriges Geländer angebracht werden.

SCHMÜCKENDES GARTENZUBEHÖR

Unter diesem Stichwort sind alle künstlerischen und dekorativen Elemente zusammengefaßt: Skulpturen und Schmucktafeln, Objekte mit architektonischem Charakter wie Pflanzen-Obelisken oder -Säulen und ergänzende Gegenstände wie reizvolle Gefäße. Die Kostenfrage muß hier nicht unbedingt ein Problem darstellen, selbst wenn man ein klassisch wirkendes Stück haben möchte, denn obwohl Originale selten und teuer sind, bietet der Handel doch zunehmend hochwertige Nachbildungen an. Dabei findet man traditionelle Materialien ebenso wie Metall oder Kunststoff, und einen Serienartikel kann man aufwerten, indem man ihn in einer besonderen Farbe streicht. Wählen Sie einen zur Gartengestaltung passenden Lack oder eine Metallfarbe wie Bronze, die mit einem Mittel behandelt wird, mit dem Dekorateure Gegenstände »altern« lassen.

Wenn nostalgische oder historisierende Elemente nicht in Ihren Garten passen, und Sie modernen, abstrakten oder individuellen Schmuck vorziehen, können Sie sich zum Beispiel für die Arbeit eines zeitgenössischen Bildhauers entscheiden. Oder Sie verleihen einem Fundgegenstand, wie etwa einem Stück Treibholz oder einem großen, interessant geformten Stein, den Status einer Skulptur. Entscheidend ist allein, daß er Ihnen gefällt und Ihre Gartengestaltung verschönert. Auch funktionale Gegenstände wie Sonnenuhren, Vogelhäuschen und -tränken oder Leuchten können hübsche Dekorationen sein.

Kunst- und Zierobjekte

Wenn Sie die Größe eines Ziergegenstands bestimmen, sollten Sie auch über einen Sockel nachdenken. Die Weise, in der ein Objekt präsentiert wird, legt seine Bedeutung fest. Wenn Sie Ihre Gießkanne auf ein Podest stellen, wird auch sie zu einem Gegenstand, der Aufmerksamkeit fordert – zu einem Kunstgegenstand. Würden Sie umgekehrt die Venus von Milo irgendwo in eine üppig wuchernde Rabatte setzen, wäre sie entwertet. Falls Sie nicht einen Überraschungseffekt wünschen, sollten Sie Statuen und Skulpturen so plazieren, daß sie eine klare Aussage machen. Mit der Zeit werden vielleicht Efeutriebe ihre Konturen auflockern, doch die optische Wirkung muß durch die Plazierung erreicht werden.

SCHMUCKPLATTEN

Schmuckplatten und andere zweidimensionale Dekorationen sind dort angebracht, wo der Platz begrenzt ist. In manchen Situationen genügt eine einzelne Platte, doch auf einer großen, nackten Wandfläche können mehrere miteinander harmonierende Schmuckplatten wirkungsvoller sein. Diese beiden Schmuckplatten – Sonne und Mond – aus Messing beziehungsweise Stahl können einzeln oder gemeinsam einen Hinterhof oder die rückwärtige Mauer eines kleinen Stadtgartens beleben.

STAHLPLASTIK

Für diese Plastik aus poliertem Stahl dienten die natürlichen Formen eines Baumstumpfes als Vorbild, doch in Metall wirken sie ungewöhnlich dramatisch. Mit einem Wald als Hintergrund kommen sie besonders gut zur Geltung.

Rechts Eine kleine Skulptur kann eine stille Ecke des Gartens in einen rätselhaften, magischen Ort verwandeln. Hier verleiht ein modernes Objekt einem Platz unter Bäumen etwas Geheimnisvolles, das auf seine Entdeckung wartet. Die Plastik ahmt die geschwungenen Formen der großblättrigen Farne im Vordergrund nach.

PFLANZEN-OBELISK

KLASSISCHE URNE

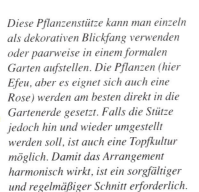

Diese Pflanzenstütze kann man einzeln als dekorativen Blickfang verwenden oder paarweise in einem formalen Garten aufstellen. Die Pflanzen (hier Efeu, aber es eignet sich auch eine Rose) werden am besten direkt in die Gartenerde gesetzt. Falls die Stütze jedoch hin und wieder umgestellt werden soll, ist auch eine Topfkultur möglich. Damit das Arrangement harmonisch wirkt, ist ein sorgfältiger und regelmäßiger Schnitt erforderlich.

Ein solches klassisches Gefäß – sei es ein seltenes Original aus der Renaissance oder eine moderne Nachbildung aus Kunststein – hat die Wirkung eines Denkmals, die durch die einfache, aber elegante Form des Sockels noch unterstrichen wird. Dieses Gefäß, das auf einem großformatigen Pflaster steht, verlangt nach einem schlichten immergrünen Hintergrund aus Efeu, Lorbeer oder Eibe; eine stille Ecke des Gartens wird ihm am besten gerecht.

Sonnenuhren

Sonnenuhren dienten früher dazu, einen Familienwahlspruch zu präsentieren oder den Betrachter an das flüchtige Wesen von Zeit und Leben zu erinnern. Eine Sonnenuhr in einem moderneren Garten ist ein Stück offensichtliche Nostalgie. Da sie ihren ursprünglichen Zweck der Zeitmessung nicht mehr zu erfüllen braucht, sollten Sie sicherstellen, daß sie eine wichtige Rolle in der Gestaltung spielt. Damit der Gnomon (Uhrzeiger) seinen Schatten auf das Zifferblatt werfen kann, ist jedoch ein sonniger Platz erforderlich. Wenn die Sonnenuhr tatsächlich zur genauen Zeitmessung dienen soll, müssen Sie sich vor ihrer Aufstellung mit der geographischen Situation des Standorts befassen.

Berücksichtigen Sie bei der Wahl Ihrer Sonnenuhr die vorgesehene Umgebung. Traditionelle Modelle passen vielleicht am besten zu älteren Häusern, doch das Thema inspiriert nach wie vor Bildhauer und Designer, die es mit modernen Materialien neu interpretieren. Für den Garten kann man im wesentlichen zwischen freistehenden Modellen und an einer Wand befestigten Uhren wählen.

SONNENUHR MIT VOGEL

Diese Sonnenuhr ist eine witzige moderne Interpretation eines alten Themas. Der Gnomon hat die Form eines Wurms, den ein Vogel aus dem Boden zieht. Den Rand des Zifferblatts schmückt eine Schnecke. Die Sonnenuhr könnte auch erhöht auf einen Sockel gestellt werden.

BRONZENE SONNENUHR AUF EINEM SOCKEL

Diese traditionelle Sonnenuhr ist ein reizvoller Mittelpunkt für einen offenen Bereich, etwa einen formalen Rasen oder einen Hinterhof. Ihr bronzener Gnomon hat im Laufe der Zeit durch Grünspan eine gedämpfte blaugrünliche Farbe angenommen. Der für den sechseckigen Sockel verwendete Kalkstein wurde auch an anderen Stellen des Gartens verwendet.

WAND-SONNENUHR AUS MESSING

Eine Wand-Sonnenuhr kann hoch oben an einer nackten Wand, etwa an der Giebelseite des Hauses, einen hübschen Blickfang entstehen lassen. Das Zifferblatt muß parallel oder senkrecht zur Äquatorialebene ausgerichtet werden. Diese aus Messing gegossene Sonnenuhr hat erhabene Ziffern, die sich gut von dem blauen Untergrund abheben.

ARMILLARSPHÄRE

Sonnenuhren in der Form von Armillarsphären dienen seit der Renaissance als Gartenschmuck. Sie zeigen nicht nur die Tageszeit an, sondern veranschaulichen auch die Planetenbahnen am Himmel. Dieses Modell mit einer Wetterfahne steht auf einer Säule und einem Sockel aus Kalkstein. Es kann freihstehend oder inmitten von dichtem Blattwerk aufgestellt werden.

SCHMÜCKENDES GARTENZUBEHÖR 141

Vogelhäuschen und Vogeltränken

Anstelle von Kunstgegenständen, die allein für Menschen reizvoll sind, können auch praktische Gegenstände zu dekorativen Blickfängen werden, die breiteren Nutzen haben. Auch wenn vielleicht kein Platz für einen Teich vorhanden ist, der Tiere in den Garten lockt, so finden Sie doch möglicherweise einen Standort für ein Vogelhäuschen oder eine Vogeltränke, um Vögel anzuziehen. Ihr Kommen und Gehen sorgt für Bewegung im Garten, und außerdem leisten Sie damit einen Beitrag zum Naturschutz. Sowohl für wilde Vögel als auch für Hausvögel gibt es viele wunderschöne Modelle – oder Sie entwerfen Ihr eigenes Vogelhaus.

Auf jeden Fall muß das Haus oder die Tränke an einem Platz aufgestellt werden, wo Katzen und andere Räuber nicht heranreichen. Andererseits sollte man aber auch die Möglichkeit haben, die Vögel zu beobachten, beispielsweise von einem Fenster aus. Durch regelmäßige Säuberung verhindert man die Entstehung von Krankheiten.

BAUM-VOGELHAUS

Vogelhäuser an Bäumen sind am schönsten und locken am ehesten Bewohner an, wenn sie aus unauffälligem Holz bestehen und daher fast mit dem Hintergrund verschmelzen. Dieses Modell wirkt durch sein geschwungenes Dach ein wenig chinesisch und ist sehr dekorativ.

WAND-TAUBENSCHLAG

Dieser an einer Wand aufgehängte Taubenschlag ist in traditionellem Weiß gestrichen und läßt vor einer efeubewachsenen Ziegelwand einen herrlichen Blickfang entstehen. Er hat ein mehrfach gebogenes Kupferdach und kann vorne geöffnet werden.

VOGELTRÄNKE AUS STEIN

Eine Vogeltränke aus graurosa Granit ist ein hübscher Mittelpunkt für einen Rasen oder ein Pflaster, in dem blühende Pflanzen wachsen. Verschiedene Nachbildungen, von denen viele aus Kunststein bestehen, haben weniger strenge, geschwungene Konturen.

FREISTEHENDES VOGELHAUS

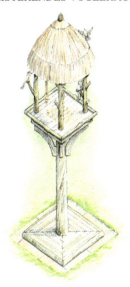

Für dieses freistehende Vogelhaus wurden natürliche Materialien – ein entrindeter dünner Stamm, Äste und ein Strohdach – verwendet, die es sehr rustikal wirken lassen. Dachschindeln aus Holz und Kanthölzer würden ihm ein strengeres Aussehen verleihen.

TAUBENSCHLAG IN FASSFORM

Dieser Taubenschlag wurde nach traditionellen Vorbildern konstruiert, für die mitunter spezielle, regenbeständige Fässer angefertigt wurden. Unter dem Schindeldach befinden sich Lüftungsöffnungen. Der gedrechselte Fuß wurde in Beton eingelassen.

142 DIE AUSSTATTUNG DES GARTENS

Beleuchtung

Ein beleuchteter Garten sieht vom Haus aus gesehen reizvoll aus, zudem kann er bei Nacht genutzt und zu einem Aufenthaltsbereich unter freiem Himmel werden. Eine künstliche Beleuchtung eröffnet viele Möglichkeiten, da man durch sie besondere Gartenelemente aus der Dunkelheit herausheben kann. Strahler, die auf Baumkronen, eine Statue oder einen Brunnen gerichtet sind, können dem Garten bei Nacht eine dramatische Wirkung verleihen. Einfache Mastleuchten und Fackeln verschönern romantische Abende und Mahlzeiten im Freien. Einige Fackeln vertreiben gleichzeitig Insekten und haben daher zusätzlichen Nutzen.

Damit ein Garten bei Nacht sicher ist, hat eine gute Beleuchtung von Flächen, wie Wege und Stufen, oberste Priorität. Verwenden Sie Leuchten, die in geringer Höhe angebracht werden und nach unten gerichtet sind, so daß sie nicht blenden, oder höhere Leuchten, die das Licht breiter streuen. Für Spiele im Freien ist eine besondere Beleuchtung erforderlich; Halogen-Flutlicht macht es möglich, auch nach Einbruch der Dunkelheit weiterzuspielen. Für Swimmingpools kann man schwimmende oder unter Wasser montierte Leuchten verwenden.

Wie im Haus können auch im Freien Leuchten ein dekoratives Element sein oder nur rein funktionellen Charakter haben. Leuchten, die tagsüber im Garten sichtbar sind, müssen sich harmonisch in ihre Umgebung einfügen. Einige Nachbildungen alter Modelle, wie etwa Straßenlaternen, sehen in Gärten älterer Häuser hübsch aus, oft sind jedoch moderne Leuchten in einem klaren neutralen Stil die bessere Wahl.

Für die meisten Gartenleuchten werden die Anschlüsse unterirdisch verlegt. Zu den Spezialleuchten gehört auch eine große Palette von ebenerdig installierten Beleuchtungskörpern. Laternen oder Wegleuchten für Wege und Auffahrten sind ordentlich und unauffällig. Es gibt eckige Lichtbausteine, die in den unteren Bereich einer Mauer oder Treppe eingebaut werden können, und dekorative Leuchten, die hübsch den Gartengrundriß markieren. Für Leuchten, die sich zu ebener Erde oder in geringer Höhe befinden, eignet sich durchscheinender Kunststoff oder gehärtetes Glas am besten. In Bodenhöhe montierte Strahler erlauben eine gewisse Flexibilität. Wichtig ist jedoch eine rechtzeitige Planung, da Stromanschlüsse während der Anlage des Gartens geschaffen werden müssen.

Viele moderne Gartenleuchten funktionieren mit Niederspannung und haben entweder einen eigenen Niedervoltstromkreis oder einen Transformator. Abgesehen von Sicherheitsbeleuchtungen haben Gartenleuchten gewöhnlich eine geringere Wattzahl als Leuchten, die für den Innenbereich vorgesehen sind. Achten Sie auch darauf, daß Ihre Gartenbeleuchtung von einer zentralen Stelle aus geregelt werden kann, damit Sie der jeweiligen Situation angemessene Effekte erzielen können. Überlassen Sie die Montage von Leuchten stets einem Fachmann, der entsprechend der geltenden Sicherheitsvorschriften für den Außenbereich geeignete Kabel und Anschlüsse verwendet.

LICHTBAUSTEIN

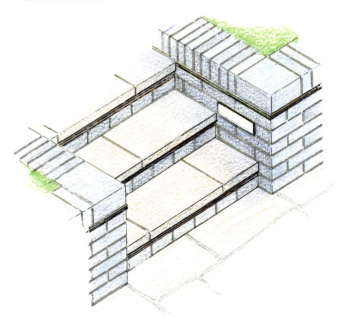

Lichtbausteine für Mauern sind in den Standardgrößen von Ziegeln und Mauersteinen erhältlich. Wenn man sie in die zweite oder dritte Lage über der Erde oder einer Stufe einbaut, beleuchten sie die Wege gut, ohne die geraden Linien der Architektur zu stören.

BODENLEUCHTE MIT AUSGERICHTETEM LICHT

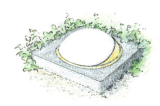

Diese Art von Bodenleuchte mit ausgerichtetem Licht besteht aus einer Abdeckung aus gehärtetem Glas oder Kunststoff und Messing. Hier wurde ein Sockel aus Marmor gewählt, der von Efeu umgeben ist. Die Richtung des Lichtstrahls kann von Hand verändert werden.

SCHMÜCKENDES GARTENZUBEHÖR

FIBERGLASSTEINE

Fiberglassteine, die bei Tag unauffällig mit ihrer Umgebung verschmelzen, spenden bei Nacht sanftes Licht. An einem bepflanzten Teichufer oder zwischen Gräsern neben einem natürlichen Weg sehen sie besonders hübsch aus. Sie sind leicht und können problemlos umgesetzt werden.

JAPANISCHE LATERNE

Eine japanische Laterne aus Natur- oder Kunststein bildet tagsüber ein reizvolles Gartenelement. Wenn sie bei Nacht von einer flackernden Kerze erleuchtet wird, verbreitet sie eine magische Atmosphäre. Es ist auch möglich, eine solche Laterne mit einer Lampenfassung auszustatten.

JUGENDSTILLEUCHTE

Diese Jugendstilleuchte in Blumenform ist aus Bronze. Eine runde Lampe stellt eine geöffnete Blüte dar, eine Kerze symbolisiert dagegen eine Knospe. Der dekorative Wert dieser ausgefallenen und anmutigen Leuchte sollte bei der Plazierung gut zur Wirkung kommen.

WANDLEUCHTE

Die gewölbte Wandleuchte besteht aus beschichtetem Aluminium und einer Abdeckung aus gehärtetem Glas oder Kunststoff. Sie sieht sowohl bei Tag wie auch bei Nacht so hübsch aus, daß sie an einer Hauswand montiert zur Beleuchtung von Hinterhof, Weg oder Eingangstür verwendet werden kann.

PFOSTENLAMPE AUS STAHL

Diese Pfostenlampe aus Stahl spendet rundum Licht. Alternative Modelle sind in Aluminium oder Kunststoff erhältlich. Einige Pfostenlampen haben einen einseitigen Lichtaustritt und eignen sich besonders gut zur Beleuchtung eines Wegs oder einer Auffahrt.

PFOSTENLAMPE AUS HOLZ

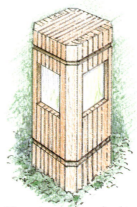

Eine Pfostenlampe aus gefurchtem Zedernholz mit zweiseitigem Lichtaustritt eignet sich ideal für eine Wegkreuzung oder die Ecke eines abgeschlossenen Gartenbereichs. Varianten dieser Leuchte sind in verschiedenen Gestaltungsstilen erhältlich.

STRAHLER

Strahler können innerhalb der Reichweite ihres Kabels beliebig plaziert werden, um Lichteffekte entstehen zu lassen. Dieser Strahler wird gewöhnlich in Schwarz angeboten und hat einen Spieß, der in die Erde gesteckt wird; andere Modelle lassen sich mit Klemmen an hohen Stellen befestigen.

PILZFÖRMIGE WEGLEUCHTE

Diese Wegleuchte mit abgeschirmter Lichtquelle etwa in Brusthöhe eignet sich für die meisten Gartenbereiche. Eine Reihe dieser Leuchten an einer Auffahrt spendet mildes Licht. Sie sind in verschiedenen Designs und Materialien erhältlich; mattes Schwarz ist am unauffälligsten.

WASSER UND STEINE

Anregungen dafür, wie man Wasser und Stein am besten als Gestaltungselemente in den Garten einbeziehen kann, findet man häufig direkt in der Natur, wo beides oft Seite an Seite existiert. Zutagetretende Gesteinsschichten, Findlinge und herabstürzende Bäche lassen sich in kleinerem Maßstab nachempfinden, wenn man in einem freigestalteten Garten Höhenunterschiede ausnutzen will. Auf ebenem Boden können Kalksteinpflaster zur Heimat für alpine Pflanzen werden oder Kiesel die Ränder von Wasserflächen bilden.

Nichts belebt einen Garten wirkungsvoller als Wasser, das still oder bewegt sein kann. Die künstliche Einbeziehung von Wasser in einen Garten hat gegenüber einer Gartengestaltung, die eine bereits vorhandene oder natürliche Wasserfläche integrieren muß, viele Vorteile. Hier kann man nicht nur die Gestaltungsweise und Größe nach eigenem Gutdünken bestimmen, sondern auch die Funktion in weit größerem Maß kontrollieren. Bei natürlichen Teichen und Bächen, die ausschließlich von Niederschlägen abhängig sind, kann der Wasserstand mitunter sehr starken Schwankungen unterliegen. Bei Trockenheit haben sie meistens viel zu wenig Wasser, und bei starkem Regen können sie leicht über die Ufer treten. Ist dagegen ein Wasseranschluß vorhanden, kann der Teich nötigenfalls aufgefüllt werden, und ein ordentlicher Abfluß verhindert, daß er die umliegenden Gartenflächen überschwemmt. Brunnen und andere Vorrichtungen, die das Wasser in Bewegung setzen, können bei Bedarf eingeschaltet werden, wodurch Strom und Wasser gespart werden, oder man baut Zeitschalter ein, um in regelmäßigen Abständen Pumpen in Betrieb zu nehmen, die das Wasser filtern oder bewegen.

Wahl des Gewässertyps

Wer Wasser in seinen Garten einbeziehen will, sollte sich gut informieren oder von einem Fachmann beraten lassen und alle regionalen Vorschriften kennen. Es geht hier nicht nur um eine solide Bauweise und die korrekte Installation von Rohren, Pumpen, Filtern und Stromanschlüssen, es muß auch ein gesundes Ökosystem entstehen, das, je nach Nutzung, den Bedürfnissen von Pflanzen, Tieren und/oder Menschen gerecht wird. (Einen Sonderfall bilden Swimmingpools, die auf den Seiten 169 bis 173 behandelt werden.) Wer gut informiert ist, kann leichter entscheiden, welche Baustoffe und Vorgehensweisen sich für die konkrete Situation und die gewünschte Größe der Wasserfläche am besten eignen. Die wichtigste Entscheidung ist, ob man ein Becken oder eine Folie verwendet oder das Gewässer mit vorhandenen natürlichen Materialien anlegt. Fachleute können Ihnen sagen, welche Pflegemaßnahmen für welchen Gewässertyp notwendig sind beziehungsweise wann ein neuer Teich mit Wasser gefüllt, bepflanzt oder mit Fischen besetzt werden kann. Obwohl Leitungswasser oft einen hohen Anteil an Chemikalien und Nährstoffen enthält, ist es im allgemeinen besser einzuschätzen als natürliche Wasserquellen, die beispielsweise Chemikalien enthalten können, wie sie zur Rasenpflege oder in der Landwirtschaft verwendet werden.

Passen Sie Ihre Wasserfläche der Größe Ihres Gartens an. Stehende Gewässer jeglicher Form wirken reizvoll, vom winzigsten Becken über einen romantischen Seerosenteich bis hin zum schiffbaren See. Doch ein noch größeres Vergnügen bietet sich bewegendes Wasser, sei es eine kleine sprudelnde Quelle oder eine spektakulär herabstürzende Wasserkaskade. Für einen ebenen Garten kann ein formaler Kanal oder ein flacher Bach mit rasch fließendem Wasser besser geeignet sein als ein natürlich wirkender Fluß. Jeder steile Hang bietet eine schöne Möglichkeit, um ein vertikales Element einzubeziehen, wie einen Wasserfall, der stets natürlich gestaltet sein sollte, oder eine formale Kaskade, die gewöhnlich eine imposantere Wirkung hat.

Rechts   *Hier wurden Felsen und Steine in unterschiedlicher Weise eingesetzt, um einen stillen Gartenteich reizvoll zu gestalten. Das prägnante vertikale Element ist der Findling im Hintergrund. Er hat ein Gegengewicht in der skulpturalen Form des Kruges, der gut zu den rauhen, liegenden Findlingen im Vordergrund paßt. Die grauen und gelbbraunen Töne der flachen Steine am Teichrand werden durch den zweifarbigen Kies fortgeführt.*

Links   *Der Wasserstrahl aus einem Bambusrohr erzeugt die Illusion einer echten Quelle. Um diesen Eindruck noch zu verstärken, wurde ein flacher Stein daruntergesetzt, auf dem ein Eimer oder Krug zum Wasserholen abgestellt werden kann; hier läßt er jedoch nur hübsche plätschernde Geräusche entstehen. Die gekreuzten Bambusstäbe fügen eine künstlerische Note hinzu. Ohne Teich können Wasserspeier und Stein auch gefahrlos in einen Garten einbezogen werden, in dem kleine Kinder spielen.*

Zierteiche

Der Platz für einen Zierteich muß sorgfältig ausgewählt werden. Da volle Sonne die Entwicklung von Algen fördert, ist ein wenig Schatten von nahegelegenen Mauern, Gartenbauten, Sträuchern oder den Blättern von Wasserpflanzen wie Seerosen wünschenswert. Auf der anderen Seite sollte man aber sehr schattige und vor allem unter Bäumen liegende Plätze meiden. Im Wasser verrottendes Fallaub verändert dessen pH-Wert und erfordert eine regelmäßige Säuberung des Teichs. Im Idealfall besteht ein Gleichgewicht zwischen Pflanzen und Tieren, durch das das Wasser klar und sauber bleibt. Finden Sie also heraus, welche Arten sich für Ihren Standort eignen.

Die Gestaltung der Teichränder ist ein wichtiger Teil der Gesamtplanung. Die Vor- und Nachteile von Materialien und Gestaltungsweisen spiegeln die Debatte um das Pro und Kontra formaler beziehungsweise freier Gestaltungen wider. Meist ist es einfacher, den Rand eines Fertigbeckens oder einer Folie zu verbergen, indem man einen formalen Rand aus Naturstein, Holz, Ziegeln oder Pflasterplatten fertigt, der leicht übersteht. Auf die gleiche Weise läßt sich eine stilisierte freie Gestaltung ausführen. Schwieriger ist es dagegen, ein vollkommen künstliches System zu schaffen, das absolut natürlich wirkt, vor allem, wenn die Ränder bepflanzt werden sollen.

Ein dekorativer erhöhter Rand sieht bei formalen Teichen schön aus und ist eine gute Möglichkeit, mit geringem Aufwand an Aushubarbeiten eine größere Wassertiefe zu erhalten. Erhöht liegende Teiche, die von Rasen oder Pflaster umgeben sind, haben eine klare Geometrie und bringen die Wasseroberfläche näher zum Betrachter. Man kann auch ein Becken vor eine senkrechte Wand setzen, um einen rechteckigen oder halbrunden erhöhten Teich entstehen zu lassen. Diese Rückwand bietet sich zudem an, um in Form eines Speiers oder einer Kaskade bewegtes Wasser einzubeziehen. Da aber Wasser stets zu tieferliegenden Flächen fließt, legt man, um einen natürlichen Eindruck entstehen zu lassen, freigestaltete Teiche an der Stelle des Gartens an, die am tiefsten erscheint. Wenn Ihr Garten Höhenunterschiede aufweist, können Sie diese möglicherweise nutzen, um den Teich durch einen Bach oder Wasserfall zu speisen. Oder Sie legen eine Art künstlichen Hang an, indem Sie neben dem Wasser Steine aufeinandersetzen, die gleichzeitig Installationen, wie eine Pumpe oder einen Wasserspeicher, verbergen können.

ABDICHTUNG MIT LEHM

Eine Abdichtung mit Lehm sollte dort in Betracht gezogen werden, wo man Lehm mit einem geringen Sandanteil leicht bekommt. Eine dicke Teichfolie unter der 30 Zentimeter dicken Lehmschicht unterbindet das Wachstum von Pflanzen. Leicht schräge Seiten verhindern, daß Lehmpartikel auf den Grund des Teichs rutschen. Feuchtigkeitsliebende Bäume und andere Pflanzen mit kräftigen Wurzeln müssen von der Lehmschicht ferngehalten werden. Ratsam ist daher ein offener Platz ohne Bäume in der Umgebung.

FERTIGBECKEN

Mit einem starren Fertigbecken, das in Gartencentern erhältlich ist, kann man rasch und preisgünstig einen kleinen Teich anlegen. Wählen Sie ein schwarzes oder dunkelgraues Becken aus Kunststoff oder Fiberglas, damit es weniger künstlich wirkt und hübsche Spiegelungen erlaubt. Achten Sie darauf, die Grube in ausreichender Größe für das Becken auszuheben, und ebnen Sie den Untergrund nötigenfalls mit Sand. Prüfen Sie, ob die Ränder des Beckens vollkommen waagrecht sitzen. Verfüllen Sie Zwischenräume sorgfältig mit Sand, damit das Becken nach Einlassen des Wassers dem Druck standhält.

WASSER UND STEINE

BETONBECKEN

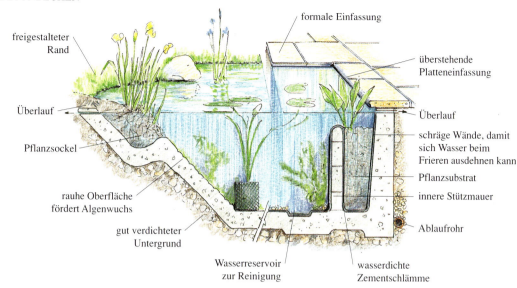

Beton ist zur Gestaltung formaler wie auch freier Beckenformen ausgezeichnet geeignet. Besondere Elemente wie Randsockel oder integrierte Pflanzgefäße lassen sich hier ebenso leicht einbeziehen wie etwa Überläufe und Pumpen. Die Oberfläche sollte natürlich wirken und wird deshalb strukturiert oder mit einem Überzug aus wasserdichter Zementschlämme in einer passenden Farbe versehen. Damit das Becken dem Wasserdruck standhält, sind ein gutes Fundament und eine technisch einwandfreie Konstruktion erforderlich, die vielleicht eine Armierung beinhaltet. In Gegenden mit Winterfrösten sollten die Seiten leicht schräg sein, damit sich das Eis nach oben schieben kann und keine Risse im Beton verursacht.

FREIGESTALTETER FOLIENTEICH

Bei einem freigestalteten Folienteich verwendet man zum Verbergen der Ränder Natursteine oder Rollrasen. Eine hochwertige Kautschukfolie, die auf beiden Seiten mit einer geotextilen Fasermatte gepolstert wird, um sie vor spitzen Steinen zu schützen, paßt sich von selbst dem Untergrund an. Die Seiten sollten einen maximalen Neigungswinkel von 20 Grad haben, damit sich Partikel ablagern können und die Folie mit der Zeit verdeckt wird.

FORMALER FOLIENTEICH

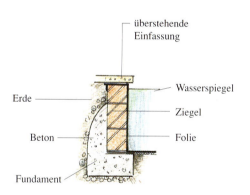

Ein formal gestalteter Folienteich braucht eine feste Einfassung mit klaren Begrenzungen. Die Seiten des Teichs werden durch eine Ziegelstützmauer auf Betonfundamenten gebildet, und sowohl der Boden als auch die Wände des Teichs sind mit Folie ausgekleidet. Die Mauer trägt überstehende Kunst- oder Natursteinplatten.

Ufergestaltungen

Formale Wasserbecken haben gewöhnlich klar konturierte Ränder. Da sie stabil gebaut sind, ist ein bequemer Zugang zum Wasser möglich, wenn beispielsweise Pflegemaßnahmen erforderlich werden. Die natürlich wirkenden Ränder von freigestalteten Teichen und Sumpfgärten bedürfen hingegen einer sorgfältigen Planung, denn die notwendigen Installationen sollen zwar unsichtbar sein, aber dennoch ihre Funktion zuverlässig erfüllen können.

Wenn Sie in das Wasser hineinwaten möchten, Wasservögel halten oder ein Boot aussetzen wollen, ist ein seichtes Ufer erforderlich, das den Zugang erleichtert und zum Beispiel aus Beton und Kieseln gebaut sein kann. Die Planung solider Fundamente ist hier wichtig, und in einem künstlich angelegten Teich besteht zudem die Notwendigkeit, die Abdichtung zu schützen. Wo es nicht auf einen bequemen Zugang ankommt, kann der Teichrand auch bepflanzt werden. Die unbekümmerte Weise, in der Pflanzen in freier Natur Ufer und seichtes Wasser besiedeln, bedarf bei der Nachahmung einiger vorbereitender Maßnahmen, besonders dort, wo mit Abdichtungen und Wasserleitungen gearbeitet wird. Dagegen hat ein künstlich angelegter Bereich den Vorteil, daß in ihm Sumpfpflanzen oft leichter unter Kontrolle zu halten sind als in einem vollkommen natürlichen Biotop, wo der Wasserspiegel in nicht vorhersehbarer Weise schwankt und einige kräftige Pflanzen leicht überhandnehmen können. Holen Sie sich bezüglich der Wassertiefe und Wasseransprüche der Pflanzen, die Sie ziehen wollen, Rat bei einem Fachmann. Sumpfpflanzen bevorzugen Böden mit einem geringen Anteil an organischem Material und Nährstoffen, die zudem für jede angrenzende Wasserfläche gesünder sind. Wo eine direkte Verbindung zwischen der Erde eines Sumpfbereichs oder einem Teich und dem umliegenden Boden besteht, muß man im Sommer mit einem durch die Kapillarwirkung bedingten Wasserverlust rechnen.

Natürlich können feuchtigkeitsliebende Pflanzen auch in Gärten gepflanzt werden, in denen kein offenes Wasser vorhanden ist. Dazu modifiziert man die Methoden zur Anlage eines Teichs, so daß ein in sich geschlossener Sumpfbereich entsteht.

UFER AUS WASCHBETON

KIESELUFER

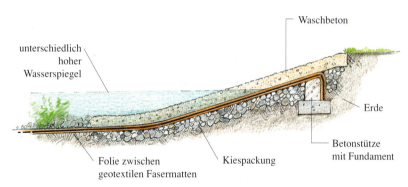

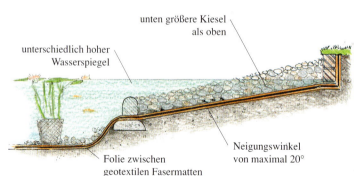

Ein Ufer aus Waschbeton ist eine funktionelle Einfassung für einen abgedichteten Teich. Es erhält sorgsam vorbereitete Fundamente, die dem Gewicht von zu erwartenden Lasten, wie etwa einem Boot mit Anhänger, standhalten müssen. Nachdem der Beton gegossen wurde (und bevor der Teich gefüllt wird), spritzt man ihn ab, um die grobe Körnung freizulegen. Dadurch sieht die Fläche nicht nur hübscher aus, sondern bietet auch besseren Halt. Bei sehr großen Betonflächen sind Dehnungsfugen (siehe Seite 73) notwendig. Geotextile Fasermatten schützen die Abdichtung auf beiden Seiten vor scharfkantigen Steinen.

Dieses Kieselufer ist vollkommen künstlich angelegt, wirkt aber relativ natürlich, wenn die verwendeten Steine mit der umliegenden Landschaft harmonieren. Am besten eignen sich für ein Ufer von Wasser rundgewaschene Kiesel, wenngleich Bruchsteine nicht so leicht wegrutschen, wenn man über sie läuft. Ein Neigungswinkel von maximal 20 Grad zu einer Schwelle, die sich unterhalb des Niedrigwasserstands befindet, macht die Kieselschicht relativ stabil. Die Steine werden so verteilt, daß die kleineren oben und die größeren unten liegen, zuerst aber sollten die flachsten auf der oberen geotextilen Fasermatte verteilt werden.

WASSER UND STEINE 149

Links *Dieser reizvolle Holzsteg läßt einen bequemen Weg über sumpfiges Gelände entstehen. Er führt durch einen Bereich mit einer Vielzahl feuchtigkeitsliebender Pflanzen, zu denen* Gunnera *und Funkien mit ihrem imposantem Blattwerk gehören.*

SUMPFPFLANZUNG AM UFER

SUMPFGARTEN

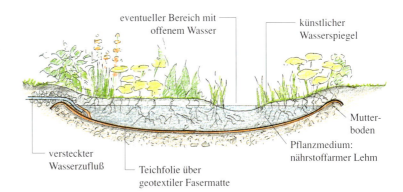

Diese Sumpfpflanzung an einem künstlich angelegten Teich zeigt, daß einige Planung erforderlich ist, um eine natürliche Wirkung zu erreichen. Der Teich hat eine Betonabdichtung, doch auch bei Verwendung von Folie würde ganz ähnlich verfahren. Eine Stützmauer direkt unter der Wasseroberfläche trennt den Sumpfbereich vom offenen Wasser. Das Pflanzmedium besteht aus einer 45 Zentimeter dicken Schicht nährstoffarmen Lehms, die zum Ufer hin dünner und durch normale Erde ergänzt wird. Dadurch nimmt die Bodenfeuchtigkeit immer mehr ab, und es entsteht ein Bereich, der einer großen Palette an Arten – von Flachwasser- bis Sumpfpflanzen – Lebensraum bietet.

Für einen Sumpfgarten, der ein in sich geschlossenes Biotop bildet, wählt man einen tiefliegenden Bereich, vielleicht neben einem Teich, und koffert ihn schalenförmig, mit 60 Zentimeter Tiefe in der Mitte, aus. Diese Mulde wird mit einfacher Teichfolie oder sich überlappenden Stücken stärkerer Folie ausgekleidet. Eine vollkommene Abdichtung ist nicht erforderlich – es darf ruhig Wasser versickern, sofern nicht offenes Wasser einbezogen werden soll. Dann füllt man die Mulde mit nährstoffarmem Lehm oder Ton, den man in der Mitte verdichtet und an den Seiten auf gleiche Höhe mit der umliegenden Erde bringt. Ein versteckter Wasserzufluß muß installiert werden, um nötigenfalls Wasser ergänzen zu können.

150 DIE AUSSTATTUNG DES GARTENS

FORMALER SUMPFGARTEN

Ein formaler Sumpfgarten kann aus geometrischen Beeten für feuchtigkeitsliebende Pflanzen bestehen. Eine erhöhte Einfassung und Wege bilden ein Muster, das einer großen Vielfalt von Pflanzen Raum bietet. Zwei getrennte Wassersysteme versorgen die Anlage: Die tiefliegenden Beete werden durch unterirdische Rohre bewässert, die kleinen Springbrunnen in der Mitte und an den Ecken werden durch einen zweiten Kreislauf gespeist.

ERHÖHT LIEGENDER SUMPFGARTEN

Ein erhöht liegender Sumpfgarten stellt eine Variante eines erhöhten Wasserbeckens dar. Die üppige Bepflanzung und die anmutige Wassersäule in der Mitte bringt Lebendigkeit in einen Bereich, in dem harte Materialien vorherrschen. Aushubarbeiten können vermieden werden, wenn man den Sumpfgarten auf dem Boden errichtet. Für einen Wasser- und Stromanschluß sowie einen Abfluß muß natürlich dennoch gesorgt werden. Ein breiter Rand betont nicht nur den formalen Charakter dieses Arrangements, sondern erlaubt es auch, sich hinzusetzen und die Pflanzen aus der Nähe zu bewundern.

NATURNAHER SUMPFGARTEN

Dieser naturnahe Sumpfgarten wurde in herkömmlicher Weise gestaltet und vermittelt die Illusion eines natürlich entstandenen tiefliegenden feuchten Bereichs. Eine Gestaltungsmöglichkeit, die hier gezeigt wird, ist die Einbeziehung einer sprudelnden Quelle und einer kleinen offenen Wasserfläche, um Tiere anzulocken. Die Pflanzen lassen ein zwangloses Arrangement entstehen, durch das ein Weg aus unregelmäßig angeordneten Trittsteinen führt. Die Installationen für die Quelle wurden mit natürlich wirkenden Felsen verborgen, die in den feuchten Bereich hineinragen, so wie dies auch in der freien Natur vorkommt.

Brunnen

Herabfallende Schleier aus Wassertröpfchen, die durch die Sonne oder eine künstliche Beleuchtung zum Funkeln gebracht werden, gehören zu den lebendigsten Schmuckelementen in einem Garten. Schmale, hohe Wassersäulen erfordern gewöhnlich einen formalen Rahmen, und hierfür gibt es eine große Palette an Gestaltungsbeispielen, von denen man sich inspirieren lassen sollte. Man kann einen dekorativen Wasserspeier in das Arrangement einbeziehen, oder das Wasser selbst wird zum Blickfang, während es aus einer oder mehreren unsichtbaren Düsen schießt. Wo kein Platz für einen Teich ist, kann auch ein einfaches Speirohr zu einem hübschen Blickfang werden. Es erfüllt selbst den kleinsten Hinterhof oder schmalsten Gartenweg mit der Bewegung und den Geräuschen von Wasser.

Wer plant, einen Brunnen oder sich bewegendes Wasser in irgendeiner anderen Form in die Gartengestaltung einzubeziehen, sollte sich von einem Fachmann beraten lassen. Selbst wenn man einen fertigen Bausatz kauft, benötigt man möglicherweise Informationen über Wasserdruck oder Rohrdurchmesser und muß die elektrischen Anschlüsse von einem Fachmann installieren lassen. Überall dort, wo es keine zuverlässige natürliche Wasserquelle gibt, sind Pumpen erforderlich, und dies ist in fast allen Gärten der Fall. Unter Umständen verstößt man sogar gegen eine regionale Vorschrift, wenn beim Betrieb von Brunnen, Wasserfällen und ähnlichem ein zu hoher

Rechts *Der winzige formale Lilienteich mit einer Statue und einem Springbrunnen wird von vier konischen immergrünen Sträuchern eingerahmt. Ein dekorativer Springbrunnen ist ein einfaches Mittel, für Höhe zu sorgen und das Auge zu erfreuen. Zudem bringt er Bewegung in die Teichoberfläche und erzeugt die beruhigenden Geräusche plätschernden Wassers.*

Wasserverbrauch entsteht. Darüber hinaus sollte man auch aus Umweltschutzgründen mit Wasser sparsam umgehen. Das Wasser muß also umgewälzt werden, so daß Sie es nur im Bedarfsfall zu ergänzen brauchen. Sie benötigen einen Auffangteich auf der untersten Ebene und einen Teich oder ein Speicherbecken im oberen Bereich. Das Fassungsvermögen dieses Speichers, die Förderleistung der Pumpe, die Technologie zur Steuerung des gesamten Systems – all dies ist Expertensache. Die Größe und Gestaltungsweise eines in sich geschlossenen Elements, wie etwa eines Brunnens, bestimmt möglicherweise, ob eine Pumpe im Wasser oder außerhalb montiert werden sollte. Befolgen Sie auch stets die Gebrauchsanweisungen des Herstellers.

Ein raffinierter Springbrunnen kann sowohl bei der Installation als auch im Unterhalt hohe Kosten verursachen und zudem sehr viel Wasser verbrauchen. Sein Becken muß eine ausreichende Größe haben, um, vor allem an windigen Tagen, alle Wassertropfen wieder auffangen zu können, sonst ist es bald leer. Bei hohen Temperaturen wird dieses Problem durch die Verdunstung noch vergrößert. Brunnen, bei denen das Wasser nicht unter Druck aus Düsen herausschießt, haben einen geringeren Wasserverbrauch und eine beruhigende Wirkung, die vielen bescheideneren Situationen eher gerecht wird.

Der Handel bietet auch eine Palette kleinerer Brunnen und Wasserspeier an, bei denen kein Becken oder Teich zum Auffangen des Wassers erforderlich ist, wodurch man sowohl Wasser als auch Platz spart. Bei Wandbrunnen gehören Becken im allgemeinen dazu. In anderen Fällen ist die Folie, die das Wasser auffängt und in das Wasserreservoir zurückleitet, unsichtbar unter einer Schicht sorgsam arrangierter Kiesel verborgen.

Form und Größe der Fontänen eines Brunnens werden durch die Größe der Düsen sowie ihre Anordung und Zahl bestimmt. Sehr kleine Düsen lassen das Wasser schäumen, größere Düsen erzeugen hingegen große, klare Wassertropfen.

EINFACHE QUELLE

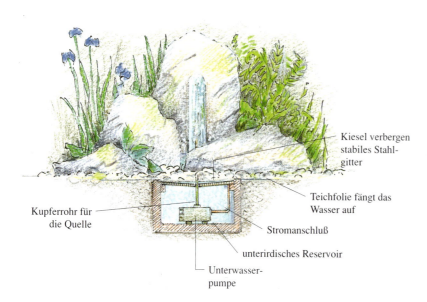

Eine einfache Quelle zwischen Steinen eignet sich ideal für natürliche Umgebungen, in denen ein Teich nicht erwünscht ist. Die Wassersäule läßt gerade das richtige Maß an Bewegung entstehen. Das Wasser sammelt sich auf einer schwarzen Teichfolie, die unter den Kieseln verborgen ist und läuft in ein unterirdisches Reservoir zurück, wo es eine Unterwasserpumpe wieder nach oben befördert.

MÜHLSTEIN-SPRINGBRUNNEN

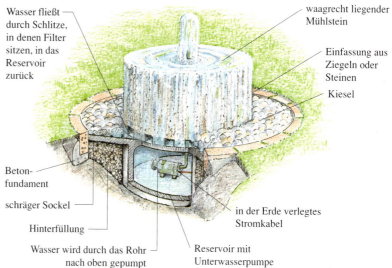

Ein Springbrunnen aus einem Mühlstein ist für Kinder ungefährlich, da hier keine offene Wasserfläche vorhanden ist. Das Wasser kommt aus einer Düse, die in einer Mühlsteinimitation aus Fiberglas sitzt, fließt über die Oberfläche und scheint zwischen den Kieseln zu verschwinden. Tatsächlich aber sammelt es sich auf einem schrägen Sockel und fließt in ein Reservoir zurück. Eine Unterwasserpumpe befördert das Wasser wieder nach oben.

WASSER UND STEINE 153

WANDBRUNNEN

Wandbrunnen mit Wasserspeier in Form von Tierköpfen oder Fabelwesen werden im Handel ebenso angeboten wie solche mit abstrakten oder floralen Designs. Dieser Brunnen aus grünglasierter Keramik zeigt den Kopf des Gottes Pan. Eine kleine Unterwasserpumpe, die im Becken oder hinter dem Wasserspeier verborgen wird, pumpt das Wasser über ein Rohr zu dem Wasserspeier zurück. Das Rohr muß unauffällig angebracht werden und verläuft am besten auf der Rückseite der Wand. Bei manchen Bausätzen muß Wasser in das Becken gefüllt werden, andere besitzen ein eigenes kleines Reservoir.

UMGESTÜRZTER KRUG

Dieses Arrangement spielt mit der Idee, daß sich aus einem gerade umgestürzten Krug Wasser in einen Teich ergießt. Tatsächlich wird das Wasser von einer Unterwasserpumpe im Teich über einen verborgenen Schlauch durch eine Öffnung im Boden des Krugs gepumpt. Der Krug wurde mit etwas Mörtel fixiert. Der stehende Krug hat rein dekorativen Charakter und größere Wirkung, wenn er leer bleibt. Ein Krug aus porösem Stein oder Ton muß vor Gebrauch wasserdicht gemacht werden.

MINI-BRUNNEN

Dieser winzige Brunnen in einer Schale fügt einem Innenhof, in dem man auf störende Installationen verzichten will, ein lebendiges Element hinzu. Man braucht für ihn eine frostbeständige Schale, deren Abzugslöcher gegebenenfalls verschlossen werden müssen, damit die Innenseite vollkommen wasserdicht ist. In Höhe des Wasserspiegels bohrt man ein kleines Loch, durch das man das Stromkabel für die Unterwasserpumpe und Düse in der Schale führt. Das Loch dient gleichzeitig als Überlauf. Loch und Kabel sollten an einer möglichst unauffälligen Stelle sitzen.

SPRINGBRUNNEN

Dieser Teich lehnt sich an den Gestaltungsstil maurischer Gärten an. Vier schrägstehende Düsen spritzen Wasser zu einer Kugel in der Teichmitte, die auf dem Wasser zu tanzen scheint. Tatsächlich ist sie auf einem transparenten Rohr befestigt, das die Wassersäule erzeugt. Die Teichränder bestehen aus gemasertem Beton. Über Aussparungen an den Seiten des Mittelbeckens ergießt sich das Wasser in den unteren Teich und wird über die Düsen zurückgepumpt.

Kaskaden und Wasserfälle

Elemente wie Kaskaden und Wasserfälle unterscheiden sich von Brunnen, da sie einen Teil der Landschaft bilden, selbst wenn deutlich erkennbar ist, daß sie künstlich angelegt sind. Das Wasser fällt von einer hohen zu einer tiefer gelegenen Ebene herab, und die senkrechte Fläche, über die das Wasser dabei fließt, leistet einen wichtigen Beitrag zur Gartengestaltung.

Für einen Wasserfall verwendete Steine werden so arrangiert, daß sie notwendige Installationen wie das Wasserreservoir verbergen. Wasserfälle können aus Fertigelementen gebaut werden, man kann jedoch auch Folie, Beton oder selbst Felsen verwenden. Steine und Pflanzen am Rand werden so angeordnet, das sie alle künstlichen Materialien verbergen und ein natürliches Gesamtbild entstehen lassen.

Eine Kaskade oder Wassertreppe hat im allgemeinen eine formalere Wirkung als ein Wasserfall, und es ist daher nicht notwendig, die Tatsache zu verbergen, daß sie keine natürliche Umgebung hat. Am eindrucksvollsten sind oft Gestaltungen, die in Mauern aus Beton oder Marmor einbezogen wurden.

WASSERSPEIER IN EINER GROTTE

Das Wasser aus den Speiern in dieser künstlichen Grotte, deren Rückwand mit Muscheln, Kieseln oder Flintstein dekoriert sein kann, ergießt sich in ein rechteckiges Becken. In der Grotte wachsen schattenliebende Wasserpflanzen, in einem Pflanzgefäß auf dem Dach gedeihen ein immergrüner Strauch, Bodendecker und Hängepflanzen. Die hellen Mauern bestehen aus getönten und verzierten Betonblocksteinen.

WASSERFALL ZWISCHEN FELSEN

Dieser Wasserfall wurde der Natur abgeschaut, weshalb das Arrangement der ihn umgebenden Felsen auch ziemlich echt wirkt. Man verwendet am besten Steine mit parallelen Schichtfolgen. Dadurch wird der Eindruck erweckt, als habe der Bach eine natürliche Bruchlinie gefunden oder sich im Laufe der Zeit seinen Weg gebahnt. Wichtig ist dabei, natürliche Materialien einzusetzen, die die zum Bau verwendeten künstlichen Elemente verbergen.

FORMALER WASSERFALL

Dieser Wasserfall bildet einen einfachen Wasserschleier und stürzt über eine Stützmauer herab. Er hat eine beruhigende Wirkung und wird von einem flachen Kanal auf einer höheren Ebene gespeist. Zu seinen Füßen fängt ein quadratisches Becken das Wasser auf und leitet es in einen schmaleren, tieferen Kanal. Die Größe von Becken oder Kanal und die Wassermenge können variiert werden, so daß der vorhandene Raum bestmöglich genutzt wird.

Trittsteine und Brücken

Brücken und Trittsteine werden häufig wegen ihres dekorativen Aussehens in die Gestaltung von Teichen einbezogen, um die man auch bequem herumlaufen könnte. Wege über Wasserflächen sind vor allem in kleinen Gärten hübsch, wo sie zur Vielfalt beitragen. Sie machen es oft möglich, neue Routen durch den Garten und weitere Zugänge zu erschließen, so daß der Raum optimal genutzt werden kann.

Geschwungene Konturen lassen interessante Spiegelungen entstehen. Die fließenden Linien einer Brücke aus Holz, Metall oder Stein mit einer halbrunden Form und ihr Spiegelbild im Wasser bilden einen reizvollen Kreis oder eine Ellipse. Allerdings schränkt der horizontale Verlauf der meisten Brücken die Sicht über das Wasser ein. Mitunter kann man dies geschickt ausnutzen, indem man die Brücke so plaziert, daß sie am Ende eines Teichs dem Betrachter die Sicht nimmt und es ihm erscheint, als würde sich der Teich hinter der Brücke fortsetzen.

Eine Brücke oder ein Steg aus versetzt angeordneten parallelen Bohlen macht den Weg über einen Bach oder Teich reizvoller. Wer Wert auf freie Sicht legt, kann Trittsteine in das Wasser setzen – vorausgesetzt, die Gartenbenutzer sind gut zu Fuß.

Wählen Sie Materialien und Formen, die sich harmonisch in die Umgebung einfügen. Doch wie bei allen Wasserelementen muß auch hier bei der Gestaltung auf Sicherheit geachtet werden. Alle Konstruktionen müssen deshalb stabil und bequem begehbar sein und rutschfeste Oberflächen haben. Wasser übt eine starke Faszination aus und kann sogar ein Schwindelgefühl hervorrufen, wenn man lange daraufschaut. Viele Menschen möchten daher zur zusätzlichen Sicherheit Brücken und Stege mit Geländern versehen.

TRITTSTEINE DURCH EINEN TEICH

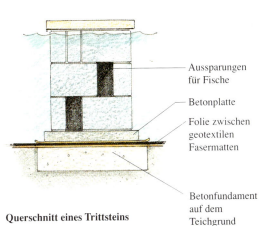

Querschnitt eines Trittsteins

Aussparungen für Fische
Betonplatte
Folie zwischen geotextilen Fasermatten
Betonfundament auf dem Teichgrund

Diese Trittsteine wurden auf etwas schmalere Sockel in einer dunklen Farbe gesetzt. Wichtig ist die Berechnung des Abstandes zwischen den Trittsteinen, damit man das Wasser bequem überqueren kann. Zudem sollten die Steine auch optisch in einer anmutigen Linie verlaufen. Sie werden am besten nicht zu dicht gesetzt, und auch ihre perspektivische Wirkung muß bedacht werden.

Dieser Querschnitt zeigt den soliden Unterbau eines Trittsteins. Wenn die Sockel schwarz gestrichen werden, sind sie im Wasser nicht mehr zu sehen, und bei einem normalen Wasserstand scheinen die Trittsteine wie Seerosenblätter auf der Oberfläche zu schwimmen. In den Aussparungen finden Fische Unterschlupf.

BOOTSSTEG AUS HOLZ

HOLZBRÜCKE

Anlegeplätze sind dort sinnvoll, wo Teiche eine ausreichende Größe für Boote haben. In künstlichen Teichen mit einem konstanten Wasserspiegel können sie einfach gestaltet sein. Die Stützpfosten werden in Beton gesetzt, um ihnen mehr Stabilität zu geben, und ruhen auf einem Betonfundament. Nach dem gleichen Prinzip können in einem ländlichen oder naturnahen Garten auch Decks, Brücken oder eine Aussichtsplattform beim Wasser gebaut werden.

Eine Holzbrücke aus Planken mit einem stabilen Geländer ist schlicht und funktionell zugleich. Behandelte Bohlen oder ein Auflager aus Beton oder Stein halten die Brückenplanken auf beiden Seiten. Sie müssen so stabil sein, daß sie beim Betreten nicht zu federn beginnen. Will man die Holzbrücke rustikaler gestalten, so sollte man für das Geländer und die Brücke Rundhölzer verwenden.

STAHLBRÜCKE

Stahlbrücken werden von Spezialfirmen in modernen und traditionellen Ausführungen und unterschiedlichen Größen angeboten. Aufgrund von modernen Konstruktionsmethoden sind Stahlbrücken relativ leicht geworden. Dieses reizvolle Modell überspannt einen breiten Bach in einem anmutigen Bogen.

Verwendung von Naturstein

Am besten setzt man Steine oder Felsen so ein, daß der Charakter der verwendeten Gesteinsarten unterstrichen wird. Dies bedeutet, sie ähnlich wie an ihrem Herkunftsort zu plazieren. Anregungen findet man auch in Kulturlandschaften, wo Terrassen oder Trockenmauern wie ein natürlicher Bestandteil des Terrains erscheinen.

Im Garten verwendete Steine sollten stets so wirken, als seien sie schon immer dagewesen. Eine Ausnahme bilden in sich geschlossene Elemente, wie etwa ein beschaulicher Garten im japanischen Stil. In einem freigestalteten Garten sieht regionales Gestein aber immer besser aus. Eine Hanglage wirkt natürlicher und ist einfacher zu gestalten als ein ebenes Grundstück, doch man kann auch mit herbeitransportierter Erde das Gelände verändern.

Die Freude, die die Kultur großartiger alpiner Pflanzen machen kann, ist ein guter Grund für die Anlage eines Steingartens. Diese Pflanzen lieben die Mischung von sandiger Erde (sie sorgt für gute Drainage und Feuchtigkeit im Wurzelbereich) und hellem Licht, das durch die reflektierenden Steinflächen verstärkt wird. Viele siedeln sich genügsam in den Spalten von Wegen an oder wachsen in Hochbeeten und lassen starre Konturen verschwommen erscheinen.

Eine Idee zur Gestaltung einer Grundstücksgrenze ist eine doppelschalige Mauer mit Erde in der Mitte und auf der Mauerkrone, in der niedrige Heckenpflanzen gezogen werden können. Während Bruchsteine die Mauer natürlich wirken lassen, geben ihr rechtwinklig geschnittene Steine ein exaktes Aussehen.

FINDLINGE

Ein Arrangement aus Findlingen sollte ein oder zwei große Steine enthalten, die Stärke und Urwüchsigkeit ausstrahlen. Denken Sie jedoch daran, daß sie sehr schwer sind und viel Kraft notwendig ist, um sie zu bewegen. Zwischen kleineren Felsbrocken, Steinen oder Kies zu Füßen der Findlinge kann auch eine Pflanzfläche einbezogen werden. Sie stellt eine optische Verbindung zwischen dem Arrangement und einem Rasen oder einer befestigten waagrechten Fläche her.

STEINGARTEN AUS SCHICHTGESTEIN

Ein Steingarten aus Schichtgestein empfindet eine natürliche Bruchstelle in Gesteinsschichten nach. Es wird der Eindruck erweckt, als seien die Steine durch die Einwirkung von Naturgewalt verstreut worden. Statt vieler kleiner Gesteinsbrocken sollten lieber größere Steine verwendet werden. Aufrecht wachsende Zwergsträucher und ein niederliegender Wacholder können die obere Fläche des Steingartens auflockern.

Querschnitt von Schichtgestein

Wie der Querschnitt zeigt, sind die großen Steine schräg in den Boden gesetzt. So erhöhen sie die Stabilität und sorgen dafür, daß Regenwasser in die Erde der Zwischenräume laufen kann. Die Gesteinsschichten liegen dabei parallel zum Boden. Die Steine sollten nicht senkrecht gestellt werden, da sie sonst durch eindringendes Regenwasser erodieren.

158 DIE AUSSTATTUNG DES GARTENS

GEPFLASTERTER STEINGARTEN

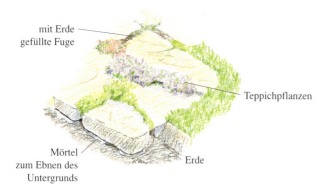

Ein gepflasterter Steingarten kann eine unebene oder glatte Oberfläche haben, je nachdem, ob er gleichzeitig als Weg benutzt wird. Die Platten aus Schichtgestein sollten stabil und dauerhaft sein. Große Steine wirken hübscher als kleine und werden nicht so rasch von Pflanzen überwachsen.

Oben Der für diesen gepflasterten Steingarten verwendete Naturstein läßt einen perfekten Hintergrund für den farbenfrohen Teppich aus Sonnenröschen (Helianthemum) entstehen. Einige der Steinplatten können durch Kies ersetzt werden. Die Fläche dient gleichzeitig als Weg.

TROCKENMAUER

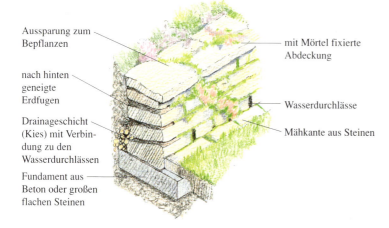

In einer Trockenmauer (hier eine Stützmauer) mit einer ausreichenden Zahl von Wasserdurchlässen kann eine Auswahl alpiner Pflanzen wachsen. Sie sollten bereits beim Errichten der Mauer eingesetzt werden. Eine Drainageschicht hinter der Mauer hat Verbindung mit den Wasserdurchlässen, so daß überschüssiges Wasser ablaufen kann. Die abdeckenden Steine müssen, wenn sie nicht sehr schwer sind, mit Mörtel fixiert werden. Fundamente sind nur für Mauern über 45 Zentimeter Höhe erforderlich.

TRADITIONELLE WALLHECKE

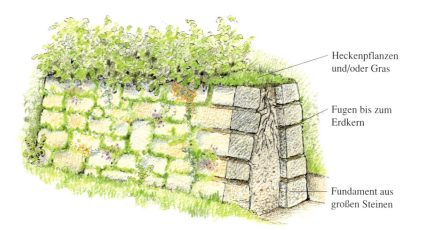

Eine traditionelle Wallhecke besteht aus einer zweischaligen Mauer. Diese wird nicht mit Mörtel, sondern mit Grasnarbe oder Erde aufgesetzt (siehe auch Seite 80) und auf einem durchgehenden Fundament aus Beton oder Steinen oder auf parallelen Fundamentstreifen, zwischen denen Kies die Drainage verbessert, errichtet. Die Erde in der Mitte bietet Raum für die Wurzeln von Heckenpflanzen; in das Gras können auch blühende Kriechpflanzen eingesetzt werden.

FREIZEIT UND SPIEL

Für viele Menschen ist es am wichtigsten, ihren Garten zu einem Ort der Entspannung und Erholung zu machen. Hier wollen sie sich hinsetzen, essen und fröhlich sein. Sie werden Sitzmöbel, Tische, Grills und andere Dinge aufstellen, deren Design, Material und Plazierung sich auf das Gesamtbild des Gartens auswirkt. Kinder werden hier spielen – und vielleicht auch Erwachsene. Sie werden Dinge benutzen, die von Spielhäusern, Schaukeln, Basketballkörben oder zweidimensionalen Labyrinthen, die nur wenig Platz erfordern, bis hin zu großen Anlagen wie Tennisplätzen reichen. Für viele Gartenbesitzer ist ein Swimmingpool das Tüpfelchen auf dem i, und zweifellos gibt es nichts Schöneres, um sich zu vergnügen und körperlich zu betätigen.

Überlegen Sie, was Ihre liebsten Freizeitbeschäftigungen sind und was Sie brauchen, um ihnen nachzugehen. Möglicherweise haben jedoch Familienmitglieder spezielle Freizeitinteressen und stellen daher andere Forderungen an den Garten als Sie. So gilt es, eventuell völlig unterschiedliche Wünsche zu berücksichtigen. Alle diese Gegenstände und Aktivitäten und auch der Platz, den sie vielleicht erfordern, machen es notwendig, darüber nachzudenken, wie sie gestaltet und in den Entwurf einbezogen werden können. Für einen Basketballkorb findet sich leicht ein Platz, dagegen wird ein Tennisplatz die Möglichkeiten Ihres Grundstücks vielleicht übersteigen.

Ziel ist stets, daß sich Farbe und Gestaltung in die Umgebung einfügen, ob es sich um einen Swimmingpool, Spielgeräte für Kinder oder funktionale Gartenmöbel handelt. Ein Tisch mit Stühlen beim Haus gehört zu den ersten Dingen, die man sieht, wenn man den Garten betritt, und deshalb zählen sie zu den Schlüsselelementen der Gestaltung.

Rechts *Ein Holzdeck, auf dem Sträucher und Bäume Halbschatten entstehen lassen, ist ein schöner Platz für gemütliche Essen mit Freunden und bietet auch noch spielenden Kindern reichlich Raum. Das Mobiliar wurde sorgsam ausgewählt. Der hübsche weiße Sonnenschirm betont den Stil von Tisch, Bank und Stühlen, denen er Schatten spendet. Das Muster des Holzdecks verstärkt den Eindruck von Geräumigkeit.*

Sitzplätze

Ihr Lebensstil bestimmt, welche Rolle Möbel in Ihrem Garten spielen. Wenn Sie sich oft im Garten aufhalten oder dort essen, empfiehlt es sich, einen Bereich zu pflastern. Auch unter den meisten dauerhaft installierten Sitzgelegenheiten ist aus Gründen der Bequemlichkeit und zum Schutz der Möbel ein fester Belag notwendig. Wo Flexibilität Vorrang hat, wählt man Tische und Stühle, die bei Bedarf beliebig arrangiert und neu kombiniert werden können.

Das große Spektrum an Materialien – vor allem Holz, Stein, Metall und Kunststoff – macht es einfach, Praktisches mit Dekorativem vielseitig zu verbinden. Man findet leicht etwas, das sowohl dem Geschmack der Familie als auch den Erfordernissen des Klimas entspricht. Das Angebot reicht von leichten Möbeln, die je nach Sonnenstand umgestellt werden können, bis hin zu fest eingebauten Elementen. Man kann beispielsweise eine Sitzgelegenheit mit einem Pflanzgefäß kombinieren, so daß ein Raumteiler entsteht, den man zwischen einem Hof oder einer Terrasse und dem Hauptgarten oder als in sich geschlossenen Pflanzbereich vor einem Zaun verwenden kann.

Was die Pflege betrifft, so reicht das Angebot von pflegeleichten Möbeln, die lediglich abgewischt werden müssen, bis hin zu empfindlicheren aus Holz oder Metall, das hin und wieder mit einem Schutzmittel oder Lack gestrichen werden muß. Zudem ist eine breite Palette an witterungsbeständigen Polstern erhältlich.

STÜTZMAUER MIT INTEGRIERTER BANK

FREISTEHENDES PFLANZGEFÄSS MIT BANK

Eine in eine Stützmauer integrierte Bank mit einer Sitzfläche aus Holzlatten kann ein wichtiges Element in der Gartengestaltung sein. Die gestrichene Sitzfläche ist einfach an den Wänden der Stützmauer befestigt, die gleichzeitig ein Hochbeet mit Kräutern und niedrigen Sträuchern bildet. Der Platz erhält durch Mauern und Pflanzen einen angenehmen Schutz. Die rückwärtige Wand ist leicht abgeschrägt, damit man sich bequem anlehnen kann.

Dieses freistehende Pflanzgefäß aus Ziegeln mit einer integrierten Bank ist im Grunde ein Hochbeet. Die Sitzfläche der Bank besteht aus Holzlatten, damit sie nach Regen schneller trocknet, und ist hochklappbar. Unter ihr kann Gartengerät gelagert werden. Die Sitzfläche ist leicht nach hinten geneigt, die Ziegel am vorderen Rand sind gerundet. Duftpflanzen sind für dieses Hochbeet am geeignetsten.

FREIZEIT UND SPIEL 161

TRADITIONELLE BAUMBANK

Diese traditionelle Bank verschönert den Baum, den sie umgibt, und ist gleichzeitig ein schattiger Platz, wo man sich hinsetzen und den Garten in allen Richtungen betrachten kann. Solche Bänke bestehen oft aus Metallelementen oder Metall und Holz und können auch eckig sein.

ÜBERDACHTER SITZPLATZ

Ein solcher überdachter Sitzplatz bietet die Ungestörtheit und den Schutz einer Laube. Diese Holzkonstruktion aus dem 18. Jahrhundert besteht aus Pfosten mit Kanneluren sowie Nut-und-Feder-Brettern und ist in einer gedämpften Farbe gestrichen. Das geschwungene Dach ist mit Kupfer bedeckt.

BANK MIT SCHLANGENFÖRMIGEN FÜSSEN

Die Bank ist ein Beispiel dafür, wie vielfältig die Gestaltung von Metallfüßen sein kann. Sie können aus Schmiedeeisen mit phantasievollen organischen Formen sein oder auch aus funktionalen geraden Stahlelementen bestehen. Das für Sitzfläche und Lehne verwendete Holz hat einen warmen Charakter.

KLASSISCHE HOLZBANK

Dieses beliebte Design vom Anfang des 20. Jahrhunderts ist besonders für eine formale Umgebung geeignet. Am schönsten sieht die Bank mit einem hellen Farbanstrich, wie Creme, oder in hellem Naturholz aus. Wenn sie das ganze Jahr im Freien bleibt, braucht sie trockene Stellflächen aus Ziegeln oder Blocksteinen, die in den Boden eingesenkt werden.

ELEGANTE SCHMIEDEEISERNE BANK

Elegante schmiedeeiserne Bänke wie diese waren im späten 18. und frühen 19. Jahrhundert sehr beliebt und werden gewöhnlich in gedämpftem Blau oder Grün gestrichen. Diese Bank ist so dekorativ, daß sie sich gut als Blickfang im Garten eignet. Schmiedeeisen muß jedoch regelmäßig gepflegt und lackiert werden.

EDWARDIANISCHE BANK

Diese Bank im edwardianischen Stil mit ihren kunstvollen Schnitzereien ist stabil und zugleich eindrucksvoll. Sie besteht aus unbehandeltem Hartholz wie Teak und braucht kaum Pflege.

ESSPLATZ FÜR EINE TERRASSE

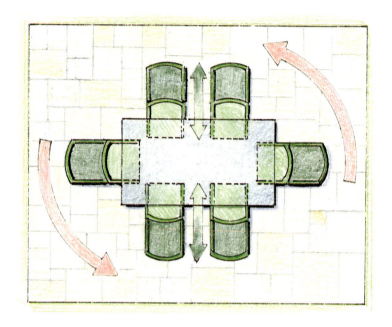

Für diesen Eßplatz ist eine erstaunlich große Fläche notwendig, damit sechs Gäste bequem an ihren Platz gelangen und ohne Probleme serviert werden kann. Der Plan zeigt, wie sich ein 90 mal 180 Zentimeter großer Tisch auf einer Fläche von 3,65 mal 4,65 Meter aufstellen läßt. Jeder Stuhl beansprucht etwa einen halben Quadratmeter. Kleinere Tische und zwanglosere Arrangements erfordern natürlich weniger Platz, doch achten Sie darauf, daß man sich um den Tisch herum frei bewegen kann.

PULVERLACKBESCHICHTETE STAHLMÖBEL

Pulverlackbeschichtete Stahlmöbel haben klare Linien und wirken in modernen Umgebungen elegant. Die Tischplatte ist aus gehärtetem Glas, die Stühle haben abnehmbare Polster. Manche Modelle bestehen aus kunststoffummanteltem Stahl. Für die Polsterbezüge sollte man einen Stoff wählen, der im Freien bleiben kann, obgleich ständige Sonne und schlechtes Wetter jeden Stoff irgendwann ausbleichen und verschleißen lassen.

PICKNICKTISCH

Ein Picknicktisch mit integrierten Sitzen wirkt, abgesehen von sehr formalen Situationen, fast überall passend. Dieses runde Modell kann ein Zentrum für Familienaktivitäten bilden. Das Holz braucht keinen Farbanstrich, sollte aber gebeizt oder mit einem Holzschutzmittel behandelt werden. Der Tisch bleibt während des ganzen Jahres im Freien und kann in verschiedene Bereiche des Gartens gebracht werden, wenngleich er nicht ganz leicht ist.

Grills

Grillplätze stehen auf der Wunschliste vieler Erwachsener ganz oben. Sie bilden ein Forum für Entspannung und Erholung, und sie haben für Erwachsene die gleiche Bedeutung wie der Spielbereich für Kinder. Der Handel bietet Dutzende von trag- oder fahrbaren Grills an, von denen viele mit Gas betrieben werden, doch begeisterte Köche möchten häufig einen fest installierten Grill im Freien haben. Der Bau eines Grills, der den eigenen Bedürfnissen gerecht wird, kann eine ebenso schöne Beschäftigung sein wie das Kochen selbst. Die Verwendung geeigneter Ziegel oder Platten läßt ihn zu einem reizvollen Element – ja vielleicht sogar zu einem Mittelpunkt – werden. Nach Möglichkeit sollte man den Grill so plazieren, daß der Koch oder die Köchin während der Arbeit zu den Gästen, die am Tisch sitzen, schauen kann.

Rechts   Ein Grill für einen begeisterten Hobbykoch sollte auf beiden Seiten genügend Arbeitsfläche haben. Er bildet ein wichtiges Gestaltungselement im Garten, und wenn er nicht in Gebrauch ist, wird er durch Blumentöpfe verschönert.

EINFACHER GRILL AUS ZIEGELN

GEMAUERTER GRILL

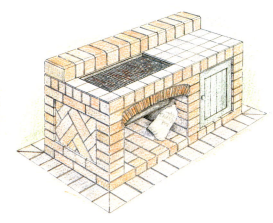

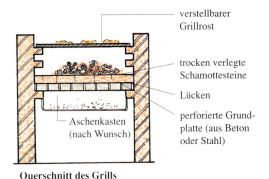

Querschnitt des Grills

Dieser einfache Grill aus Ziegeln kann leicht wieder abgebaut werden. Die Ziegel werden ohne Mörtel aufeinandergesetzt, erhalten aber durch ihr Gewicht Stabilität. Die Lücken über der unteren Ziegellage gewährleisten eine gute Luftzufuhr und damit eine gute Verbrennung. Der Grillrost besteht aus einer Bewehrungsmatte. Er wird durch die obere Ziegellage gehalten und aufgelegt, wenn das Feuer gut brennt.

Ein gemauerter Grill aus Ziegeln ist so funktional, daß er fast einer Küchenzeile gleicht. Er erhält die Höhe eines Herdes und Arbeitsflächen aus einem Material, das wetterfest ist und sich leicht reinigen läßt, wie etwa Natursteinplatten. Neben der nützlichen Lagerfläche für Holzkohle und Grillzubehör kann auch ein kleiner Kühlschrank integriert werden.

Der Querschnitt des Grills links zeigt, daß keine der feuernahen Flächen fest eingebaut ist; Lücken erlauben eine Ausdehnung bei Hitze. Wird für die Grundplatte Beton verwendet, setzt man Schamottesteine darauf, um auf diese Weise einen unmittelbaren Kontakt mit dem Brennmaterial zu vermeiden. Der gemauerte Grill hat etwa 90 Zentimeter Höhe.

Spielbereiche für Kinder

Auf der Prioritätenliste vieler Familien stehen Bereiche, in denen Kinder spielen können, ganz oben. Bei der Wahl ihres Standorts muß vor allem auf Bequemlichkeit und Sicherheit geachtet werden, aber sie sollten natürlich auch hübsch aussehen und sich in die Gartengestaltung integrieren. Manche Spielbereiche für Kinder kann man zu regelrechten Blickfängen machen. Sandkästen etwa gehören zu offenen horizontalen Flächen und können so gestaltet werden, daß sie auch für das erwachsene Auge reizvoll erscheinen. Schaukeln und Spielhäuser zählen zu den vertikalen Elementen und haben manchmal überaus dekorativen Charakter. Verschiedene Spielbereiche lassen sich auf abgetrennten Gartenflächen verstecken. Doch wo sie genau plaziert werden, hängt letztlich vom Alter der Kinder und von der Größe des Gartens ab. Spielbereiche für sehr kleine Kinder müssen einsehbar sein, weshalb man bei der Planung einen angrenzenden Aufenthaltsbereich für Erwachsene berücksichtigen oder sie zumindest in die Nähe des Hauses legen muß.

Darüber hinaus ist Flexibilität ein wichtiges Kriterium. Einige Bereiche oder Einrichtungen für Kinder sollen möglicherweise auch der Erholung Erwachsener dienen können. Zudem verändern sich die Interessen von Kindern mit zunehmendem Alter, so daß sich die Gestaltung des Gartens anpassen muß.

Denken Sie auch bei der Planung von Pflanzungen an Spielbereiche. Wo Gartenflächen für Ballspiele und ähnliche Aktivitäten vorgesehen sind, müssen auf angrenzenden Flächen widerstandsfähige Pflanzen Pufferzonen bilden. Verzichten Sie auf die Kultur von dornigen oder giftigen Pflanzen, wo Kinder mit ihnen in Berührung kommen können. Und falls ein Kind den Wunsch hat, selbst einen kleinen Garten anzulegen, versuchen Sie eine kleine Fläche mit genügend Sonne und guter Erde zu finden, wo Pflanzen wirklich gedeihen können, statt es in irgendeine Ecke zu verbannen, in der ohnehin nichts so recht wachsen will. Rasche Erfolge mit einfachen Pflanzen, wie Sommerblumen oder wuchsfreudigen Kräutern und anderen Nahrungspflanzen, können ein Kind zu einem begeisterten Gärtner heranwachsen lassen.

MODULSYSTEME

Im Handel sind Modulsysteme mit Spielhäusern und einer breiten Palette an Geräten, wie Rutschen oder Leitern, erhältlich, die beliebig kombiniert werden können. Einige bestehen aus Holz, andere aus Kunststoff oder Stahl und wieder andere aus verschiedenen Materialien. Sorgen Sie dafür, daß sie auf einer sicheren Spielfläche stehen (siehe Seite 41). Gewöhnlich haben solche Systeme einen hohen Sicherheitsstandard, kleine Kinder müssen dennoch beaufsichtigt werden.

SPIELHAUS

Spielhäuser geben Kindern einen Raum, in dem sie ungestört sein können. Sie sind sicherer als Baumhäuser und vor allem dort zweckmäßig, wo kein geeigneter Baum vorhanden ist. Viele sehen so hübsch aus, daß sie zu einem Blickfang im Garten werden können, und aufgrund ihrer geringen Größe sind sie für Standorte geeignet, an denen ein Gartenhaus für Erwachsene keinen Platz finden würde.

FREIZEIT UND SPIEL 165

RINGEWERFEN

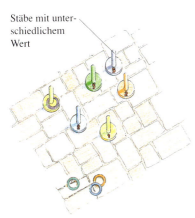

Stäbe mit unterschiedlichem Wert

Dies ist ein sehr altes Spiel, bei dem die Spieler abwechselnd versuchen, drei Ringe gleicher Farbe über Stäbe unterschiedlichen Wertes zu werfen. Bei dem Stab mit der höchsten Punktzahl ist dies am schwierigsten. Die Stäbe stehen auf Grundplatten und können daher auf ebenem Boden überall aufgestellt werden; Versionen für den Rasen haben jedoch nur einen Spieß, den man in die Erde steckt. Man kann Stäbe und Ringe auch selbst anfertigen und die Stäbe zudem unterschiedlich anordnen, um den Schwierigkeitsgrad des Spiels zu erhöhen oder zu reduzieren.

WIPPE

Wippen gehören zu den einfachsten (und wahrscheinlich ältesten) Spielgeräten. Viele Jahre waren Kinder mit einer simplen Konstruktion aus einem Brett und einem Rundholz zufrieden; dieses Modell ist jedoch etwas raffinierter. Eine gutgebaute Wippe aus Holz oder Stahl kann auf einer Waldlichtung oder einem entfernt gelegenen Rasen zu einem Blickfang werden.

SCHAUKEL

Diese in einem Bogen aufgehängte Schaukel ist vor allem eine originelle Idee für Gärten, in denen der Platz begrenzt ist. Der Rahmen der Schaukel dient gleichzeitig als dekorativer Durchgang und Stütze für Kletterpflanzen. Wenn die Schaukel nicht benutzt wird, kann sie an der Seite festgehakt oder abgehängt werden. Sie braucht sehr stabile Stützen, die es bereits fertig zu kaufen gibt.

SANDKASTEN UND PLANSCHBECKEN

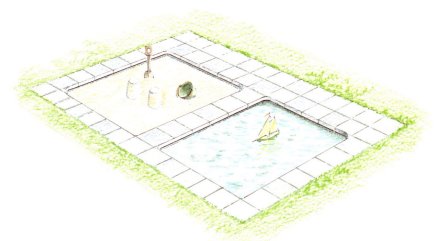

Sandkasten und Planschbecken sind bei Kindern sehr beliebt, und wie dieses Beispiel zeigt, können sie nebeneinanderliegen. Beide werden am besten wie ein flacher Teich aus Beton oder einem starren Kunststoffbecken gebaut. Darunter muß sich eine Drainageschicht befinden, für die Schotter verwendet werden kann. Das Planschbecken braucht einen Abfluß, damit man es leeren kann. Für den Sandkasten verwendet man sauberen grobkörnigen Sand, der regelmäßig ausgewechselt werden sollte. Der Kasten muß abzudecken sein, wenn er nicht benutzt wird, um Verunreinigungen, insbesondere durch Tiere, zu vermeiden. Der ideale Platz für ein solches Element ist neben einer Terrasse oder einem Sitzbereich, wo sich Erwachsene aufhalten.

Improvisierte Spiele

Für die meisten Spiele und Freizeitaktivitäten ist Platz und eine besondere Spielfläche erforderlich, und sei es nur ein wenig benutzter Hinterhof oder eine eingezäunte Fläche hinter der Garage, um einen Basketballkorb anzubringen oder ein Trampolin aufzustellen. In einigen Fällen ist ein glatter Rasen notwendig, etwa für Spiele wie Krocket, oder eine Spezialmatte, die ausgebreitet zur Spielfläche wird. Für Spiele, die ein Feld erfordern, bringt man unauffällige Markierungen an und läßt Pfostenhalter in den Boden ein, so daß das Spielfeld rasch markiert und das Zubehör leicht aufgestellt werden können. Wo ausreichend Platz vorhanden ist, kann man hin und wieder das Feld verlegen, um eine einseitige Abnutzung bestimmter Rasenflächen zu verhindern.

Es besteht immer die Möglichkeit, in die Gartenanlage dekorative Elemente einzubeziehen, die zum Spielen benutzt werden können, wie etwa Schachbrettmuster oder Labyrinthe. Dies ist eine Lösung, die sowohl aktiven Spielern als auch passiveren Gartenbenutzern gerecht wird. Labyrinthe sind seit langem beliebte Gartenelemente. Traditionelle Irrgärten werden manchmal mit Hecken angelegt, was sowohl Zeit als auch Platz erfordert. Es gibt jedoch alternative Möglichkeiten, die weniger Platz benötigen und hübsche Muster entstehen lassen. Sie werden auf horizontalen Flächen durch kontrastierende Farben oder Strukturen geschaffen. Es ist eine schöne Beschäftigung für lange Winterabende, einen maßstabgerechten Plan für die komplizierten Muster anzufertigen.

Ein Labyrinth oder Schachbrettmuster kann in ein Pflaster einbezogen werden. Der Farbkontrast braucht nicht sehr groß zu sein – deutlich erkennbar für einen Spieler, jedoch nicht so auffällig, daß er auf andere, die in der Umgebung ausspannen möchten, störend wirkt. Eine weitere Möglichkeit sind einfache Rasenlabyrinthe. Sie können aus Graswegen entstehen, die durch schmale Bänder aus einem Material wie Ziegeln oder Fliesen markiert werden, und sie lockern zugleich eine große grüne Fläche durch ein hübsches Muster auf. Oder man führt schmale Wege aus Pflasterplatten, Ziegeln oder Kies durch das Gras, was eine stärkere optische Wirkung hat. Grasstreifen sollten entweder die Breite des Rasenmähers haben, oder Sie legen eine Mähkante an, sonst müssen Sie bei der Rasenpflege stets Kanten schneiden.

BASKETBALLKORB

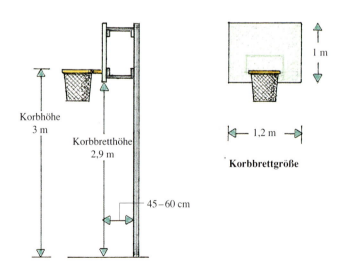

Ein Basketballkorb kann freistehend aufgestellt beziehungsweise an der Garagen- oder Hauswand montiert werden und bringt viel Spaß. Man kann Balleinwürfe für sich alleine üben, zu zweit oder zu mehreren spielen.

LABYRINTH FÜR EINEN INNENHOF

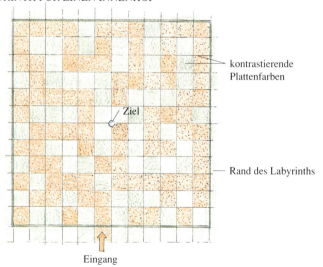

Dieses Labyrinth entstand durch die Verwendung von zwei unterschiedlichen Plattenfarben. Man muß den dunklen Quadraten folgen, wobei man nur 90-Grad-Biegungen nehmen und keine hellen Platten überspringen darf. Hier wurde der Zielpunkt in der Mitte durch eine Kristallkugel markiert, doch man kann einen beliebigen Gegenstand wählen, um das Ende des Wegs anzuzeigen.

Besondere Spielbereiche

Die meisten Gartenbesitzer schaffen sich einen behelfsmäßigen Bereich für ihren Lieblingssport, wo, beispielsweise, ein Netz für Badminton (Federball) oder Volleyball zwischen zwei Bäumen quer über den Rasen gespannt oder ein wenig Golf gespielt werden kann. Doch wenn ein Mitglied der Familie ernsthaft einen Sport betreibt und einen Bereich wie einen Tennisplatz in den Gartenentwurf einbezogen hat, muß das Grundstück eine ausreichende Größe haben. Und damit Sie nicht zum Zuschauer auf den Rängen eines Sportplatzes werden, müssen Sie bei Ihrer Planung nicht nur die eigentliche Spielfläche berücksichtigen, sondern auch eine Pflanzzone, die sie umgibt. Denn ein Maschendrahtzaun, der zur Eingrenzung von Spielflächen manchmal unumgänglich ist, wirkt in dem Bild, das die meisten Menschen von einem Garten haben, wie ein Fremdkörper.

Zuerst müssen Sie feststellen, ob oder wo sich ein geeigneter Platz in Ihrem Garten finden läßt. Eine gute Methode ist es, ein Stück Papier auszuschneiden, das maßstabgerecht den Sportbereich darstellt. Dieses schiebt man nun auf dem Gartenplan hin und her, um zu sehen, wo sich ein Platz findet. Tennis- oder Badmintonplätze sollten am besten so angelegt werden, daß das Netz in Ost-West-Richtung verläuft. Da für fast alle Spiele ein ebener Boden erforderlich ist, prüfen Sie die Höhenlinien oder Bezugspunkte auf Ihrem Grundriß. Falls die Fläche geebnet werden muß, denken Sie daran, daß dann eventuell auch Stützmauern oder eine Drainage notwendig werden.

Ein Schutzzaun, etwa aus Maschendraht, ist schon aus großer Entfernung sichtbar, wenn er nicht versteckt wird. Tragbare Netze, die nur für die Dauer der Saison auf einem Rasen aufgestellt werden, sind unauffälliger als Maschendrahtzäune (belaubte Bäume können helfen, sie zu verbergen), aber dennoch deutlich sichtbar.

Sowohl in praktischer als auch ästhetischer Hinsicht lassen sich Sportflächen am besten durch Pflanzungen verbergen, und immergrüne Hecken sind dafür gut geeignet. Wenn der Bereich vertieft liegt, kann die ihn umgebende Einfriedung niedrig sein. Blattwerk bietet einen dekorativen Schutz, der nicht nur die funktionelle Fläche verbirgt, sondern zudem die Stimmen der Spieler dämpft. Eibe bildet einen schönen Hintergrund für andere Pflanzen oder kann eine Art Vorspiel zu einer Kolonnade im italienischen Stil sein, wo in Abständen klassische Statuen oder andere Dekorationen aufgestellt werden.

Rechts *Die dekorativen Pflanzungen um diesen Tennisplatz lenken das Auge von dem funktionalen Maschendrahtzaun ab, der ihn umgibt. In regelmäßigen Abständen wurden Säulenwacholder gesetzt; am Zaun klettern Clematis, Rosen und Knöterich empor.*

168 DIE AUSSTATTUNG DES GARTENS

TENNIS

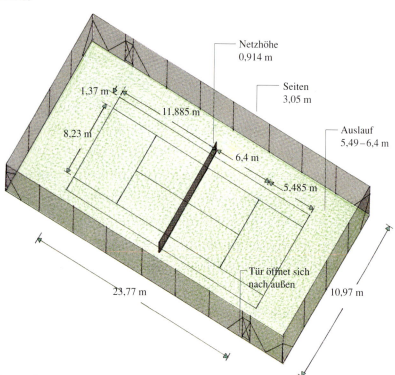

Wie aus den Maßen ersichtlich, ist für einen Tennisplatz eine große Fläche erforderlich. Wenn er farblich mit der Umgebung harmoniert und der ihn umgebende Maschendrahtzaun dunkelgrün oder schwarz ist, wirken die strengen geraden Linien dieses großen Bereichs nicht mehr ganz so auffällig.

BADMINTON

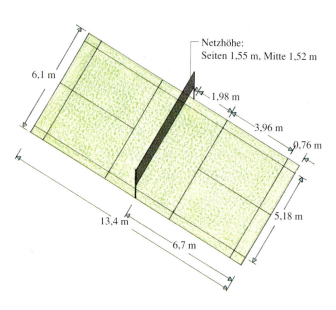

Für Badminton ist weniger Platz erforderlich als für Tennis. Es wird mit leichten Schlägern und einem Federball gespielt, der nicht so weit fliegt; deshalb ist keine Einfriedung notwendig. Andererseits kann man Badminton nur an windstillen Tagen spielen. Es ist ein schönes Spiel für den Garten, da es die Pflanzungen rundum nicht beschädigt. Es kann auf jedem ebenen Rasen und selbst in einem Hinterhof von zwei oder vier Spielern gespielt werden.

ZAUN FÜR EINEN TENNISPLATZ

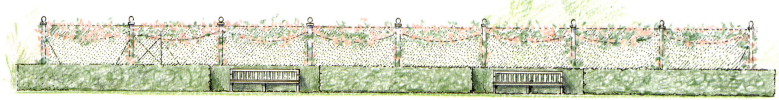

Dieser Zaun um einen Tennisplatz bildet ein dekoratives Element im Garten. Die Holzpfosten stehen vor senkrechten Stützen, an denen der Maschendrahtzaun befestigt ist. Am oberen Ende der Pfosten verlaufen zwei Seile, von denen eines recht straff gespannt ist, während das andere durchhängt. An diesen Seilen können Kletterrosen wachsen. Eine immergrüne Hecke zu Füßen des Zauns entzieht den Tennisplatz den Blicken.

Swimmingpools

Die Anlage eines Swimmingpools ist eine Aufgabe für Fachleute, aber Sie können einen großen Teil der Vorarbeiten leisten, indem Sie über Form und Gestaltungsweise entscheiden und überlegen, wie der Pool in den Garten einbezogen werden soll. Die Baufirma wird prüfen, ob der von Ihnen vorgeschlagene Platz geeignet ist – er darf beispielsweise nicht zu dicht bei Gebäudefundamenten oder Bäumen liegen – und Ihnen bei der Auswahl der geeigneten Baumaterialien helfen. Auch was praktische Fragen, wie beispielsweise Abdeckung und Sicherheit, betrifft, sollten Fachleute Sie beraten. Möglicherweise benötigen Sie für die Installation des Pools sogar die Genehmigung der zuständigen Bauaufsichtsbehörde. Holen Sie deshalb rechtzeitig die notwendigen Informationen ein, damit Ihnen später Zeit, Kosten und vor allem Enttäuschungen erspart bleiben.

Viele Swimmingpools können in Gärten eine Doppelfunktion erfüllen. Wenn man sie nicht zum Baden benutzt, sollten sie sich harmonisch in das Gesamtbild des Gartens einfügen, ja sie können sogar zu einem ausgesprochen dekorativen Element werden. Aus diesem Grund wirken geometrische Becken in formalen Situationen am schönsten. Freie Formen eignen sich dagegen besser für zwanglose Gestaltungen. Die Ränder des Beckens sollten außen zu einem verborgenen Abfluß abfallen, um Spritzwasser, Regenwasser und Schmutz vom Pool abzuleiten. Schön gestaltete Ränder aus harmonierenden Naturmaterialien und sorgsame Pflanzungen tragen dazu bei, das Becken in die Gartenanlage zu integrieren.

Umkleidekabinen sollten zum Stil des Pools und seiner Umgebung passend gestaltet werden. Dies gilt auch für jede Art von Bauten, die der Unterbringung von Filter- oder Heizungsanlagen dienen oder Reinigungsgeräte aufbewahren.

Rechts *Dieser asymmetrisch geformte Pool hat geschwungene und eckige Ränder, die die Wirkung des in unmittelbarer Nähe des Hauses liegenden Beckens auflockern. Er wird von zwei Flächen unterschiedlicher Höhe umgeben, deren rote Ziegel sorgfältig ausgewählt wurden, um eine relativ rutschfeste Oberfläche entstehen zu lassen. Aus demselben Material besteht die niedrige Stützmauer, und Tontöpfe führen das Farbthema weiter fort. Das Beet direkt neben dem Pool mit einem kleinen Baum und Blumen sorgt für Abwechslung und etwas Schatten.*

170 DIE AUSSTATTUNG DES GARTENS

Auch die Innenfarbe des Pools kann dazu dienen, ihn in seine Umgebung besser einzubeziehen. Helle Farben – Blau, Grau, Türkis – lassen die Beckenwände im Wasser deutlich sichtbar werden und eignen sich hervorragend für sonnige Gegenden, wo Wasserflächen, in denen sich der blaue Himmel spiegelt, natürlich wirken. (Durch die Lichtbrechung wirkt die Farbe des Beckeninneren um einige Nuancen heller, weshalb das Wasser flacher erscheint, als es in Wirklichkeit ist.) Für gemäßigte Zonen ist dagegen Schwarz oder ein sehr dunkles Blau die bessere Wahl. Dunkle Beckenwände lassen die Wasseroberfläche zu einem Spiegel werden, in dem sich der Himmel, Wolkenformationen, benachbarte Bäume und vieles mehr äußerst reizvoll spiegeln.

Die drei Querschnitte auf dieser Seite zeigen Swimmingpools verschiedener Tiefe für Familien mit unterschiedlichen Wünschen und Bedürfnissen. Natürlich werden die tatsächlichen Maße letztlich von der Gesamtlänge des Beckens bestimmt. Ein tiefer Bereich läßt sich leichter (und vor allem sicherer) in einen langen Swimmingpool integrieren als in einen kurzen, wo die Schrägen steiler sein müssen, um die gewünschte Tiefe zu erreichen.

POOL FÜR SPIEL UND ERHOLUNG

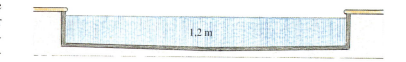

Ein Pool für Spiel und Erholung hat eine einheitliche Tiefe von nur 0,9 bis 1,2 Meter, die aber auch zum Schwimmen ausreicht. Dennoch sollte der Boden entweder zur Mitte oder zu einer Seite hin leicht abfallen, damit Schmutz zum Filter gespült wird und sich nicht auf dem Grund sammelt.

POOL FÜR EINE FAMILIE

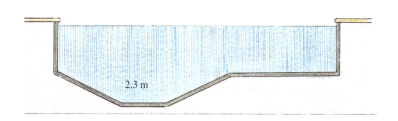

Dieser Familienpool hat einen flachen Bereich mit etwa taillenhohem Wasser, der bis in 2,3 Meter Tiefe abfällt, so daß man auch vom Rand hineinspringen und tauchen kann. Der Boden des flacheren Bereichs sollte ebenfalls ein leichtes Gefälle haben, damit Schmutz zum Filter geschwemmt wird, der sich gewöhnlich am tiefsten Punkt des Beckens befindet.

POOL FÜR LEIDENSCHAFTLICHE SPRINGER

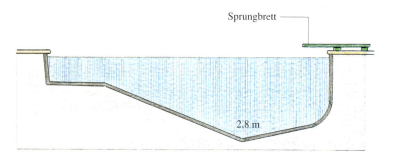

Ein Pool für leidenschaftliche Springer muß nicht groß sein, aber eine Tiefe von 2,45 bis 2,8 Meter haben, damit man ein Sprungbrett benutzen und unter Wasser schwimmen kann. Beim Aufstellen des Sprungbretts muß auf den Eintauchwinkel im Verhältnis zur Wassertiefe geachtet werden. Für ein höher angebrachtes Sprungbrett ist ein weit tieferes Becken erforderlich.

Rechts *Dieser ausgefallene Swimmingpool wurde von dem bekannten Landschaftsarchitekten Thomas Church entworfen. Seine geometrischen Linien werden durch die liegende Figur am Beckenrand aufgelockert, den Springbrunnen rahmen zwei große runde Sträucher und eine abstrakte Skulptur ein.*

FREIZEIT UND SPIEL 171

172 DIE AUSSTATTUNG DES GARTENS

POOL IM STIL EINER OASE

NIERENFÖRMIGER POOL

Dieser wie eine Oase gestaltete Pool ist viel mehr als nur ein Schwimmbecken. Am hinteren, tiefen Ende bildet der für das Pflaster (und Sprungbrett) verwendete Naturstein in unbehauenem Zustand eine Felsgrotte, über die sich ein Wasserfall ergießt. In der Grotte befindet sich ein Raum, in dem die Filter- und Heizungsanlage untergebracht sind. An einigen Stellen wachsen dicht am Pool Pflanzen. Verborgene Gefäße schützen ihre Wurzeln vor Chemikalien im Poolwasser.

Ein nierenförmiger Pool mit einer Natursteineinfassung paßt gut in freigestaltete Gärten. Eine schwarze oder dunkelblaue Auskleidung dient dazu, bei Windstille die Spiegelungen eines Naturteichs nachzuahmen, wodurch das Becken ungekünstelter wirkt. Dieser Pool kann einen fast geraden oder stärker geneigten Boden haben. Eine Abdeckung für diese Form muß speziell angefertigt werden; vollautomatische Systeme, wie sie im Handel erhältlich sind, eignen sich für sie nicht.

POOL IM RÖMISCHEN STIL

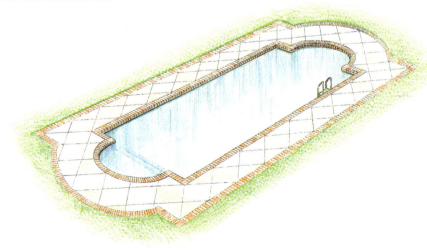

Ein im römischen Stil gestalteter Pool läßt ein rechteckiges Becken dekorativer wirken, ohne seinen formalen Charakter zu zerstören. Dieser Pool ist an den beiden schmalen Seiten halbrund, doch nur am flachen Ende führen Stufen ins Wasser. Am tiefen Ende kann man das Wasser über eine Treppe verlassen. Ziegel in warmem Rot rahmen das Pflaster aus Waschbetonplatten in einer gedämpften Farbe ein und lassen den Beckenrand weicher erscheinen.

FREIZEIT UND SPIEL 173

RECHTECKIGER POOL

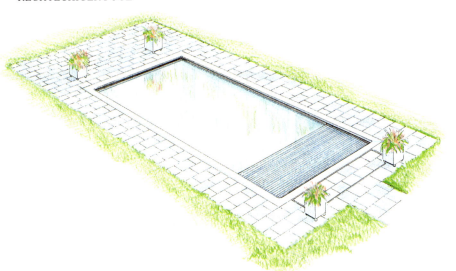

Ein rechteckiger Pool ist am geeignetsten für eine vollautomatische Abdeckung (hier teilweise ausgefahren). Die Anlage befindet sich im Pflaster (vorne zwischen Beckenrand und Pflanzgefäßen). Überdies kann man in rechteckigen Becken am besten schwimmen, und gewöhnlich sind sie am preisgünstigsten. Die Einfassung besteht hier aus blaugrauen, rutschfesten Platten, die mit dem Beckenrand harmonieren. Vier Pflanzgefäße betonen die kühle Formalität der Gestaltung.

KUNSTSTOFFBECKEN

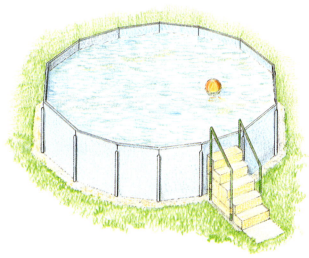

Dieses Kunststoffbecken besteht aus starrem PVC und einem Aluminium- oder Stahlrahmen. Die Wassertiefe beträgt 90 Zentimeter. Die auffällige Wirkung eines solchen Beckens kann nur durch eine sorgsame Standortwahl und einen Sichtschutz gemildert werden. Dort, wo Kinder es benutzen, muß es in Sichtweite Erwachsener liegen.

L-FÖRMIGER POOL

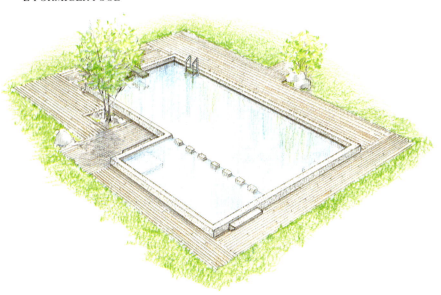

Dieser L-förmige Pool für eine Familie erhält durch seine hübsche Deckeinfassung mehr Charakter. Das Becken hat einen erhöhten Rand aus Waschbeton, dessen Kanten abgerundet sind. Der flache, kaum abfallende Wasserbereich für die Kinder ist durch eine Wand von dem normal tiefen Becken für Schwimmer getrennt. Der zinnenartige Mauerabschluß ragt aus dem Wasser und dient als Sitzgelegenheit.

GARTEN-ENTWÜRFE

Beispiele für verschiedene Gartengestaltungen

Gärten für Familien 176

Wassergärten 178

Rosengärten 180

Steingärten 182

Grasgärten 184

Gärten für Küstenregionen 186

Gärten für Pflanzenliebhaber 188

Gärten im ländlichen Stil 190

Naturnahe Gärten 192

Deck-Gärten 194

Stadtgärten 196

Gärten für trockene Gegenden 198

Gegenüber *Dieser Garten vereint Ausgewogenheit, Harmonie und optischen Reiz. Ein mit Rosen bewachsener Torbogen setzt den mit Blüten beladenen Laubengang fort. Die offene Rasenfläche wird durch einen Ziegelweg geteilt, der zum Torbogen führt. Durch ihn erschließt sich eine zauberhafte Aussicht.*

Die in diesem Kapitel gezeigten Entwürfe sind Gestaltungsvorschläge für typische Gartensituationen. Natürlich hat jeder Garten eine andere Form, Größe oder Lage zum Haus, um Ihnen aber die Orientierung zu erleichtern, sind alle Mustergärten, mit Ausnahme des Gartens auf Seite 198, rechteckig, und das Haus ist jeweils am unteren Seitenrand plaziert.

Jeder Entwurf stellt in sich eine sorgfältig durchdachte und logische Lösung dar. Sie können jedoch auch einzelne Elemente eines Entwurfs verwenden oder nach Ihrem Geschmack verändern. Deshalb sollten Sie auch jene Entwürfe studieren, die für Ihre Situation auf den ersten Blick als ungeeignet erscheinen. Vielleicht leben Sie Hunderte Kilometer vom Meer entfernt, finden aber dennoch an dem Muster des Pflasters oder der Form der Wasserfläche in dem Garten für eine Küstenregion auf Seite 186 Gefallen. Und auch wenn Sie nicht in der Stadt wohnen, möchten Sie möglicherweise eine der gemütlichen befestigten Flächen des Stadtgartens auf Seite 196 in Ihren Garten einbeziehen. Es besteht auch die Möglichkeit, einen Entwurf durch eine andere Bepflanzung neu zu interpretieren. So können Sie beispielsweise viele Grundrisse mit einer Farbkomposition Ihrer Wahl gestalten, nur heimische Pflanzen verwenden, die Sie besonders mögen, oder sich auf Arten beschränken, die Schmetterlinge anlocken.

Denken Sie jedoch stets daran, daß die Entwicklung eines Gartenentwurfs auf mehreren Punkten basiert. Einer davon ist zwar Inspiration, doch müssen zuerst die Eigenheiten des Grundstücks und die Wünsche der Menschen, die den Garten nutzen, berücksichtigt werden. Viele Ideen oder Themen lassen sich auf jedem Grundstück verwirklichen, egal, wie es beschaffen ist. Wenn Sie einen Garten haben möchten, der pflegeleicht ist oder Ihrer Familie viele Möglichkeiten für Freizeitaktivitäten bietet, stellen gewöhnlich die Gartengröße und das Budget die wesentlichsten Einschränkungen dar. Eine sorgfältige Planung, eine gute Nutzung von Bauten und Belägen und die Verwendung anspruchsloser, robuster Pflanzen machen es möglich, einen Garten anzulegen, der praktisch und auch reizvoll ist.

Wenn der Entwurf auf einem Bepflanzungsstil oder Pflanzenthema basiert, müssen Sie entweder Ihr Grundstück sorgfältig auswählen oder bereit sein, Ihre Ideen dem Grundstück entsprechend anzupassen. So können beispielsweise Rosen in allen möglichen Situationen und Klimalagen wachsen, doch für einen wirklich prächtigen Rosengarten braucht man einen Platz, der sonnig und nicht zu windig ist. Eine Bepflanzung mit der Üppigkeit eines Bauerngartens mag in einem Stadtgarten mit geeigneter Erde möglich sein, nicht aber in einer Küstenregion, wo heftige Winde und salzige Gischt vielen der Pflanzen, die einem solchen Garten seinen Charakter geben, Schaden zufügen würden.

Betrachten Sie daher die Entwürfe auf den folgenden Seiten als praktische Hilfe und auch als Anregung. Denken Sie jedoch daran, daß jeder Garten einzigartig und die Berücksichtigung Ihrer eigenen Vorlieben und Ihrer Persönlichkeit bei einer Gestaltung der Schlüssel dazu ist, einen wirklich individuellen Garten entstehen zu lassen.

Gärten für Familien

Gärten, die von einer Familie genutzt werden, müssen oft mehrere Funktionen erfüllen, um den Wünschen der verschiedenen Generationen gerecht zu werden. Dieser große rechteckige Garten hat einen asymmetrischen Grundriß erhalten, der abgetrennte Bereiche für die sich verändernden Bedürfnisse einer wachsenden Familie entstehen läßt. Auf diese Weise konnte eine Reihe von praktischen Elementen einbezogen werden, ohne daß dabei ästhetische Überlegungen zu kurz kamen. Ausdrucksvolle, gut proportionierte Konstruktionen, wie eine Pergola mit achteckigen Stützen (3) und ein angrenzendes Spalier (9), das von identischen Stützen gehalten wird, bestimmen den Grundton der gesamten Gartengestaltung. Materialien wie Ton und Kies werden in unterschiedlichen Bereichen verwendet, so daß sich die einzelnen Elemente zu einem harmonischen Gesamtbild zusammenfügen.

Dieser Gartenentwurf zeigt deutlich, welche Vorteile es hat, verschiedene Bereiche mit besonderer Nutzung und eigenem Charakter zu schaffen. Offene Flächen (6 und 7) bilden einen Kontrast zu umschlossenen Bereichen (5 und 14). Letztere sind durch schmale Wege miteinander verbunden, und flüchtige Blicke auf verborgen liegende Räume laden zum Nähertreten ein. Sorgfältig geplante Aussichten verleihen dem Garten eine elegantformale Note. Trotzdem gibt es viel Platz für spielende Kinder, und auch Erwachsene, die sich ausruhen und erholen wollen, kommen bei dieser Gestaltung nicht zu kurz.

Auf der Prioritätenliste dieser Familie stand auch ein Platz für die Kultur von Gemüse und Kräutern. Die Erwachsenen sind begeisterte Gärtner, die die Pflege ihres Gartens als entspannend empfinden und Routinearbeiten wie Rasenmähen nicht als lästige Pflicht betrachten. Gartenbesitzer ohne diese Neigungen ziehen es vielleicht vor, den umschlossenen Bereich (13) neben dem Topfgarten (14) für einen Swimmingpool oder Tennisplatz zu nutzen. Andere werden sich für eine kleinere Zierrasenfläche entscheiden und dafür die pflegeleichte Pflanzung im naturnahen Bereich des Gartens (7) vergrößern.

Spielmöglichkeiten für die Kinder stehen auf der Prioritätenliste für diesen Garten ganz oben. Der naturnahe Gartenteil oder die Gehölzgruppe mit dem Baumhaus (12) werden zu einer verborgenen Welt für phantasievolle Spiele. Der von robusten Pflanzungen umgebene Rasen bietet reichlich Platz für lebhafte Ballspiele und ist zudem ein weicher Untergrund für spielende Kleinkinder. Wenn die Kinder noch sehr klein sind, ist es ratsam, den Teich (5) durch einen Zaun oder ein Tor (die zusätzliche reizvolle Elemente sein können) für sie unzugänglich zu machen oder an seiner Stelle zunächst einen Sandkasten anzulegen und die Realisierung eines Teichs auf eine Zeit zu verschieben, in der die Kinder dem Sandkastenalter entwachsen sind.

Haus

VERSCHIEDENE GARTENBEREICHE FÜR EINE FAMILIE

Die Form der in zwei Bereiche geteilten Terrasse (1a und 1b) korrespondiert mit der der Rasenfläche. Die Terrasse ist so groß, daß die Kinder hier spielen können, wenn das Gras naß ist; zudem bietet sie ausreichend Platz, um im Freien zu essen. Der Grill (2) ist fest installiert. Zwei kleine Bäume an den Ecken des größeren Terrassenbereichs (1a) bieten einen Rahmen für die Sicht vom Haus aus. Der Blick führt an der Hauptachse des Gartens entlang, durch eine Pergola (3) und endet bei einer Bronzestatue, die auf einem Terrakottasockel (4) steht.

Blick auf die Statue (4)

Von dem kleineren Terrassenbereich (1b) aus blickt man in einer Diagonalen auf den Teich (5). Der umliegende Rasen (6) wird regelmäßig gemäht, damit er ordentlich wirkt und eine glatte Fläche zum Spielen bietet.

Die mit Stützen aus achteckigen Formziegeln konstruierte Pergola läßt zwischen der großen Rasenfläche und dem dahinterliegenden naturnahen Bereich (7) einen Durchgang entstehen. Die gleichen Stützen (8) wurden für das angrenzende Spalier (9) verwendet, das den rückwärtigen Bereich abtrennt.

Links von der Pergola liegt ein hübsches Glas- oder Gartenhaus (10), das von einem Kräutergarten (11) umgeben ist. Der naturnahe Gartenteil (7) ist ein verborgener Spielbereich für die Kinder, und auf einer Seite befindet sich in den Ästen eines großen Baumes ein Baumhaus (12). Hier können außerdem Spielgeräte, wie eine Rutsche oder Schaukel, aufgestellt werden. Wenn die Kinder groß geworden sind, können die Eltern diesen Bereich für sich nutzen – vielleicht um Obstbäume zu pflanzen oder Bienenstöcke aufzustellen.

Ein dekorativ gestalteter Gemüsegarten (13) grenzt rechts an die Pergola. Er wurde in vier symmetrische, gut gepflegte Beete unterteilt, und die Gemüse, die hier wachsen, schmecken nicht nur, sondern sehen auch hübsch aus. Neben dem Gemüsegarten liegt auf einer Kiesfläche ein kleiner Topfgarten (14) mit einer eingebauten Sitzbank. Er bietet Platz für Ruhe und Besinnlichkeit.

Der formale Teich mit dem Springbrunnen (5) ist vom Rasen und von der Terrasse aus zu sehen und über einen Kiesweg (15) erreichbar. Die Bäume um den Teich vervollkommnen seine eckige Form, ein Baum mit hängendem Wuchs (16) läßt einen wunderschönen Hintergrund entstehen.

Oben *Das üppig bepflanzte Gemüsebeet dieses Gartens ist von Rasenflächen und einer schützenden niedrigen Hecke umgeben. Die Ausblicke entstanden durch Einbeziehung schon vorhandener alter Bäume sowie durch das Pflanzen von Sträuchern und Staudenbeeten.*

Wassergärten

Wasser stellt in einem Garten fast immer einen Anziehungspunkt dar. Es kann eine untergeordnete Rolle in der Gestaltung spielen, etwa indem man einen kleinen Brunnen einbezieht, oder aber zum Hauptthema gemacht werden. In diesem Entwurf hat es sowohl eine dekorative als auch eine praktische Funktion. Die raffinierte Planung hat vier Typen von Wassergärten entstehen lassen – einen stillen Teich für Pflanzen und Tiere, einen formalen Fischteich, einen Bach mit bewegtem Wasser und einen Swimmingpool zum Baden. Alle vier Gewässerarten sind in eine Gestaltung integriert, die beim Haus eine formale Asymmetrie hat und zur gegenüberliegenden Grundstücksgrenze hin zwangloser wird. Es wurden zwei getrennte Pumpensysteme installiert, beide mit eigenem Zulauf, Filtern und Ablauf. Dank der modernen Technik können heute in fast jeder Situation attraktive Wassergärten angelegt werden.

Der freigestaltete, von feuchtigkeitsliebenden Pflanzen umgebene Teich (4) speist einen Kanal (3), dessen Wasser über eine Fläche mit leichtem Gefälle in den Fischteich (2) neben der Terrasse (1) fließt. Auf seinem Weg wird das Wasser gefiltert, um den Bedürfnissen von Fischen und Pflanzen gerecht zu werden. Für den Swimmingpool (6) ist eine andere, höhere Wasserqualität erforderlich.

Der Pool, der das hintere rechte Viertel des Grundstücks einnimmt, bildet den Glanzpunkt dieses Gartens. Er ist zweckmäßig angelegt, obwohl er eher dekorativ als funktionell wirkt, und wurde so gestaltet, daß er in den angrenzenden Teich überzugehen scheint. Tatsächlich aber verbirgt sich unter den Trittsteinen (7) eine Mauer, die die Wasserflächen trennt. Der Pool wurde dunkel ausgekleidet, damit er das Licht auf die gleiche Weise reflektiert wie der Teich (4) und der Eindruck noch weiter verstärkt wird, daß es sich hier um eine einzige Wasserfläche handelt.

Die sanft geschwungenen Konturen des Teichs und des Swimmingpools stellen eine optische Verbindung zwischen ihnen her. Auch die ähnliche durchgehende Bepflanzung im Hintergrund trägt zu diesem Eindruck bei.

Die Verwendung von Waschbeton für alle Wege und befestigten Flächen verleiht dem komplizierten Grundriß des Gartens einen einheitlichen Charakter. Dieses neutrale Material ist sowohl für rechteckige als auch geschwungene Formen perfekt geeignet. Zudem läßt es rund um die Wasserbereiche sicher begehbare Flächen entstehen.

Links *In diesen terrassierten Hang wurde ein Swimmingpool so behutsam integriert, daß er wie ein Teil der natürlichen Landschaft erscheint. Die freie Form des Pools, seine dunkle Auskleidung und die hübsch bepflanzten Wasserränder lassen einen reizvollen und natürlichen Eindruck entstehen.*

WASSERGÄRTEN 179

EIN VIELSEITIGER WASSERGARTEN

Die Konturen der Terrasse (1) mit einem Waschbetonbelag wiederholen den rechteckigen Grundriß des Hauses, und der L-förmige Fischteich (2) führt das formale Thema fort. Ein kleiner Kanal (3), der mit Platten eingefaßt ist, sorgt mit seinem fließenden Wasser für zusätzlichen Reiz und verbindet den Fischteich mit dem freigestalteten Teich (4).

Freigestalteter Teich (4)

Die flachen Ufer des freigestalteten Teichs gehen langsam in sumpfigen Boden über und bieten üppigen Wasser- und Sumpfpflanzen Lebensraum. Von diesem Teich aus fließt das Wasser unter dem Waschbetonweg in den L-förmigen Fischteich (5). Der Swimmingpool (6) wirkt mit seinen geschwungenen Konturen und der dunklen Auskleidung wie eine Fortsetzung des freigestalteten Teichs, und die Trittsteine (7) verstärken die Illusion von einer einzigen Wasserfläche. Tatsächlich verbergen sie aber die im Boden befindliche Trennmauer zwischen dem Teich und dem Swimmingpool. Ein Deck (8) am flachen Ende des Pools führt zu einem Badehaus (9), das eine Grundstücksecke ausfüllt und von Pflanzen umgeben ist. Der Rasen (10) bildet eine neutrale Fläche, einen Freiraum, der die äußerst reizvollen Bereiche rundum noch zusätzlich betont.

Das Wasser des Kanals speist den Fischteich (5)

Haus

Rosengärten

Wenn man Rosen für einen neuen Garten auswählt, denkt man zuerst an Duft, Farbe und Blütenform. Bezüglich der Gartengestaltung ist es aber am sinnvollsten, das Augenmerk auf die Wuchsformen der verschiedenen Rosentypen zu legen. Das Spektrum der Rosen umfaßt zahlreiche Strauch- und Buschformen mit kompaktem, ausladendem oder breitem Wuchs, die sich gut für Beete und gemischte Rabatten eignen oder Hecken bilden können. Um vertikale Akzente zu setzen, pflanzt man vor Mauern Kletter- und Schlingrosen, oder man erzieht sie an Bogen und Pergolen. Es gibt kompakte oder niedrige Rosen, die wie Bodendecker verwendet werden können, und wuchsfreudige kriechende Arten, die sich zum Verbergen von Böschungen, Baumstümpfen oder häßlichen Schuppen eignen. Formale Effekte, die die Blicke auf sich ziehen, lassen sich mit Rosen in Buschform oder mit hängendem Wuchs, die als Hochstämmchen gezogen wurden, herstellen. In Gruppen oder Reihen gesetzt, können sie durch ihre verschiedenen Farben und Höhen auch hübsche Rhythmen bilden.

Die Besitzer des hier gezeigten rechteckigen Grundstücks haben eine Leidenschaft für Rosen und wollten ihrer Lieblingsblume einen zentralen Platz in der Gestaltung einräumen. Ihr Rosengarten ist kein eintöniges Beet aus Teehybriden (heute auch großblütige Rosen oder Edelrosen genannt), die im Sommer über einen gewissen Zeitraum hinweg einen großartigen Anblick bieten, das übrige Jahr aber langweilig aussehen. Statt dessen haben sie Rosen mit unterschiedlichen Wuchsformen als Gestaltungsmittel verwendet, beispielsweise Kletterrosen, Strauchrosen und Bodendecker, um einen raffinierten Garten anzulegen, in dem während des Sommers großartige Blüten für zusätzlichen Reiz sorgen. Sorgfältig ausgewählte Bäume, Sträucher und Hecken sorgen ganzjährig für optischen Reiz und für Strukturen, die die Rosen ergänzen. In einigen Beeten wachsen Zwiebelblumen – Farbtupfer im Frühjahr –, und als Ergänzung zu den Rosen wurden Bodendecker gepflanzt. Ruhige Rasenflächen und Kieswege dienen als unaufdringlicher Hintergrund für die reizvollen Pflanzungen.

Bei einem Rosengarten dieser Größe müssen die äußeren Bedingungen stimmen: Er braucht Schutz, reichlich Sonne, genügend Feuchtigkeit und fruchtbaren, durchlässigen Boden. Zudem müssen seine Besitzer ihn gut pflegen und etwas Erfahrung im Erziehen und Schnitt von Rosen haben. Doch selbst wenn Sie das Thema Rosen nicht so konsequent verfolgen wollen, finden Sie möglicherweise Anregungen für Ihren eigenen Garten.

Links *Im Hochsommer erfüllen rosafarbene und weiße Rosen, die durch Rittersporn in Pastelltönen ergänzt werden, den Garten mit zarten Farben und herrlichem Duft. Die geschnittene Buchsbaumhecke, die die Beete in der Mitte umgibt, verleiht den Pflanzungen eine solide Struktur. Zusammen mit den dekorativen Formen des hübschen Gartenpavillons, den Spindeln und dem Muster des Terrassengeländers sorgt sie dafür, daß der Garten das ganze Jahr reizvoll wirkt.*

ROSENGÄRTEN

EIN ABWECHSLUNGSREICHER ROSENGARTEN

Die breite Terrasse (1) aus Naturstein und Ziegeln bildet die optische Basis für das Haus. Die Hauswände schmücken Kletter- und Schlingrosen (2), die an unauffälligen waagrechten Drähten mit 45 Zentimeter Abstand erzogen wurden. Hier können Sie eine oder mehrere Sorten wählen; sie sollten jedoch zur Architektur oder Fassadenfarbe Ihres Hauses passen.

*Der Rasen und die Beete beim Haus (3) sind formal angelegt. Sechs gleiche Bäume mit runden Kronen (4) setzen an den Ecken Akzente; Weißdorn (*Crataegus persimilis*), der zur Familie der Rosengewächse gehört, ist hierfür gut geeignet. Die Bäume sind mit niedrigen Rosen unterpflanzt, während im Beet an der linken Seite (5) Rosen mit anderen Sträuchern und Zwiebelblumen kombiniert wurden, die im Winter reizvoll aussehen. Die Hauptachse von der Terrasse führt an einem Zierobjekt aus Terrakotta (6) vorbei, hinter dem man einen Blick auf den Eingang des Rosen-Labyrinths (7) erhascht.*

Das Labyrinth besteht aus robusten groß- oder vielblütigen Buschrosen (Teehybriden oder Floribundarosen), die gerade so hoch werden, daß man im Stehen den Verlauf des Kieswegs (8) nicht mehr sehen kann. Das Labyrinth stellt nicht nur eine geistige Herausforderung dar, sondern ist auch ein ästhetischer Genuß, und seine Farben entsprechen dem Farbkreis, soweit es die Palette der Rosenblüten erlaubt. Die exakt geschnittene immergrüne Hecke, die die Rosen umgibt (9), hat nur an zwei Stellen eine Öffnung.

In einem freigestalteten Bereich mit längerem Gras hinter dem Labyrinth (10) wachsen große Wildrosen, von denen die meisten interessantes Blattwerk und dekorative Hagebutten im Herbst tragen. Ein gemähter Weg (11) führt von einem Gartenhaus (12) zu einem Blickfang (13), vielleicht einer Statue, in der gegenüberliegenden Ecke.

Eine rosenbewachsene T-förmige Pergola (14) lenkt die Aufmerksamkeit auf den Kiesweg (15), der an einem Zierteich (16) vorbei zurück zum Haus führt. Der kürzere Teil der Pergola endet an einer Bank (17), von der aus man auf den Eingang des Labyrinths blickt. In diesem Bereich wird kurzgemähter Rasen von niedrigen Hecken und weißblühenden Rosen (18) gesäumt.

*Der tiefliegende runde Teich hat eine Platteneinfassung und bildet den Mittelpunkt eines umschlossenen halbformalen Bereichs, der durch eine Hecke aus Rosmarin (19) vom Hauptrasen getrennt ist. In einer Ecke steht eine Bank (20) zwischen Strauchrosen, deren Farbe und Duft gut gewählt sein sollten. Die gegenüberliegende Rabatte (21), hinter der sich die immergrüne Grenzhecke (22) befindet, besteht aus weiteren Rosen und Beerensträuchern (*Rubus*). Ein Kirschbaum mit hängendem Wuchs (23) verleiht dem Gesamtbild dieses Gartenteils Höhe.*

Steingärten

Steingärten kamen in Europa im 19. Jahrhundert in Mode. Diese künstlich angelegten kleinen Felslandschaften aus Naturstein dienten Gärtnern dazu, ihre Sammlungen alpiner Pflanzen zur Schau zu stellen. Kaum jemand unternahm den Versuch, sie in das Gesamtbild des Gartens zu integrieren – ein Manko, das man leider auch heute noch häufig bei vielen Gartengestaltungen findet.

Ein ästhetisch geglückter Steingarten sollte so aussehen, als sei die Natur an seiner Entstehung wesentlich beteiligt gewesen. Um den Eindruck zu erwecken, als hätten die Steine schon immer ihren Platz im Garten gehabt, sollte man weitere an anderen, klug gewählten Stellen verteilen. Elemente wie Stufen, Wegbeläge oder Terrassen können aus dazu passendem Stein gebaut werden, damit sie sich unauffällig in das Bild einfügen beziehungsweise es ergänzen.

Wo der Platz begrenzt ist oder ein Steingarten unpassend erscheint (etwa in einer sehr formalen Umgebung), können Natursteinmauern für viele Steingarten- und Alpenpflanzen ein idealer Standort sein.

Der Entwurf des hier gezeigten Steingartens bildet eine optische Einheit, indem an mehreren Stellen die gleichen Steine verwendet werden. Die gesamte Gestaltung zielt jedoch darauf ab, das Auge zum eigentlichen Kernstück des Gartens zu führen, das den gesamten rückwärtigen Bereich einnimmt: einem felsigen Hang mit einer romantischen Grotte, aus der sich Wasser kaskadenartig in die tieferliegenden Teiche ergießt.

Links *Der Bach, der sich sanft durch diesen Steingarten windet, betont dessen natürliche Wirkung noch zusätzlich. Durch den Hintergrund aus Bäumen erhält der Steingarten das Aussehen eines bewaldeten Hanges. Die Pflanzen mit ihren kontrastierenden Formen – schmalblättriger Neuseeländer Flachs, filigrane Farne, panaschierte Funkien mit ledrigen Blättern und Fetthenne mit flachen Blütenköpfen und fleischigem Laub – lassen ein überzeugendes Gesamtbild entstehen.*

EIN STEINGARTEN AM HANG

Eine geschützte große Terrasse (1) beim Haus dient als Hauptbereich zum Sitzen. Die für Pflaster, Sichtschutzwände (2) und Stützmauern (3) verwendeten Steine haben das gleiche Grau wie die großen Findlinge im Garten. Steingartenpflanzen in Töpfen (4) stellen eine optische Verbindung mit denen in anderen Gartenbereichen her.

Ein kleiner Steingarten (5) etwas oberhalb der Sitzgruppe bildet einen hübschen Vordergrund für das dahinterliegende Beet, in dem zwischen Findlingen Zwergkoniferen (6) wachsen. Der kleine Teich in der Ecke (7) wird über im Boden verlegte Rohre mit Wasser aus dem höheren Bereich gespeist.

Der große Rasen (8) auf der nächsten Ebene ist über breite Steinstufen (9) erreichbar. Anstelle eines kurzen Rasens könnte hier auch eine Wiese angelegt werden, die im Frühjahr mit Zwiebelblumen und im Spätsommer mit einjährigen Blumen gesprenkelt ist und nur wenige Male im Jahr gemäht werden muß.

Die hohe immergrüne Hecke (10) neben dem Rasen dient als Hintergrund und Schutz für die Koniferen, Sträucher und großen Rabattenpflanzen in den geschwungenen Beeten zu ihren Füßen. Eine Gartenbank (11) wurde so plaziert, daß man von ihr aus auf einen großen, einzeln stehenden Baum (12) schaut und zudem eine gute Sicht auf den gesamten Garten hat.

Die Steinstufen (13) beim Zierteich (14) bestehen aus regelmäßigen Natursteinplatten. Diese wurden auch für den Weg (15) verwendet, der über den Hang verläuft und einen Steg über das

Steinstufen (13)

Wasser entstehen läßt, das sich aus einer Grotte (16) im Hang ergießt. Die glatten Platten der Stufen stehen im Gegensatz zu den Konturen der nahegelegenen Findlinge, doch das Material sorgt für ein einheitliches Gesamtbild. Der sich an die Stufen anschließende Weg mündet in einem gemähten Pfad (17), der zu dem Gartenhaus (18) führt.

Die Grotte ist der Mittelpunkt des Gartens und betont den Eindruck, daß der Steingarten an einem Felshang liegt. Dahinter verstärken kleine alpine Bäume (19) und das offene Gartenhaus die Wirkung einer natürlichen Landschaft mit Felsen, Pflanzen, mehreren Teichen und fließendem Wasser.

Grotte (16)

Haus

Grasgärten

Gräser, zu denen auch Bambus gehört, bieten eine große Palette von Verwendungsmöglichkeiten, die von zarten Einfassungen bis zu robusten Zäunen (siehe Seite 93) reichen und sich für die unterschiedlichsten Klima- und Wachstumsbedingungen eignen. Es gibt sie mit grünem wie auch mit graugrünem, blauem, gelbem oder panaschiertem Laub, und viele färben sich im Winter in reizvollen gelbbraunen Tönen. Wenn der Wind durch Gräser streicht, entstehen außerdem Bewegung und Geräusche im Garten. Ordentliche Hügel, steife Büschel, ausladende Halme – Graspflanzen besitzen abstrakte Qualitäten, die sich sehr gut in moderne Gestaltungen einfügen und neben geraden, architektonischen Linien weich und anmutig wirken können. Einige Typen, wie Pampasgras oder Chinaschilf, haben überdies großartige Blütenstände.

Die Besitzer des rechts gezeigten Grundstücks wünschten sich einen Garten, der die moderne Architektur des neuen Hauses unterstreicht. Für sie waren Formen und Strukturen von Pflanzen wichtiger als Blüten und Farben, und deshalb entschieden sie sich für einen vorwiegend grünen Garten mit zahlreichen Gräsern. Für Struktur und Höhe sorgen Ziergehölze mit reizvoller Rinde und Winterfrüchten.

Die Gestaltung dieses Gartens ist auf eine große Fläche zugeschnitten, aber sie kann durchaus reduziert und auf einen kleinen Garten übertragen werden. Um das Haus herum ist der Grundriß von geschwungenen Formen (1a, 1b, 3 und 4) geprägt. Der ordentliche grüne Rasen (3) wird von Beeten mit mittelhohen Gräsern und anderen Pflanzen eingerahmt. Die Höhe der Pflanzung nimmt zur Grundstücksgrenze hin zu, und vor dem Zaun bildet sie einen Schutz aus Laub (14 und 15). Auf der linken Seite des Gartens wird daraus ein dschungelähnliches Dickicht, durch das sich ein schmaler Pfad (4) windet. Eine kleine Senke im Boden auf der gegenüberliegenden Seite des Gartens wurde in einen kleinen Sumpfbereich (6) mit feuchtigkeitsliebenden Gräsern, unter ihnen Seggen und Binsen, die einen Kontrast zu anderen ausdauernden Pflanzen bilden, umgewandelt. Bäume wie zum Beispiel Sumpfzypresse und Erle sorgen auf dieser sumpfigen Fläche für vertikale Akzente.

Beim Gang durch den Garten entdeckt man einen von Hecken umgebenen verborgenen Bereich (8). Er ist nur an zwei Stellen zugänglich: über einen quadratischen Durchgang in der Hecke – erreichbar über einen schmalen Kiesweg (16), der vom Hauptrasen abgeht – und über den Pavillon (12) am hinteren Ende des Gartens. Dieser rechteckige Bereich, der an einen Klostergarten erinnert, ist etwas erhöht angelegt. Der Meditationsgarten wirkt in seiner klaren, nüchternen Formalität außergewöhnlich und bildet einen dramatischen Kontrast zu den natürlichen Formen der umliegenden Graspflanzungen. Er läßt einen äußerst originellen Mittelpunkt für den Garten entstehen.

Links *Gräser sind besonders ausdrucksstark, wenn man sie in natürlich wirkenden Gruppen pflanzt. Hier lassen die hohe Reitgras-Sorte 'Karl Förster' und die helleren fedrigen Blütenstände des Federborstengrases im Hintergrund ein aufregendes Bild entstehen. Sie bilden einen schönen Kontrast zu den runden, fleischigen Formen der Fetthenne,* Sedum telephium, *im Vordergrund.*

EIN GRÜNER GARTEN AUS GRÄSERN

Die in zwei Ebenen geteilte Terrasse (1a und 1b), die sich an Haus und Wintergarten (2) schmiegt, besteht aus Beton, der mit flachen Kieseln strukturiert wurde. Diese Struktur und eine geschwungene Form geben der Terrasse ein abstraktes Aussehen.

Der Rasen (3) vor der Terrasse hat klare geschwungene Konturen. Dieser große, grüne Teppich bildet einen interessanten Kontrast zu den höheren Pflanzen, die ihn umgeben. Er wird regelmäßig gemäht, jedoch nicht sehr kurz. In dieser Situation eignen sich mittelgroße strukturierte Gräser gut. Eine glatte Fläche, die feinere Grasarten entstehen lassen, würde hier zu fein wirken.

Ein Kiesweg (4) führt auf der linken Seite des Gartens an einer runden Pergola (5) vorbei und um die hintere Rabatte herum. Er windet sich durch Ziergehölze, zwischen denen raschelnder Bambus und andere Gräser stehen (14). Diese dichte Pflanzung ähnelt der Schutzpflanzung am gegenüberliegenden Zaun (15).

Ein tiefliegender Sumpfbereich (6) am rechten Grundstücksrand beheimatet feuchtigkeitsliebende Grasarten und großblättrige Pflanzen. Der Weg (7) besteht aus langen Waschbetonplatten im Fischgrätverband. Sein zickzackförmiger Verlauf bietet Gelegenheit, die reizvollen Pflanzen dieses Bereichs zu betrachten.

Meditationsgarten (8)

Der Meditationsgarten (8) bildet inmitten der dichten Pflanzungen rundum eine friedliche Oase. Der gemähte Rasen wird von einem Kiesweg (9) und einer geschnittenen Hecke (10) umgeben und von Steinmonolithen (11) flankiert. Ein Pavillon (12) dominiert die Fläche. Er ist auf einen rechteckigen Teich (13) mit ständig wechselnden Reflexionen ausgerichtet. Bei dieser Gestaltung handelt es sich um eine moderne Interpretation eines der klassischen Elemente prächtiger Landhausgärten. Der Innenraum, seine Gras- und Wasserfläche, die Monolithe aus Stein sowie ein Platz zum Entspannen machen ihn zu einer erholsamen Oase inmitten einer hektischen Welt.

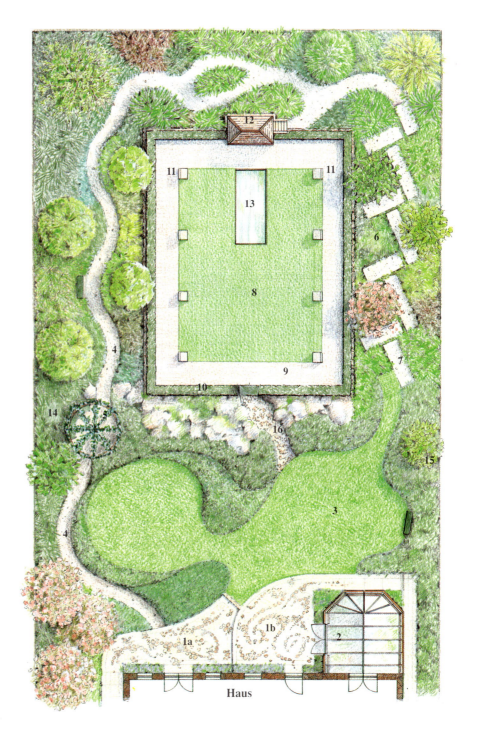

Gärten für Küstenregionen

Ein Garten an küstennahen Standorten stellt seinen Besitzer vor Probleme besonderer Art. Einerseits liegt er in einer großartigen Umgebung und bietet vermutlich eine herrliche Aussicht, andererseits bringt das Meeresklima Beschränkungen mit sich, die vor allem durch salzige Winde bedingt sind. Sowohl Menschen als auch Pflanzen brauchen hier möglicherweise zusätzlichen Schutz, um sich wohl fühlen zu können. Bei der Gartengestaltung müssen geeignete vertikale Barrieren einbezogen werden, die dem Wind seine Kraft nehmen, wie auch Materialien, die der starken Sonne und korrodierendem Salz standhalten. In exponierten Lagen kann ein robuster Windschutz aus buschigen maritimen Pflanzenarten durch gutbefestigte Reisigzäune verstärkt werden. Alle Pflanzen, die hier wachsen sollen, müssen salzhaltige Winde vertragen. Sogar in Gärten, die etwas weiter von der Küste entfernt liegen, kann das Blattwerk durch die ständigen auflandigen Winde ausgedörrt werden.

Auf der anderen Seite gedeiht manch schöne Pflanze in einem solchen Garten besser als im Landesinnern. Ein weiterer Vorteil ist, daß die Temperaturen in Meeresnähe nicht so stark schwanken und daher in gemäßigten Zonen nur selten strenge Fröste auftreten. Die intensivere ultraviolette Strahlung an der Küste ist für einige etwas frostempfindliche strauchige Pflanzen, die im Landesinnern auf dem gleichen Breitengrad nicht überleben würden, günstig. Bei einem Garten an der Küste ist es besonders wichtig, zunächst einmal herauszufinden, was beim Nachbarn gut gedeiht, bevor man eine neue Pflanze für den eigenen Garten kauft.

Vom rechts gezeigten Garten aus kann man auf das Meer schauen. Er wurde so geplant, daß nur wenig Pflege erforderlich ist, da ihn die Besitzer hauptsächlich an Wochenenden und Ferientagen nutzen und sich dann lieber ausruhen möchten, statt ihre Zeit mit Gartenarbeiten zu verbringen. Den Mittelpunkt des Gartens bildet ein achteckiger Swimmingpool (3); in unmittelbarer Nähe liegt ein Planschbecken für Kinder. Da dieser Garten nur zeitweise genutzt wird, wurde ein automatisches Bewässerungssystem installiert. Eine alternative Lösung für häufig abwesende Gartenbesitzer ist, eine Firma zu beauftragen, die die Gartenpflege übernimmt.

Die meisten horizontalen Flächen sind mit örtlichem Gestein gepflastert und lassen sich leicht kehren. Die Pflanzen in den Beeten wachsen zwischen Kieseln und Felsen, so daß es nur wenige Flächen gibt, wo sich Unkräuter ansiedeln können. Die verwendeten Materialien empfinden den nahegelegenen Kiesstrand nach und verbinden den Garten mit der ihn umgebenden Küstenlandschaft.

Links *Eine Lücke zwischen den Bäumen und Sträuchern, die diesen Garten schützen, ist die Kulisse für eine hübsche Holzterrasse, von der aus man eine Bucht überschaut. Am hinteren Ende wächst die Schlingrosensorte 'Kiftsgate', den Vordergrund lockert eine weiße Schmucklilie* (Agapanthus) *auf. Kleinere Pflanzen in Töpfen, die umgestellt werden können, sorgen während milderem Wetter für Farbe.*

WOCHENENDGARTEN AM MEER

Ein Holzdeck neben dem Haus dient als Terrasse (1). Seine Struktur wiederholt sich in dem Deck (2), das den Swimmingpool umgibt. Das Hartholz kann auf natürliche Weise altern und ist leicht instand zu halten.

Ein pflegeleichtes Pflaster im Polygonalverband (4) aus flachem, örtlichem Gestein hat Fugen, in denen sonnenliebende Pflanzen wachsen. Im angrenzenden Bereich (5) liegen Kiesel und Findlinge, zwischen denen skulptural wirkende Pflanzen stehen.

Planschbecken für Kinder (6)

Das Kinderplanschbecken (6) gegenüber dem Pool (3) wird von zwei niedrigen Bänken (7) eingerahmt, die, passend zu den Gartenmauern, eine Abdeckung aus Terrakotta haben. Der Pool wird durch einen Brunnen (8) gespeist, der als Blickfang in eine der hohen Grenzmauern einbezogen wurde. An dieser Seite des Pools führt das Deck (9) über das aus dem Brunnen fließende Wasser.

Eine Laube (10) mit einem Zeltdach und einem achteckigen Grundriß wiederholt die Form des Pools und setzt in einer Ecke des Gartens einen vertikalen Akzent. Sie beherbergt einen Tisch, Stühle und einen Grill (11).

Der Blick auf das Meer sorgt in der hinteren Ecke für zusätzlichen Reiz. Bänke (12) und ein Schutz aus gehärtetem Glas (13) erlauben es, die Aussicht in Ruhe zu genießen. Ein Teleskop (14) bietet Gelegenheit, Schiffe – oder Sterne – zu beobachten. Durch klug plazierte Leuchten (15) kann der Garten auch nach Einbruch der Dunkelheit noch genutzt werden.

Gärten für Pflanzenliebhaber

Es gibt viele Arten von Pflanzenfreunden, doch allen gemein ist der Wunsch, gewisse Pflanzen unter möglichst optimalen Bedingungen zu ziehen. Ihr Interesse kann breitgefächert sein, sich aber auch auf eine bestimmte Pflanzengattung (beispielsweise Dahlien) oder einen bestimmten Pflanzentyp (etwa Steingartenpflanzen) konzentrieren.

Ein Problem dieser Art der Pflanzenliebhaberei liegt häufig darin, daß der Garten nicht als Ganzes betrachtet wird. Der Wunsch, alle möglichen faszinierenden Spezialitäten zu ziehen, verführt dazu, Pflanzen nach und nach zu kaufen und sie unter Bedingungen zu kultivieren, unter denen sie zwar gedeihen mögen, nicht aber zum Gesamtbild des Gartens beitragen. Um dies zu vermeiden, muß sich der Pflanzenliebhaber etwas Zeit nehmen und ein Gesamtkonzept entwickeln, das die einzelnen Pflanzentypen berücksichtigt, aber dennoch auch als Ganzes gelungen wirkt. Durch eine solche sorgfältige Vorbereitung können unterschiedliche Bedingungen auf dem Grundstück – wie etwa Sonne und Schatten – ausgenutzt werden, und eine einheitliche Gestaltung erlaubt es interessanten Pflanzen, mehr als nur die Summe ihrer Einzelteile zu sein.

Hier wurde der Garten so gestaltet, daß er eine Vielzahl von formalen und natürlichen Situationen für die Kultur von Pflanzen sowie Erholungsbereiche beinhaltet. Jeder einzelne Gartenteil hat eine charakteristische Form, die durch Bäume und Sträucher entsteht. Sie bilden die vertikale Struktur und ergänzen einen klaren Grundriß. Die dichten Pflanzungen finden in freien Flächen ein Gegengewicht.

Die Ausgangsbasis dieses Grundrisses sind drei Blickachsen, die strahlenförmig von der Terrasse (1) ausgehen. Ein Blick über die schmale Seite des Gartens endet rasch bei einem runden Zierteich (6) im Rasen. Dieser intime, formal angelegte Gartenbereich ist eine perfekte Umgebung für wenige ausgewählte Pflanzen. Ein Blick schräg über den Rasen geht zwischen Rabatten hindurch zu einer einladenden Bank (3). Sie wurde so plaziert, daß sie von dem zweiten Mittelpunkt, dem Teich, nicht sichtbar ist. Die dritte Blickachse verläuft entlang des Kieswegs (8) längs durch den Garten und endet bei einem Gewächshaus (12). Der Raum zwischen den Sichtachsen wird durch geschwungene Linien und Blickfänge, wie Bäume mit runden Kronen oder hängendem Wuchs, gegliedert, um Bereiche mit unterschiedlichem Charakter entstehen zu lassen – Staudenrabatten, Sichtschirme aus Sträuchern und Beete mit Schnittblumen.

Die hintere linke Ecke wurde mit gröberem Gras und einem naturnahen Teich (14) zwangloser gestaltet. Zu einem Gemüsegarten, der von Hecken umgeben ist, gehören auch das Gewächshaus (12), das für jeden begeisterten Gärtner zur Vermehrung und Pflege seiner Pflanzen unentbehrlich ist, sowie ein Schuppen (13), in dem sich Arbeitsgeräte, Erde, leere Töpfe und sonstiges Gartenzubehör aufbewahren lassen.

Links *Wunderschöne Funkien bilden den Mittelpunkt dieser herrlichen Pflanzung an einem Bach. In dem relativ geschützten Bereich zeigen Strauchrosen, Astilben,* Rheum palmatum *und winterharter Storchschnabel ein großartiges Spektrum an Blattformen. Da und dort sorgen Blüten für Farbtupfer.*

VIELSEITIGER GARTEN FÜR DEN PFLANZENLIEBHABER

Die von niedrigen Mauern umgebene Terrasse (1) dient der Erholung, kann aber auch Pflanzgefäße beheimaten. Stufen führen zu einem gepflasterten Weg (2), der auf einer Höhe mit dem Rasen liegt. Die eckige Terrasse lenkt den Blick schräg durch den Garten zu einer Bank (3). Von der Tür (4) an der Breitseite der Terrasse schaut man direkt zwischen zwei kugelförmig geschnittenen Bäumen (5) – Buchsbaum (Buxus) und Erdbeerbaum (Arbutus) sehen hier reizvoll aus – auf einen kleinen, runden formal gestalteten Teich (6) mit einem Springbrunnen in der Mitte.

Der Teich liegt in einer runden Rasenfläche, die mit Ziegeln eingefaßt und von duftenden Pflanzen, wie Lavendel und Katzenminze, umgeben ist. Ein Baum mit hängendem Wuchs (7) bildet in der Ecke eine hübsche Hintergrundpflanzung.

Der Kiesweg (8) auf der rechten Seite des Gartens grenzt an ein breites Blumenbeet, hinter dem drei Bäume mit runden Kronen stehen (9). Der Weg führt unter einem Bogen (10) hindurch weiter in den heckenumgebenen Gemüsegarten (11). Zwischen Gewächshaus (12) und Gartenschuppen (13) liegen Beete für Blumen, die speziell für Ausstellungen und zur Vermehrung gezogen werden.

Ein naturnaher Gartenteich (14) und seine Umgebung lassen eine Vielfalt von Lebensräumen entstehen. Im tieferen Wasser wachsen Seerosen, und Uferzonenpflanzen wie Primeln besiedeln die Ränder. Die umliegende Wiese ist mit Schachbrettblumen (Fritillaria meleagris) und Orchideen getupft. Gemäht wird hier erst, nachdem sich diese Wildblumen ausgesät haben.

Ein einfacher Holzsteg (15) führt über die schmale Mitte des freigestalteten Teichs.

Einfacher Holzsteg (15)

Haus

Gärten im ländlichen Stil

Der Gedanke an einen ländlichen Garten oder Bauerngarten beschwört gewöhnlich das Bild einer fröhlichen Mischung aus farbenfrohen Blumen, Kräutern und Gemüse herauf, die kunterbunt durcheinander auf relativ engem Raum wachsen. Doch diesem ersten Eindruck bezaubernder Zwanglosigkeit liegen in echten ländlichen Gärten stark formale Elemente zugrunde. Oft wurden die Gärten auf kleinen rechteckigen Grundstücken angelegt und bestehen aus zweckmäßigen Wegen, robusten Hecken oder Zäunen, die Hühner und andere Tiere fernhalten, und in ordentlichen Reihen wachsendem Gemüse.

Eine Synthese der beiden Vorstellungen – der romantischen Wirkung üppiger Blumenpracht und der Verwirklichung notwendiger Ordnung – kann für die Gestaltung der heutigen kleinen Grundstücke tatsächlich eine gute Lösung sein, selbst in urbaner Umgebung. Bei dem hier gezeigten Entwurf werden üppige Pflanzungen mit schlichten, zurückhaltenden Bauten aus natürlich wirkenden, traditionell gestalteten Materialien kombiniert. Moos läßt die Linien zwischen Bereichen aus Ziegeln und Pflasterplatten in gedämpften Farben weicher erscheinen. Zäune oder Lauben werden häufig in einem einfachen oder rustikalen Stil gestaltet. Töpfe, Zierobjekte und Möbel stehen im Einklang mit der ländlichen Stimmung.

Die Pflanzungen können stilgetreu mit altmodisch wirkenden Sommerblumen und Stauden angelegt werden oder modern mit sorgfältig ausgewählten schwachwüchsigeren Sträuchern, Kletterpflanzen und Bodendeckern. So haben etwa moderne Rosensorten eine längere Blühperiode und sind leichter zu pflegen als manche älteren Sorten. Obstbäume können gleichzeitig Schwerpunkte setzen, und das Prinzip einer möglichst dichten Pflanzung kann abgewandelt werden, indem man auf kleinen Flächen Gemüse und Kräuter eng zusammenpflanzt. Das Ziel ist ein Eindruck von Intimität, Geschlossenheit und heiterer Nostalgie, in dem Pflanzen und bauliche Elemente harmonisch zusammenwirken, wie es dieser Entwurf mit seinem Wintergarten (13) und Sitzbereich (11) zeigt.

Links *Ein Kiesweg mit einer Ziegelkante trennt üppig bepflanzte Blumenbeete voneinander, die in ihrer zwanglosen Fülle perfekt in diesen ländlichen Garten passen. Im Vordergrund erheben sich rosafarbene Lupinen über zartem malvenfarbenem Storchschnabel. Einige Butterblumen, die sich von selbst in der Rabatte angesiedelt haben, führen, zusammen mit der niedrigen gelbblühenden Wolfsmilch, die heitere Blütenfarbe der Goldrute auf der anderen Seite des Gartens fort. Da und dort sorgen Margeriten für weiße Farbtupfer, und ein Geißblatt, das sich um die Tür rankt, rundet das Gesamtbild ab.*

MODERNER GARTEN IM LÄNDLICHEN STIL

Eingang zum Vorgarten (1)

Der Eingang zum Vorgarten (1), ein zweiflügliges Tor, und ein einfacher, mit Kletterrosen bewachsener Lattenzaun künden die ländliche Gestaltungsweise an. Das Tor führt zu einem zentral verlaufenden Weg aus rustikalen Ziegeln, der sich zu einer runden Fläche mit einer Sonnenuhr (2) erweitert. Zu beiden Seiten befinden sich dichte, farbenfrohe Pflanzungen (3), die von Hecken aus Zwergbuchsbaum (4) begrenzt werden. Die Garagenauffahrt (5) besteht aus Beton, in dessen Oberfläche Kiesel gesetzt wurden. Eine Ziegelkante stellt eine optische Verbindung zu den Ziegelwegen her.

Über einen Weg aus alten Ziegeln und Platten (6) kann man den gesamten Garten mit der Schubkarre erreichen. Rechts davon liegt eine schmale Rabatte mit schattenliebenden Pflanzen. Eine Statue (7) befindet sich gegenüber dem Eisentor (8), das den Weg mit der Terrasse (11) hinter dem Haus verbindet. Der Weg macht an einem Birnbaum (9) in der rechten hinteren Ecke eine Biegung und führt vorbei an einer Rabatte, in der Sträucher und altmodisch wirkende Rosen wachsen, zum Gemüsegarten (10) in der linken hinteren Ecke.

Auf einer mit Ziegeln gepflasterten Terrasse (11) stehen Pflanzgefäße mit Blumen und Kräutern. In einem erhöht liegenden dreieckigen Steingarten (12) gedeihen weitere Kräuter, alpine Arten und andere kompakte Pflanzen. Ein kleiner Wintergarten (13) verbindet Garten und Haus.

Der Rasen (14) bildet eine offene Fläche, die von einem hübschen Apfelbaum (15) überschattet wird. Unter ihm ist eine alte Vogeltränke aufgestellt. Dieser Bereich hinter dem Haus wird durch eine Hecke aus Liguster oder Spindelstrauch (16) geschützt.

Eine Skulptur (17) ist der Glanzpunkt des Gemüsegartens. Geräteschuppen (18) und Kompostbehälter (19) wurden unauffällig plaziert.

Naturnahe Gärten

Wer Tiere in seinen Garten locken will, sei es auf dem Land, in einem Vorort oder sogar in der Stadt, sollte ihn am besten möglichst naturnah gestalten. Dies bedeutet, einen natürlich wirkenden Grundriß zu entwickeln und Bäume, Sträucher und andere Pflanzen zu verwenden, die Tieren Nahrung und Schutz bieten. Bei vielen von Tieren bevorzugten Pflanzen handelt es sich um heimische Arten. Sie gelten häufig als Unkräuter und sind sehr wuchsfreudig. Wer ihnen Raum gibt, sollte sich darauf einstellen, daß er etwas Zeit und Energie aufbringen muß, um ihr Wachstum unter Kontrolle zu halten.

Wie auch in anderen freigestalteten Gärten fällt in einem naturnahen Garten erstaunlich viel Arbeit an. So müssen etwa Blumenwiesen sorgfältig angelegt und gepflegt werden, damit die schönen Arten nicht von anderen Gräsern und Wildkräutern verdrängt werden. Manche Blumen, wie etwa Mohn, keimen nur, wenn der Boden jedes Jahr gehackt wird (einige der wirkungsvollsten Wildblumenwiesen werden tatsächlich jedes Jahr neu angelegt.) Das Freihalten von Wegen, der natürlich wirkende Schnitt von Sträuchern, das unauffällige Erziehen von Kletterpflanzen – all dies sind Arbeiten, die den entscheidenden Unterschied zwischen einer naturnahen Gartengestaltung und einer sich selbst überlassenen Wildnis ausmachen. Bei der Anlage eines naturnahen Gartens ist viel Platz zweifellos von großem Vorteil, denn ein weitläufiges Grundstück bietet genügend Raum, um über ein breites Spektrum interessanter Dinge sowohl für Menschen als auch für Tiere zu verfügen.

In dem rechts gezeigten Entwurf für ein großes Grundstück bilden dichte Gürtel aus Bäumen und Sträuchern entlang der Grundstücksgrenzen einen Schutz für die Gartenbenutzer und schirmen darüber hinaus die Außenwelt ab. Im mittleren Bereich bedeckt Gras den Boden. Die gemähte Rasenfläche beim Haus (2) geht in einen Bereich mit längerem Gras (5) über, das erst geschnitten wird, wenn sich die dort wachsenden Blumen ausgesät haben. Hier bildet das längere Gras eine Übergangszone zwischen dem gepflegten Bereich am Haus und der rückwärtig gelegenen natürlicheren Pflanzung. Dort ist Platz für einen großen Teich (7), der von sumpfigen Bereichen (11) gesäumt wird, wo feuchtigkeitsliebende Pflanzen wichtige Lebensräume für Tiere entstehen lassen.

Dieser naturnahe Garten soll auch dem Vergnügen und der Erholung dienen. Er enthält Bänke (12) und ein Gartenhaus (10), die nicht nur reizvoll aussehen, sondern auch schöne Aussichten bieten; das Gartenhaus dient außerdem als Beobachtungsstation. Vom Rasen gelangt man dorthin über einen einladenden gemähten Weg (3), der sich hinten im Garten verliert. Von der mit Steinen gepflasterten Terrasse (1) gehen in entgegengesetzter Richtung Kieswege ab, die bei jedem Wetter begehbar sind. Die funktionalen Materialien, zu denen auch das für Steg, Bänke und Gartenhaus verwendete Holz gehört, wurden so gewählt, daß sie mit ihrer natürlichen Umgebung harmonieren.

Links *Dieser naturnahe Garten, durch den sich ein Bach schlängelt, bietet vielen Tieren einen Lebensraum. Findlinge und andere Steine aus der Gegend sehen reizvoll aus und gewähren kleinen Säugetieren und Lurchen Unterschlupf. Auf der hohen Uferseite ist das Gras lang, und auch feuchtigkeitsliebende Pflanzen wie Fingerhut und Primel (Primula florindae) gedeihen hier gut. Ein umgestürzter Baum wird von zahlreichen Insekten bewohnt, die wiederum Vögeln und anderen Lebewesen als Nahrung dienen.*

NATURNAHER GARTEN FÜR TIERE

Für die Terrasse (1) wurden Natursteine im Polygonalverband verlegt. Gras und Moos, die in den Fugen wachsen, lassen sie weicher wirken und verbinden sie mit dem Rasen (2) und dem gemähten Grasweg (3), der zu den Bäumen führt. Kieswege (4) schlängeln sich zwischen den Sträuchern am Grundstücksrand.

Die Wildblumenwiese (5) wird nur zweimal im Jahr gemäht. Diese Fläche aus längerem Gras ist mit Blüten gesprenkelt und läßt einen reizvollen Übergang zwischen dem Rasen und dem natürlicheren Hauptbereich entstehen. Im kürzeren Gras rechts befinden sich Bienenstöcke (6) für Bienen, die die Blüten bestäuben.

Der Teich (7), der bereits existierte oder künstlich angelegt worden ist, wurde mit Tief- und Flachwasserzonen versehen. Sein Ufer besteht aus Strand, sumpfigen Bereichen (11) und steilen Böschungen, die verschiedensten Pflanzentypen Lebensraum bieten und eine Vielzahl von Tieren anlocken. Über die schmalste Stelle führt ein Bretterssteg (8); der Bootssteg (9) ist ebenfalls aus Holz.

Rustikales Gartenhaus (10)

Ein rustikales Gartenhaus (10) zwischen Bäumen und Büschen dient als Beobachtungsstation und Sommerhaus. Anstelle von Glas sind die Fenster mit einem feinen schwarzen Netzgewebe versehen. Wenn man es herunterläßt, kann man ungestört Tiere beobachten.

Das Grundstück wird von dichten Pflanzungen (13) umgeben, die Tieren Schutz und Ruhe bieten. Für menschliche Besucher sind Bänke (12) vorhanden. Sträucher und Bäume gehen in eine gemischte Hecke (14) über und lassen eine natürliche Grenze entstehen. Hier finden sich heimische Arten wie auch einige exotische Zierpflanzen.

Oben *Die klaren geometrischen Linien des Holzdecks verleihen diesem Stadtgarten eine moderne Wirkung. Das helle Hartholz bildet einen perfekten Hintergrund für ein skulpturales Arrangement aus großen weißen Kieseln und bepflanzten Tongefäßen.*

Deck-Gärten

Für eine Familie, die ihren Garten für zahlreiche Beschäftigungen im Freien nutzen will, bieten Decks aus Hartholz eine hübsche, vielseitige und pflegeleichte Grundlage. Sie können für die verschiedensten Flächen verwendet werden, wie Wege, Terrassen, Stufen, kleine Brücken oder Stege, und geben einem Garten ein einheitliches Gepräge, so komplex die Gestaltung auch sein mag. Holzdecks bilden einen schönen Hintergrund für Pflanzen und harmonieren besonders gut mit Wasser.

Die Verwendung eines natürlichen Materials – Holz – innerhalb einer streng formalen Gestaltung ist eine gute Lösung für dieses Grundstück, das von hohen, versetzt stehenden Mauern umgeben wird; es kann sich sowohl in einer Stadt als auch auf dem Land befinden. Das Deck verbreitet sich zu Terrassen, auf denen man sich ausruhen kann, und verengt sich dann zu Wegen. Das diagonale Muster der Bretter läßt einen kraftvollen, dynamischen Eindruck entstehen, und die Einbeziehung von Schrägen und unterschiedlichen Ebenen gibt dem Entwurf zusätzlichen Reiz.

Von der großen Terrasse beim Haus führen zwei Wege (4 und 5) in den Garten; einer davon aufwärts zu einem schattigen Sitzbereich unter einem zeltförmigen Pavillon (3). Links von ihm geht ein etwas erhöhter Steg (6) über einen flachen Teich (10) bis zu einem Gartenhaus (8). Von dort kann man auf Trittsteinen (11) und einen kleineren Holzsteg (7) über den Teich zurückkehren. Durch klug plazierte Leuchten ist der Garten auch während der Dunkelheit zu benutzen.

Die Gestaltung präsentiert ein faszinierendes Wechselspiel zwischen hartkantiger Formalität und natürlichen Elementen. Durch die Verwendung von Holz sowohl für horizontale Flächen wie Decks als auch für vertikale Elemente wie Zäune und Wände entsteht ein einheitlicher Gesamteindruck, und die klare Geometrie des Decks harmoniert ideal mit auffallenden Blattpflanzen. Der Boden ist mit niedrigen, ausdauernden Pflanzen, die zwischen Kieseln und skulpturalen Findlingen (12) wachsen, bedeckt. Ein großer zwangloser Zierteich (10), in dem sich Wolkenformationen und umliegende Pflanzen spiegeln, sorgt für Lebendigkeit. Obwohl er vorwiegend natürlich wirkt, wird er ganz offensichtlich mit Wasser aus einem Brunnen in der hinteren Wand künstlich gespeist.

Dieser Garten wurde für eine Gegend mit warmem Klima geplant, daher gibt es in ihm einen zeltartigen Pavillon, der Schatten spendet, sowie üppige Pflanzungen mit subtropischen Palmen und frostempfindlichen Farnen. Aber Decks eignen sich für Gegenden mit ganz unterschiedlichem Klima. Ähnliche Pflanzeffekte lassen sich auch in gemäßigten Zonen erreichen, indem man Arten mit üppigem Blattwerk pflanzt, die unter den herrschenden Bedingungen gedeihen, etwa Rhabarber (*Rheum*), Bambus und andere Gräser, Neuseeländer Flachs (*Phormium tenax*) und Palmlilien (*Yucca*) oder immergrüne Sträucher mit schöngeformten Blättern wie Zimmeraralie (*Fatsia*) oder Mahonie.

PFLEGELEICHTER DECK-GARTEN

Die große Terrasse beim Haus ist in zwei Ebenen unterteilt (1a und 1b) und bietet reichlich Platz, um Gäste einzuladen, Sonnenbäder zu nehmen und anderen erholsamen Beschäftigungen nachzugehen. Pflanzgefäße bilden einen reizvollen Rahmen, und ein Grill (2) ist in unmittelbarer Nähe.

Pavillon mit Zeltdach (3)

Einer der Höhepunkte des Gartens ist ein Pavillon mit Zeltdach (3), der auf einem erhöhten Deck steht. Vom Haus aus erreicht man ihn über eine Holzrampe mit beidseitigem Geländer (4). Die Rampe steigt langsam zu dieser schattigen Oase an, die von raschelnden Blättern umgeben ist. Der tiefe Schatten unter der Rampe läßt einen großartigen Lebensraum für Farne entstehen, die wenig oder keine Pflege benötigen. In einer kühleren Gegend, in der vielleicht ein Wetterschutz notwendig ist, kann ein geschlossenes Gebäude wie zum Beispiel ein Gartenhaus den Pavillon ersetzen.

Der Hauptweg durch den Garten (5) liegt etwas erhöht und geht in eine Brücke (6) über, auf der man einen flachen Teich (10) überquert. Nahe beim Pavillon zweigt ein schmaler Steg (7) ab.

Bei dem Gebäude in der hinteren linken Ecke des Grundstücks handelt es sich um ein Gartenhaus (8), das aber genausogut durch einen Schuppen, in dem Gartenzubehör aufbewahrt wird, oder eine Sauna ersetzt werden kann. Seine vertikalen Linien bilden ein gelungenes Gegengewicht zu den vorwiegend horizontalen Flächen des übrigen Gartens.

Ein Wandbrunnen (9) bildet das Ende einer Blickachse, die von der Hauptterrasse beim Haus zur hinteren Wand geht. Der Blick folgt den Konturen des flachen Teichs (10), der sich fast über die gesamte Länge des Gartens erstreckt. In der Nähe des Brunnens wurde eine Lücke zwischen den Stegen mit Trittsteinen (11) geschlossen; sie wiederholen das Thema von Kieseln und Findlingen, die in Gruppen im und um den Teich (12) liegen.

Stadtgärten

In städtischen Gebieten besitzen Grundstücke oft eine rechteckige Form. In vielen Fällen sind sie lang und schmal geschnitten und haben eindeutige Grenzen. Hohe Zäune und Mauern sind auffällig und können viel Schatten entstehen lassen. Manchmal machen es hohe Nachbargebäude notwendig, Bäume zu pflanzen oder Bauten zu errichten, die Ungestörtheit garantieren. Doch gleichzeitig können diese Gebäude und Schutzvorrichtungen den Schatten noch vergrößern.

Die schwierigste Aufgabe bei der Anlage eines solchen Gartens besteht darin, eine festgelegte Form und begrenzte Fläche reizvoll zu gestalten. Der hier gezeigte Entwurf löst das Problem, indem sich schmale wegartige Flächen (7 und 15) mit Räumen, die fast über die gesamte Breite gehen (1, 12 und 16), abwechseln. Zusammen mit Pflanzungen, die die Ränder des Grundstücks auflockern und verbergen, kann dieser Entwurf die korridorartige Form des Gartens erfolgreich korrigieren. Eine Auswahl interessanter kleiner Bäume, begrünte Pergolen (2 und 15), Hochbeete (10) und Pflanzgefäße lassen alle Ebenen reizvoll erscheinen und ermöglichen es den Benutzern, ein wenig zu gärtnern oder sich in bequemen, schattigen Sitzbereichen zu erholen. Die Verwendung klug plazierter Leuchten erlaubt die Nutzung des Gartens auch nach Einbruch der Dunkelheit.

Dieses Grundstück erhält ziemlich viel Sonne, so daß eine große Palette an Pflanzen gedeiht. Im anderen Fall müssen die Besitzer für sehr dunkle Ecken schattenliebende Pflanzen wählen. Die Pflege von Pflanzen hat hier größere Bedeutung als routinemäßige Arbeiten wie Mähen, da anstelle von Rasen reizvolle, pflegeleichte Pflasterflächen angelegt wurden. Rasen ist für kleine Flächen, die über längere Zeit des Tages im Schatten liegen, selten eine befriedigende Lösung, und Kehren erfordert weniger Zeit als Mähen. Hier unterstützt das Muster der Pflasterflächen den Grundriß und lenkt das Auge sowohl einen Weg entlang als auch zu den Ecken.

Die verschiedenen Bereiche gehen in einer eleganten und logischen Abfolge getrennter Räume ineinander über. Sie sind sorgfältig angeordnet, so daß man unmittelbar links von der Mittelachse vom Hoffenster bis zum hinteren Ende des Gartens blicken kann.

Links Mit Hilfe eines verspiegelten Bogens ist neben der Seitenwand eines Hauses ein langer, schmaler Raum zu einem Arkadengang geworden, der in dem schmalen Becken reflektiert wird. Die üppigen grünen Pflanzen in den schlichten, cremefarbenen Kübeln vor den hellgrünen Wänden lassen eine ausgeglichene friedliche Atmosphäre entstehen. Gemäß der ursprünglichen Funktion von Innenhöfen bildet dieser Stadtgarten einen völligen Kontrast zu der heißen, staubigen Stadt außerhalb der Mauern.

GEPFLASTERTER STADTGARTEN

Der Zugang zum kleinen Hof (1) wird von einer Pergola (2) geschützt. Sie läßt gesprenkelten Schatten entstehen und verhindert die Einsicht von den Fenstern des Nachbarhauses aus. Im Hof stehen Topfpflanzen (3), und an der Mauer befindet sich ein kleiner Brunnen oder eine Skulptur (4).

Schräge Stufen (11)

Tiefliegender Sitzbereich (5)

An den Hof schließt sich linkerhand ein vertiefter Sitzbereich (5) an. Ein Baum (6), der im Frühjahr blüht, lockert die kompakte Wirkung der befestigten Flächen auf und schützt vor Einblicken. Dieser tiefliegende Gartenbereich wurde so angelegt, daß sich dort kein Regenwasser sammeln kann.

Ein breiter Weg aus graublauen Steinplatten (7) führt vorbei an niedrigen Hecken aus duftendem Lavendel. Rechts sorgt ein schmales Beet mit Kletterpflanzen (8) durch Blüten und Blattwerk am Zaun für Reiz. Links befindet sich hinter einer Fläche mit niedrigen Kräutern und Blumen (9) ein Hochbeet mit einer Dauerpflanzung (10).

Schräge Stufen (11) führen vom ersten Wegabschnitt zu einem Sitzbereich (12) mit einer Bank (13), einem Tisch und einem kleinen, erhöht liegenden Zierteich (14). Hier ist das Pflaster diagonal verlegt, was dem linearen, korridorartigen Eindruck dieses langen, schmalen Grundstücks entgegenwirkt. Kleine Bäume an gegenüberliegenden Ecken sorgen für Höhe, Pflanzgefäße lassen den Bodenbereich reizvoller erscheinen.

Eine Pergola (15) engt den Blick ein, und parallel verlegtes Pflaster beschleunigt den Schritt in diesem von Sträuchern flankierten Durchgang. Details dieser Pergolakonstruktion finden sich an der Pergola beim Haus wieder.

Die offene Fläche für die Familie oder spielende Kinder (16) wurde in einem Diagonalmuster gepflastert, um die Aufmerksamkeit von der rechtwinkligen Einfriedung am Ende abzulenken. Der gemauerte Grill (17) wird von quadratischen Pflasterplatten eingerahmt, die auch einen schmalen Weg zwischen den Pflanzungen bedecken. Gedämpfte blaue Töne in der Pflanzung entlang der hinteren Grenze verstärken den Eindruck von Ferne, wenn dieser Bereich vom Haus aus betrachtet wird.

Gärten für trockene Gegenden

Bei Landschaften, die von Natur aus trocken sind, handelt es sich hauptsächlich um Wüsten oder Gebiete mit geringem Niederschlag, in denen Pflanzen wachsen, die mit sehr wenig Wasser auskommen können. Mit etwas sorgfältiger Planung kann man jedoch selbst in solchen zunächst als unwirtlich erscheinenden Gegenden eine interessante Palette an Pflanzen ziehen, wobei befestigte Flächen dem Garten seine Struktur geben können.

Abgesehen von Kakteen und anderen Sukkulenten gibt es noch viele reizvolle Gartenpflanzen, die trockene Bedingungen überleben. Zu ihnen gehören Gewächse mit ledrigen, riemenartigen oder schmalen spitzen Blättern, die oft aromatisch duften. Strauchige Vertreter von Salbei, Lavendel, Zistrosen und andere sonnenliebende Kräuter wie Rosmarin sind Gartenklassiker, doch das Spektrum reicht von bodendeckendem Grasersatz bis zu hohen Palmen. Die Bepflanzung des Gartens mit Arten, die Trockenheit vertragen, ist eine sinnvolle ökologische Maßnahme für Regionen, in denen das Wasser knapp ist.

Für eine solche Gegend wurde der hier gezeigte Garten entworfen. Er hat einen interessanten, individuellen Grundriß mit einem etwas ungewöhnlichen, verschobenen Mittelpunkt, aber die Elemente dieses Entwurfs können ohne weiteres auch herkömmlicheren Häusern und Gartengrundrissen angepaßt werden. Das Haus besteht aus zwei parallelen Gebäuden, die durch einen langen Innenhof getrennt sind. Der Hof wird an beiden Enden durch Eisentore (19) geschützt, die jedoch die Sicht nicht behindern. Der Hauptgarten, eine L-förmige Fläche hinter und rechts von den Gebäuden, besteht aus einer gelungenen Mischung formaler und freigestalteter Elemente, die über Wege leicht erreichbar sind. Die Wege sind ein wichtiger Faktor in diesem Garten. Sie vermitteln einen nachhaltigen Eindruck kontrollierter Bewegung und lassen logische Übergänge zwischen den verschiedenen Bereichen entstehen.

Es wurden Pflanzen gewählt, die wenig Niederschlag brauchen und daher weitgehend ohne Pflege auskommen. Der Bodenbelag für die freien Flächen besteht hauptsächlich aus Kies. Unter diesen trockenen Bedingungen zahlt es sich wirklich aus, mit der Natur zu arbeiten. Paradoxerweise spielen gerade in diesem Garten Wasserelemente eine wichtige Rolle in der Gestaltung. Doch die klaren, abstrakten Formen der Becken ziehen auch dann die Aufmerksamkeit der Betrachter auf sich, wenn kein Wasser in ihnen ist – und die Gartenbesitzer können sie mit Hilfe moderner Technik im Handumdrehen zum Leben erwecken.

Links *In diesem entzückenden Hof wurden trockenheitsresistente Pflanzen direkt in den Kies und um Gesteinsbrocken gepflanzt; kleinere Steingartenpflanzen und Sukkulenten wachsen in Töpfen und Steintrögen. Rote Zistrosen sowie gelber Mohn und Goldlack sorgen für Farbe, und ihre weichen runden Formen bilden einen schönen Kontrast zu den langen, schmalen Blättern der Schwertlilien.*

GÄRTEN FÜR TROCKENE GEGENDEN 199

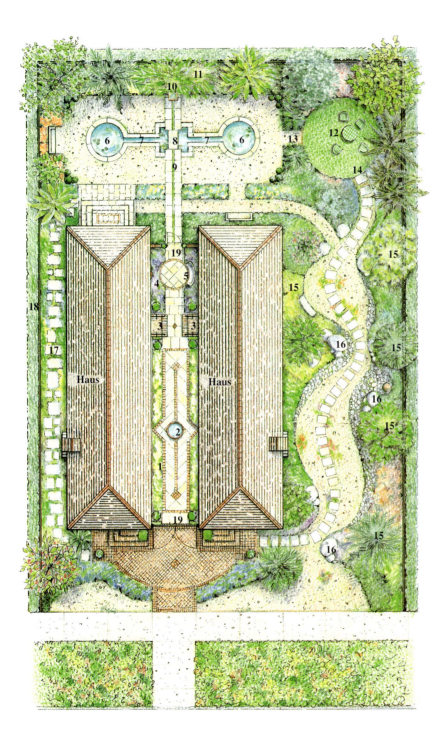

GARTEN MIT VIELEN WEGEN FÜR TROCKENE GEGENDEN

Die Pflanzungen im Haupthof (1) sind in Gelb und Weiß gehalten. Den Mittelpunkt bildet ein runder Brunnen (2), der leicht geleert werden kann. Hinter den Treppen (3), die in die Häuser führen, rahmen blaue und malvenfarbene Blumen eine runde Fläche ein, wo man von einer Bank aus (5) eine Skulptur (4) bewundern kann.

Der formale Teichgarten wiederholt die Geometrie der Häuser. Zwei flache runde Becken (6) mit Springbrunnen werden durch einen schmalen Kanal (7) verbunden. Über den quadratischen tiefliegenden Bereich mit Schwertlilien in der Mitte bildet eine große Steinplatte einen Steg (8); er ist Teil der vom Hof ausgehenden Hauptachse, die durch einen Weg markiert wird, auf dem zwischen parallel verlegten Steinplatten (9) Kriechpflanzen wachsen. Die Achse endet an einer Skulptur (10). Pflanzen mit architektonischem Charakter bilden den Hintergrund (11).

In einer schattigen Ecke liegt ein gemütlicher Sitzbereich (12), umgeben von interessanten Blattpflanzen. Einer der zwei Zugänge gibt den Blick auf den Teichbereich (13) frei, während man durch den anderen entlang des gewundenen Plattenwegs (14) schaut. Dieser Weg windet sich um runde Pflanzungen (15) sowie Steinarrangements und Findlinge (16).

Blick auf den gewundenen Plattenweg (14)

Ein gerader Plattenweg (17) am linken Rand des Grundstücks läßt einen schattigen Durchgang zwischen der Grenzhecke (18) und dem linken Haus entstehen. In schmalen Beeten und zwischen den Steinen wachsen hier kleine schattenliebende Pflanzen.

Die Eingangstore (19) erlauben einen großartigen Blick entlang der Hauptachse des Gartens.

RATSCHLÄGE FÜR DIE GARTENPFLEGE

Jeder Garten braucht etwas Pflege, und Sie sollten versuchen abzuschätzen, wie viel Arbeit Ihr Garten machen wird. So ist sichergestellt, daß Sie sich bei der Realisierung des Gartens nicht zu viel aufbürden. Betrachten Sie zum Beispiel die Liste Ihrer Pflanzen: Müssen sie regelmäßig geschnitten, gestützt oder geteilt werden? Falls Sie Holzkonstruktionen haben: Ein neuer Anstrich ist regelmäßig erforderlich. Überlegen Sie dabei auch Ihre finanziellen Möglichkeiten. Das Mähen einer großen Rasenfläche ist zeitraubend, aber diese Arbeit kann man natürlich delegieren. Darüber hinaus hängt die benötigte Zeit von der Qualität der vorhandenen Geräte ab.

Wenn Sie nicht gerade unbegrenzt Zeit und Hilfe zur Verfügung haben, werden Sie die Gartenarbeit in vernünftigen Grenzen halten wollen. Es folgen nun einige nützliche Tips, wie man die Gartenpflege auf ein Minimum beschränken kann.

Beete und Rabatten anlegen

1 Planen Sie Beete und Rabatten mit ausdauernden Pflanzen, damit Sie sie nicht jedes Jahr neu bepflanzen müssen. Das wirkt sich das ganze Jahr über zeitsparend aus. Versuchen Sie Pflanzen zu verwenden, die die gleichen Wachstumsbedingungen brauchen. Sie besitzen nicht nur eine natürliche Affinität, sondern machen auch die Pflege einfacher.

2 Die Ränder von Beeten und Rabatten sind leichter zu pflegen, wenn sie einfache Formen haben, insbesondere neben Rasenflächen. Das Schneiden komplizierter Rasenkanten kann mehr Zeit erfordern als das eigentliche Mähen.

3 Achten Sie darauf, daß die Erde in Beeten nicht zu hoch ist, da sie sonst leicht auf angrenzende Pflaster- oder Rasenflächen rutscht. Eine Einfassung kann hier von großem Nutzen sein, obwohl sie Beeten leicht eine formale Wirkung verleiht.

4 Mulchen eignet sich ausgezeichnet, um den Boden zu verbessern, die Bodenfeuchtigkeit zu bewahren, Unkraut zu unterdrücken und sogar die Bodentemperatur zu egalisieren. Um zu mulchen, muß in gewissen zeitlichen Abständen eine mindestens acht Zentimeter dicke Schicht kompostiertes organisches Material verteilt werden. Zur Bewahrung der Bodenfeuchtigkeit und Unterdrückung von Unkraut eignet sich auch eine anorganische Abdeckung wie Kies oder sogar Folie (sie kann unter Steinen oder Rinde verborgen werden).

5 Eine ausreichende Drainage und ein gutes Wasserspeichervermögen des Bodens sind für das optimale Gedeihen von Pflanzen unverzichtbar. Dies kann bedeuten, daß man in nassen Boden Kies und/oder Sand einarbeiten muß, oft zusammen mit einem grobfasrigen organischen Material. Um das Wasserspeichervermögen von trockenen Böden zu verbessern, fügt

man feines organisches Material hinzu und/oder Schaumstoffflocken, die untergegraben werden sollten, damit Vögel durch sie keinen Schaden nehmen.

6 Eine der Hauptarbeiten bei der Pflege von Beeten und Rabatten ist die Unkrautbekämpfung, wobei Mulch und bodendeckende Pflanzen (siehe unten) eine wichtige Rolle spielen. Um die Entwicklung von Unkräutern zu verhindern, von denen bereits Samen oder Wurzeln vorhanden sind, muß man die Beete vor dem Pflanzen gründlich bearbeiten. Dies erspart auf lange Sicht viel Arbeit. Bei bereits angelegten Beeten ist leichtes Hacken empfehlenswerter als tiefes Umgraben, da dabei weniger Gefahr besteht, daß Wurzeln gestört oder beschädigt werden. Außerdem keimen so weniger Unkräuter.

Bäume pflanzen

1 Bäume, die klein gepflanzt werden, wachsen am besten an und brauchen am wenigsten Pflege. Oft überholen sie in ihrer Entwicklung sogar Exemplare, die zur Pflanzzeit weit größer waren.

2 Werden größere Bäume gepflanzt, haben sie bessere Chancen anzuwachsen, wenn man sie gut stützt und regelmäßig prüft, ob sie vom Wind gelockert wurden. Ist ein Baum angewachsen, werden Stütze und Binder entfernt, gewöhnlich nach zwei bis drei Jahren.

3 Bäume aller Größen wachsen leichter an, wenn um den Stamm eine Mulchschicht aus organischem Material oder Kies verteilt oder eine Folie ausgelegt wird.

4 Der Stamm sollte geschützt werden, um Schäden durch Rasenmäher, Trimmer oder Tiere zu vermeiden. Im Handel sind entsprechende Vorrichtungen – Spiralen, Metallgerüste – erhältlich.

5 Um die Bewässerung von Bäumen an Hängen oder trockenen Standorten zu erleichtern, läßt man oberhalb der Wurzeln einen großen Blumentopf in den Boden ein. Wenn man den Schlauch oder das Bewässerungssystem in den Topf legt, ist gewährleistet, daß das Wasser nicht abläuft, sondern in die Erde sickert. Eine Kugel aus engmaschigem Drahtgeflecht verhindert, daß kleine Tiere in den Topf fallen.

6 Kompost und Dünger, vor allem Langzeitdünger, fördern ebenfalls das Anwachsen eines Baums.

Bodendeckende Pflanzen

Bodendeckende Pflanzen sind niedrige Arten, die sich rasch und flächendeckend ausbreiten. Sie sind besonders dort nützlich, wo Erde unter hohen Pflanzen oder Bäumen von Unkraut überwuchert oder ungeschützt liegen würde, vielleicht aufgrund schattiger oder trockener Bedingungen. Es ist sinnvoll, heimische Arten zu wählen, die diesen Bedingungen am besten standhalten. Sie verdrängen oft wirkungsvoll Konkurrenten, sollten aber selbst auch nicht zu wuchsfreudig sein, damit sie gut unter Kontrolle gehalten werden können.

Rasen

1 Obwohl Rasen immer ein hohes Maß an Pflege fordert, kann man die Arbeit reduzieren, indem man Grasarten wählt, die für das herrschende Klima, den Boden und die vorgesehene Nutzung geeignet sind. So gibt es etwa spezielle Arten für eine hohe Beanspruchung oder trockene Bedingungen.

2 Wo Rasen an Wege, Mauern oder Pflanzungen grenzt, ist möglicherweise eine Einfassung notwendig, damit beispielsweise kein Kies auf das Gras gelangt. Eine Mähkante aus Ziegeln oder Steinen neben dem Beet oder der Mauer, die etwas tiefer als der Rasen liegt, verhindert Schäden an Pflanzen, Mauer und Geräten.

3 Pflanzen, die über die Rasenkante wachsen, können den Rasen schädigen oder das Gras sogar verdrängen. Eine Begrenzung muß nicht auffällig sein, und in formal gestalteten Gärten ist möglicherweise eine Einfassung aus Steinen oder Holz erforderlich, damit die Konturen der Rasenkanten erhalten bleiben.

Pflaster und Stufen

1 Wo sie richtig verlegt oder gebaut wurden, brauchen Pflaster und Stufen wenig Pflege. Sie müssen lediglich sauber und, in schattigen Lagen, moosfrei gehalten werden, außer Sie finden Moos schön. In kalten Gegenden kann Frost Steine lockern.

2 Kieswege müssen geharkt werden, und bei lehmigem Untergrund brauchen Kiesflächen Pflege. Eventuell muß man Löcher auffüllen oder den Kies ebnen oder walzen, insbesondere nach strengen Wintern.

Vertikale Konstruktionen

1 Imprägnieren Sie Konstruktionen aus Weichholz sofort mit einem guten Holzschutzmittel. Andernfalls müssen Sie die Behandlung regelmäßig wiederholen.

2 Vermeiden Sie es nach Möglichkeit, Konstruktionen für den Außenbereich zu streichen. Sind die Oberflächen einmal gestrichen, bedürfen sie ständiger Pflege.

3 Hartholz sollte auf keinen Fall gestrichen werden, da hier die Farbe nicht in gleichem Maß eindringt wie bei Weichholz und daher leichter abblättert. Es kann jedoch gebeizt werden.

Gartenteiche

1 Laub und Rasenschnitt, den der Wind in das Wasser getragen hat, müssen sofort entfernt werden, da sie die Bildung von Ablagerungen beschleunigen, den pH-Wert des Wassers verändern, das Gleichgewicht der Mikroorganismen stören oder die Entstehung von Kohlendioxid und anderen Gasen fördern können.

2 Verzichten Sie bei Beeten und Rasenflächen in Wassernähe auf die Verwendung von Pestiziden oder Düngern. Wenn Sie ins Wasser gelangen, kann dies katastrophale Folgen haben.

Swimmingpools

1 Firmen, die Schwimmbecken bauen, sollten auch ausführliche Pflegeanweisungen geben. Sie müssen den persönlichen Bedürfnissen des Besitzers gerecht werden und die Gesundheit von Badenden und die Reinheit des Wassers sicherstellen.

2 Beim Bau eines Swimmingpools sollte darauf geachtet werden, daß sich die an den Pool angrenzenden Flächen vom Beckenrand wegneigen. Dadurch verhindert man, daß Staub, Schmutz oder Regenwasser ins Wasser gespült werden. Darüber hinaus sollten sich auch keine Bäume in unmittelbarer Nähe befinden: Abfallende Blätter und Blüten verschmutzen das Wasser – und Kiefernnadeln verstopfen Filter besonders schnell.

3 Ein Fußbecken am flachen Ende des Swimmingpools, wo vermutlich die Kinder spielen werden, reduziert die Schmutzmenge, die in den Pool gelangt. Dies ist besonders dort wichtig, wo sich in der Nähe Sand-, Gras- oder Erdflächen befinden.

Maschinen und Geräte

1 Achten Sie schon im Planungsstadium darauf, daß alle Bereiche des Gartens mit Geräten erreichbar sind.

2 Wenn Sie elektrische Geräte zur Gartenpflege einsetzen wollen, sollten Sie auch dies bereits im Planungsstadium berücksichtigen und die Kosten veranschlagen. Erweisen sich Geräte als zu kostspielig, muß eventuell die Gestaltung oder Bepflanzung verändert werden, um die Pflege preiswerter zu machen.

3 Bitten Sie bei allen Geräten, die Sie anschaffen wollen, um eine kostenlose Vorführung. Nur so können Sie sichergehen, daß sie Ihren Bedürfnissen auch wirklich gerecht werden. Oft stellt sich bei der Demonstration heraus, daß Geräte dem Arbeitsanfall nicht angemessen sind.

4 Ein Bewässerungssystem spart viel Zeit und reduziert das Wässern per Hand auf ein Minimum. Darüber hinaus bietet es unschätzbare Vorteile während der Urlaubszeit und macht Gartenbesitzer unabhängig. Ein solches System wird gewöhnlich von der Installationsfirma gewartet.

REGISTER

Kursive Seitenzahlen beziehen sich auf Abbildungen.

A

Agapanthus 186
Agrostis 38
Ahorn 129
Ajuga reptans 39
Algen 146
Allee 68, *68*
Amerikanischer Verband *79*
Ampeln 134, *134*
Analyse 10, 13, 21, *24*, 24 ff.
Apfelbäume 68, *191*
Arbeitsplan 27 f.
Arbutus 189
Armillarspären 13, *140*
Artischocke *130*
Asphalt 41 f., *43*
Astilben *188*
Auffahrten 42, 46, *47, 191*

B

Bäche 144, 146, 155, *182, 188, 192*
Badmintonplätze 167, *168*
Balkone 100
Bambus 93, *93, 184, 185,* 194
Bambusgras 66 f., *67*
Bambusrohre 118, *145*
Bambusstäbe *33*
Bänke 12 ff., *105,* 112, *118 f.,* 124, 127, 129, 136, *160 f., 177, 181, 183, 187,* 188, *189,* 192, *193, 197, 199*
Basketballkorb 159, 166, *166*
Bauerngärten 13, 19, 50, *111,* 174, 190, *190 f.*

Bäume 12, *15,* 18, 21, 26, 38, *64 f.,* 65, 67, 118, *120, 129 f.,* 136, 146, *146, 159, 177,* 180, *183, 186,* 188, *189,* 192, *193,* 196, *197,* 200
Baumhäuser 176, *177*
Baumscheiben 44, *45*
Beete 10, *10, 12,* 14, 26, 32 f., 38, 40, 46, *46, 50, 72* f., 130, *169, 177,* 180, *180 f., 183,* 186, 188, *189 f., 197,* 200
Behinderte 61, 129, 136, *136 f.*
Beleuchtung 26 f., 57, 138, 142, *142 f., 187,* 194, 196
Belüftungssysteme *123*
Berberitzen 68
Bermudagras 38
Bestandsaufnahme 6, 8, 10, 13, 18, 21
Beton 6, 37 f., 42, 52, *55, 60,* 73, *75, 89 f.,* 102, *122,* 133, *147,* 148, *156, 163, 185, 191*
Betonblöcke 73, *73*
Betonmauern 73, 84, *84–87, 86*
Betonpflaster 50, *50 f.*
Betonplatten 52, *57 f.*
Betonrandsteine *47*
Betonsteine *31,* 50, *51,* 64 f., *100, 109, 154*
Bewässerung 10, 24, 26, 29, 32, *32,* 38, 134, 200
Bewässerungssysteme 27, 32, *32, 186,* 200 f.
Bewehrungsstäbe 70, *70, 72, 75,* 84, *85,* 87
Bienenstöcke *177, 193*
Binderverband *71, 78*
Binsen 184
Birken *119*
Birnbäume 68, *112*
Bitumen 73
Blickfänge 13 f., 38, *113, 117, 121,* 124, 126 f., 129, 132, *133 f., 140 f.,* 141, 151, *161,* 164, *164, 181, 187,* 188

Blockparkettverband *52 f.*
Blockverband *79*
Blumenkästen 129
Bodenbeläge 26 f., 29 f., *31,* 41 f., *41 ff.*
Bodenbeschaffenheit 21, *30,* 38, 72
Bodendecker 19, 38 ff., *40,* 129, *154,* 180, 190, 200 f.
Bodenfeuchtigkeit 24, *149,* 200
Bogengänge *13,* 19 f., 62, 67, 69, 106, *111 f.,* 112, 118 f., 130, 180, *189, 196*
Bohlen 44, *87, 156*
Böschungen 38 f.
Bougainvillea 69
Bruchsteine *49, 148,* 157
Bruchsteinplatten *82, 109*
Brücken 44, 155, *156,* 194, *195*
Brunnen 6, 124, 151 f., *153, 187,* 194, *195,* 197, *199*
Buchen *66,* 67, 68, *119*
Buchsbaum 10, 14, *66 f.,* 67, *118,* 130, *180, 189, 191*
Butterblumen *190*
Buxus 10, 14, *66 f.,* 67, *118,* 130, *180, 189,* 191

C

Calluna 39
Chamaemelum nobile 38
Chemikalien 29, 146, *172*
Chinaschilf *44,* 184
Church, Thomas *170*
Clematis 39, 69, *118, 122,* 167
Clematis alpina ›Francis Rivis‹ *98*
Cotoneaster 39
Cotula squalida 38
Cynara scolymus 130
Cynodon dactylon 38

D

Dachgärten 100, 134, *135*
Dahlien 188
Dehnungsfugen 54, *54 f.*, 73, *73*, 84, *148*
Deutsches Weidelgras 38
Drainage 10, 24, 26–30, *30 f.*, 33, 38, 42, 44, *45*, *72*, 72 f., *89 f.*, *97*, 132, 134, *134*, 157, *158*, *165*, 200
Duftpflanzen 20, 69, *69*, 106, *119*, 136, *137*, *160*, *180*
Dünger 200

E

Efeu 39, 69, *81*, *98*, *139*, *142*
Eiben 14, 66 f., *66 f.*, *130*, *139*, 167
Eichen *97*
Eisenbahnschwellen *58*, *131*
Elemente, vertikale 6, 14, 25, 62, *62*, 64–78, *64–123*, 80 f., 84, 86, 88, 90, 92 ff., 96, 98, 100, 102, 105–108, 110, 112 ff., 116, 118 f.
Elfenblumen *129*
Entwässerung 30
Entwurf 6, 10, 18, 21, 25–28, *26*, 106, 167, 174, 176, *177*, 178, *179*, 180, *181*, 182, *183*, 184, *185*, 186, *187*, 188, *189*, 190, *191*, 192, *193*, 194, *195*, 196, *197*, 198, *199*
Epimedium 129
Erdbeerbaum *189*
Erlen 184
Erziehen 68, *68*, 180, 192
Espen *119*

F

Farben 12, 36 f., 48, 50, 57, 64, 67, 116, *121*, 124, *127*, 129 f., 130, *130*, 132, 169, *170*, 174
Farne *72*, *129*, *182*, 194, *195*
Fatsia 194

Federborstengras *184*
Feldsteine 46, *47*, *81*
Felsen 154, *154*, 157, 186
Fensterkästen 134, *134*
Festuca 38
Fetthenne *182*, 184
Feuchtigkeitssperre 76, *70*, 70 f., *72*, 100
Fiberglas *101*, *109*, *131*, *134 f.*, *146*
Findlinge 48, *83*, *120*, 144, *145*, *157*, *183*, *187*, *192*, 194, *195*, *199*
Fingerhut *10*, *16*, 126, *192*
Firstpfannen *101*
Fischgrätverband *19*, *43*, *53*, 81, *82*, *185*
Flächen, horizontale 34, *34–61*, 36–42, 44, 46, 48 ff., 52, 54, 56 ff., 61
Flechten 40, 127
Flechtzäune *96 f.*
Fliesen *58*, *60*, 71, 76, *78 f.*, 166
Flintstein 48, *48*, *60*, *81*, *83*, *101*, *123*, *154*
Formschnitt 12, *15*, *20*, 67 f., *68*, *112*, 180, 192
Formsteine 71, *71 f.*, 76, *78 f.*, 85
Fritillaria meleagris 189
Fugen *31*, 36, 42, *43*, *45*, 49, *49*, 52, *53*, 54, *55*, 69, *75–80*, *76 f.*, 80, 84, *85*, *87*, *100*, *193*
Fundamente 27, 29, 33, 37, 48, 52, 54, *56*, 70, *70 ff.*, 72 ff., *74 f.*, *83*, *87*, 88, *89*, *100*, 107, *108*, *122*, *147 f.*, 148, *155 f.*, *158*, 169
Funkien *127*, *149*, *182*, 188

G

Gartenbauten *118–123*, *118 f.*
Gartengeräte 14, 20, 34, 61, *61*, 136, *136 f.*, *160*, 201
Gartenhäuser *15*, *17*, *26*, 126, *177*, *183*, 192, *193*, 194, *195*
Gartenmöbel 6, 20, *20*, 25 f., 34, 48, 119, 124, 126, *126*, *159*, 159 f., *162*, *187*, 190
Gartenschuppen 20, 70, 188, *189*, *191*, 195
Gartenzubehör 188, *195*

Gefälle 42, 48, *56*, 57, 136
Geißblatt 39, 69, *69*, *122*, 136, *190*
Geländer 44, 57, *58*, *99*, *101*, *120*, *135*, *137*, 155, *156*, *180*, 195
Geländestufen 19, *29*
Gemüsegärten 26, *123*, 188, *189*, *191*
Geotextile Fasermatten *30*, *41*, 41 f., *43*, *147 ff.*, 155
Gestaltung 6, 12–17, *14–17*, 21, 26, 36, 93, *105*, *115*, 157
–, formale 12, 14, *14 f.*, 16, 26, 34, 42, 50, 66 f., *66 f.*, *121*, 130, 169
–, freie 16, *16 f.*, 26, 34, *36*, *40*, 42, 44, 50, 56, 72, 126, 144, 157, 169, 192
Gewächshäuser 20, 119, *123*, 188, *189*
Girlanden 106, 113, *113*
Glyzinen 19, 69
Goldlack *198*
Goldregen *112*
Goldrute *190*
Gotischer Verband *71*, *78 f.*, *100*
Granitpflaster *43*, *49*
Gräser 6, 12, 66, 184, *184 f.*, 192, 194
Grassoden *30 f.*
Grassorten 38
Grills 20, 25 f., 119, 126, 159, 163, *163*, *177*, *187*, *195*, *197*
Grotten *119*, *154*, *172*, *182*, *183*
Grundregeln 8, 12 f., 14
Grundriß 6, *8*, 10, *12*, 13, *14*, 16, 19–24, *22*, 26, 33, 62, 127, 142, 167, 174, 176, *187*, 188, 192, 196, 198
Grundwasserspiegel *30*
Gunnera 149

H

Hänge 19, 23, *26*, 28, *28 f.*, 56, *57*, 75, *89*, 90, 157, *178*, 182, *182 f.*
Harthölzer 44, *55*, *58*, 88, *94*, *94*, *97*, *112*, *161*, *187*, 194, *194*

Haselreisig *30*
Haselruten *97*, 118, *118*
Hecken 12 ff., *13 ff.*, *17*, *20*, 21, 26, *26*, 29, *39*,
  62, *64*, *66 ff.*, *67* f., 90, *99*, *130*, 166 f., *168*,
  177, 180, *181*, *183*, 184, *185*, 188, 190, *191*,
  193, *197*, *199*
Hedera 39, 69, *81*, *98*, *139*, *142*
Heidekraut 39
Heizungssysteme *123*
Helianthemum 158
Herbizide 29, 40
Hinterhöfe 13, 129, 132, *132*, *138*, *140*, *143*,
  151, 166, *168*
Hochbeete 8, 10, 19, 28, *28*, *132*, 136, *137*,
  157, *158*, *160*, 196, *197*
Hochstämmchen 12, 130, 180
Höhenlinien *22*
Höhenunterschiede 21, 23, *23*, 26, 29, *30*, 44,
  47, 56 f., 61, 144, 146
Holländischer Verband *51*, *53*
Holz 16, 20, 36, 41, 44, *44 f.*, 46, 62, 88, 90,
  102, 108, 112 f., 118, *132*, *134*, 146, 155,
  160, 192, *193*, 194
–, gehäckseltes *36*, 37, 41, *41*
Holzbretter *34*
Holzdecks 37, 44, *44 f.*, *120*, *122*, *159*, *187*,
  194, *194 f.*
Holzpflaster 44, *45*
Holzschutzmittel *60*, 88, 90, 114, *132*, *162*, 201
Holzwände 88, *88 f.*
Hopfen *118*
Hortensie *127*
Hypericum perforatum 39

I

Immergrün 39, *39*, 66 f., 69, 128
Innenhöfe 62, *123*, *196–199*, 198
Installationen 24, *24*, 29, 144, 146, 148, *150*,
  151, 154, 169
Iris *84*

J

Jägerzäune *95*
Jasmin 69
Jasminum officinale 118
Johanniskraut 39
Jungfer im Grünen *92*
Jungfernreben 69
Juniperus horizontalis 39

K

Kakteen 198
Kalkstein *83*, 127, *140*
Kalter Kasten 20
Kamelien 67
Kaminaufsätze *133*
Kanäle *154*, *179*, *199*
Kanthölzer *47*, *58*, *89*, *93 f.*, 94, *96 f.*, *109*, 110,
  111 f., *121*, *141*
Kaskaden 144, 146, 154
Katzenminze *189*
Keramikfliesen *20*
Kies 6, *30*, 37, 40 ff., *41 ff.*, *45*, 46, 48, *57 f.*, *60*,
  75, *89 f.*, *97*, *122*, *132*, *145*, *157 f.*, 166, 176,
  177, 198, *198*, 200 f.
Kieseln 37, 42, 148, *152*, *154*, 186, *187*, 194,
  194 f.
Kirschbaum *181*
Kletterhilfe 69, 90, 100, 106 f., *112*
Kletterhortensie 69
Kletterpflanzen *13*, 39, 66, 68 f., 90, *98*, *101*,
  106 f., *112 f.*, 114, *115*, 118, *118*, *122*, 130,
  135, *165*, 190, 192, *197*
Kletterrose ›Etoile de Hollande‹ *91*
Kletterrose ›Golden Showers‹ *91*
Kletterrose ›New Dawn‹ *92*
Kletterrosen 20, 39, 68, *78*, *106*, *113*, *119*, *168*,
  180, *181*
Klima 24, 64, 86, 184, 194
Klinker *87*, 100

Knöterich *167*
Kompostbehälter 26, *22*, *191*
Komposthaufen 65, 100
Koniferen 66, 68, 130, *183*
Königskerze *126*
Kräuter 136, *137*, *160*, 164, 190, *191*, *197*,
  198
Kräutergärten 25, *123*, *177*
Kriechender Günsel 39
Kriechpflanzen 38, 40, *158*
Kriechwacholder 39
Kunstharzkies 55
Kunststein 40, *58*, *60*, 65, 73, *82*, 108, 133

L

Labyrinthe 159, 166, *166*, *181*
Lamium maculatum 39
Lattenzäune 90, *91*, 102, *104*
Lauben 6, 20, 25 f., 106, 116, 118 f., *118 f.*,
  161, *187*, 190
Laubengänge 62, 64 f., 68 f., 107, 112,
  112
Läuferverband *52 f.*, *78*
Lavendel *10*, 67, *121*, *189*, *197*, 198
Lehm *75*, 146, 149
Lichtverhältnisse 25, 46, 57
Liguster *191*
Lilien *121*
Linden *68*
Lolium perenne 38
Lonicera 39, 69, *69*, *122*, 136, *190*
Lorbeer 67, *127*, 131, *131*, *139*
Lupinen *190*
Lysimachia nummularia 39

M

Mähkante 40, 46, *70*, 201
Mahonien 194
Margeriten *127*, *131*, *190*

Markierung 24, 27, 33, *33*, 166

Markisen *122*

Marmor *49*

Marmorplatten *58*

Maschendraht 98, *113*

Maschinen 28 f., *29*, 201

Maßstab 22, 37, 106, 113

Mauerkrone 70, 70 f., *72*, 76, 78 f., 81, *81 ff.*, 85, 157

Mauern 6, *12*, 12 f., 16, 19, *20 f.*, 25–28, *28 f.*, *31*, 33, 37, 48, 57, *59 ff.*, *64*, 64 f., 67, 69–74, *70–75*, 78, 80 f., *80–87*, 84, 86, 100, *105*, 110, 114, 142, *142*, *147*, *154*, 157, *158*, *160*, 182, *189*, 196, *197*, 201

–, freistehende 70 f., *70 f.*, *74*, 78

Maueröffnungen 100, 105, *105*

Mauerverbände 76, *78 f.*, 80

Meditationsgarten 184, *185*

Meßmethoden *21 ff.*, *22 f.*, 29, 33

Metall 108, 112 f., 133, 155, 160

Metallzäune 98, *98 f.*

Mittelrinne *31*

Mohn 192, *198*

Moos 36, 40, *49*, 190, *193*, 201

Mörtel 48 f., *48 f.*, 50, *51*, 52, *53*, 69, *70*, 73 f., 76 f., *77 f.*, 80, *80 f.*, *83*, 84, *87*, 101, *108*, *153*, 158

Mulchen *32*, 200

Mutterboden 27 ff., *29 f.*

N

Naturnahe Gärten 16, 41, *118*, 192, *192 f.*

Naturstein 36, 40, *47 ff.*, 48 f., 52, *58*, 60, 62, 65, *101*, 102, 108, 133, 146, *147*, 157, *157 f.*, *172*, *181*, 182, *183*, *193*

Natursteinmauern 80 f., *80 ff.*, *105*

Natursteinplatten *34*, *46*, *49*, *59*, *106*, 163, *163*

Neuseeländer Flachs 66, *92*, *182*, 194

Normalverband *51*, *53*

Nutzpflanzen 32

Nutzungsplan 10, 21, 25, *25*, 36

O

Oberflächenmaterialien 26, 34, *34*, *36*, 36 f., 41 f., *41 ff.*, 44, *45*, 50

Obstbäume *73*, *177*, 190

Olivenbäume *20*

Orchideen *189*

Ortbeton 54, *54 f.*, 86

P

Palisaden 68, *68*, *89*, 90, 92, *92*

Palmen *120*, 128, 131, 194, 198

Palmlilien 128, 194

Pampasgras 184

Parterre 129 f.

Passionsblumen 69

Pavillons 64, 106, 118 f., *120 ff.*, *180*, 184, *185*, 194, *195*

Pergolen 6, *13*, *15*, 20, 62, 69, 106 ff., *106–111*, 110, *117*, 176, *177*, 180, *181*, *185*, 196, 197

Perspektive 116, *117*, 127

Pestizide 201

Pfeiler 70, *70 f.*, 73, 84, *99 ff.*, 102, *108*, 113, *113*

Pfennigkraut 39

Pfingstrosen *96*

Pflanzen 6, 36, 64, 90, *117*, 119, *127–130*, 127 f., *130*, 148, *149 f.*, 154, *154*, 164, 186, *187*, 188, *188 f.*, 196, *196*, *199*, 200

Pflanzen-Obelisken 126, 138, *139*

Pflanzgefäße 6, *6*, 8, 12 f., *18*, 32, *32*, *66*, *117*, 124, *124*, 127 f., *127 f.*, 131–134, *131–135*, 136, 138, *139*, *160*, *169*, *173*, 176, *177*, *186*, *189*, 190, *194 f.*, 196, *196 f.*, *198*

Pflanzmedium *149*

Pflanzsubstrat *132*, *134 f.*

Pflanzungen 8, 12 f., *13 f.*, 16, *17*, 18, 25, 27 f., *28*, *34*, *36*, 38 ff., *38 ff.*, 42, 66–69, *66–69*, 72, 167, *167 f.*, 169, 174, 178, *179*, *188*, 190, *191*, 201

Pflasterflächen *181*, 183, 196, 200 f.

Pflasterplatten 6, 190, *197*

Pflastersteine *18*, 36, 40, 48, *48 f.*, 52

Pflasterverbände *51 ff.*, 52

Pflege 16, 18, 20 f., 38 f., 40, 131, 144, 148, 160, *161*, 166, 176, 186, 198

Pfosten 69, *89 ff.*, 90, 94, *95*, 96, *98 f.*, 102, *102 ff.*, *106–113*, 107 f., 113 f., *117 ff.*, *156*, *161*, *166*, 168

Phormium tenax 66, *92*, *182*, 194

pH-Wert 24, 146, 201

Phyla nodiflora 38

Planschbecken *165*, 186, *187*

Planung 8, 18 ff., 29 f., 38, 40, 54, 67, 132, *149*, 174, 178, 198

Poa 38

Polygonalverband *48*, *187*, *193*

Primeln *189*, 192

Primula florindae 192

Proportionen 34, 65, 126

Pumpen 27, *119*, 144, 146, *147*, 152, *152 f.*, 178

R

Rabatten 10, 13, 19, *19*, 25, 26, 46, *46*, *69*, *73*, 116, 129, *135*, 180, *181*, *185*, 188, *190 f.*, 200

Rampen 26, 56, 61, *61*, 136, *195*

Randeinfassungen 36, 40, 42, *43*, 46, *46–49*, 48, 52, *53*, 54, *55*, 57, 68

Rasen 6, 10, *10*, 12, *12*, 14, *14*, 16, 19, 26, 26 f., *28*, 30, 32, 37 f., 38, *42*, *43*, *46 f.*, *81*, 146, *157*, *165*, 166 f., *168*, 174, 176, *177*, *179*, 180, *181*, *183*, 184, *185*, 188, *189*, *191*, 192, 200 f.

Rasengittersteine 36, 42, *43*
Reitgras ›Karl Förster‹ *184*
Rhabarber 194
Rheum 194
Rheum palmatum 188
Rhododendron 129
Richtungsverlauf 37, *45, 51, 53*
Rindenmulch 41, *41, 45,* 46, *60*
Rispengras 38
Rittersporn *181*
Robinia pseudoacacia 130
Robinien *130*
Rollrasen *147*
Römische Kamille 38
Rose ›Gloire de Dijon‹ *91*
Rosen 12, *14, 16,* 20, 67, 68, *90, 121,* 129, 131,
   135, *139, 167,* 174, *174,* 180, *180f., 186,*
   188, 191
Rosengärten 180, *181f.*
Rosmarin *181*
Rubus 181
Rundhölzer *47, 60, 93,* 110, *111, 156*

S

Salbei 198
Sammelschacht *31*
Sand *30, 75, 165*
Sandkästen 19, 27, 164, *165,* 176
Sandstein *81*
Sandsteinplatten *81*
Säulen 107f., *107ff., 111,* 116, 130
Sauna *195*
Saxifraga x *urbium* 39
Schachbrettblumen *189*
Schamottesteine *163*
Schaumblüte 39
Scheinzypressen 66
Scherenzäune *95*
Schichtenmauerwerk *82*
Schichtgestein *157f.*

Schieferplatten 71, 81, *82*
Schlingrosen 180, *181, 186*
Schmucklilien *186*
Schneeglöckchen *81,* 131
Schotter 30, *41,* 41 ff., *43, 45, 48f.,* 50, *51,* 52,
   53, 55, 165
Schrägen 42, 48, *55, 75*
Schwertlilien *198f.*
Schwingel 38
Sedum telephium 184
Seerosen 146, *189*
Seggen 184
Seile *113, 168*
Selbstaussaat 39f., *40*
Sicherheitsbeläge 41, *41*
Sichtschutz 10, 25, 64ff., *65, 95, 97,* 100, *101,*
   106f., *110,* 114, *173*
Sickerschacht *31*
Sitzbereiche *6, 10, 10, 12,* 13, *16,* 20, 25f.,
   28, 34, 37, *40, 49, 53, 97,* 107, *124,* 160,
   160ff., 165, 183, 190, 194, 196, *197,*
   199
Skulpturen 14, *15,* 20, 26, 124, 138, *139, 170,*
   191, 197, 199
Sommerhäuser 6, 70, 106, 118f., *122*
Sonnenröschen *158*
Sonnenuhren *10,* 20, 124, 138, 140, *140, 191*
Spaliere *12,* 14, 26, 64, 69, 100, *126,* 127, *135,*
   170, 176, *177*
Spiegel 116, *117, 126*
Spielbereiche 8, 18, *25,* 25f., 41, *89, 96,* 98,
   164, *164f.,* 166f., 176
Spielgeräte 126, 159, 164f., *164f., 177*
Spielhäuser 159, 164, *164*
Spindel 13, 112, *129,* 131, 133, *133,* 136,
   180
Spindelstrauch *191*
Splitt *43*
Springbrunnen *8,* 13, *150–153, 152, 177, 189,*
   199
Sprungbrett *170, 172*

Stacheldraht *98*
Stachys byzantina ›Silver Carpet‹ 39, *39*
Stadtgärten 6, 8, 14, *18,* 116, *116, 126f.,* 138,
   174, *194,* 196, *196f.*
Staketenzäune 90, *91*
Standort *10,* 23f., 67, 129, *173,* 186
Statuen 112, 119, *121,* 127, 136, 167, *181,*
   191
Stauden 130f., 190
Stechpalmen *66, 67*
Stege *8, 149, 156, 183, 189,* 192, *193,* 194,
   195, 199
Steinbrech 39, *39*
Steine 14, 16, 20, 71, 80, 114, *124,* 144, *145,*
   146, 154f., *157, 158,* 182, *183,* 192, *192f.,*
   200f.
Steingärten 26, *58, 80,* 119, 157, *157f.,* 182,
   182f., 191
Steingartenpflanzen 72, 144, 157, 182, *182f.,*
   186, *198*
Stiefmütterchen 129
Storchschnabel 13, 39, 129, *188, 190*
Sträucher 12, 18, 21, 26, 39, *52, 64f.,* 67, 119,
   129, *130f.,* 131, *135,* 136, *154, 157, 159f.,*
   170, 177, 180, *181, 186,* 188, 190, *191,* 192,
   193, 194
Straußgras 38
Stufen 26, *26, 28,* 34, *36,* 50, 56f., *56–61,* 88,
   116, 131, 136, 142, *142, 172,* 182, *183,* 194,
   197, 201
Stützmauern 19, *28f.,* 70, 72, 72 ff., *74,* 147,
   154, 158, 160, 169, 183
Stützwände 88, *88f.*
Sukkulenten 198, *198*
Sumpfbereiche 184, *185,* 192
Sumpfgärten 30, 148, *149f.*
Sumpfpflanzen 148, *149f., 179*
Sumpfzypressen 184
Swimmingpools 6, 19, *120,* 124, 142, 144, 159,
   169f., *169f., 172f.,* 176, 178, *178f., 186,*
   187, 201

T

Teiche 10, 12, *17*, 18 f., *22*, 26 f., *26 ff.*, 33, 72, 124, *124*, 144, *145–149*, 146, 148, 151 f., *153*, 155, *155 f.*, 176, *177*, 178, *179*, *181*, 182, *183*, *185*, 188, *189*, 192, *193*, 194, *195*, *197*, 201
Teichfolie 146, *146–149*, 152, *152*, 154, *155*
Tennisplätze 98, *113*, 124, 159, *167 f.*, 168, 176
Terrakotta *101*
Terrassen 12, 14, *15*, 27, 34, *45*, *54*, 56, *61*, 100, *116*, 120, 157, *165*, 178, *179*, *180 f.*, 182, *183*, *185 ff.*, *189*, *191*, 192, *193*, 194, *195*
Terrazzo-Marmor *51*
Thymian 38, 40
Thymus 38
Tiarella cordifolia 39
Tore 100, 102, *102 ff.*, 116, *191*, 198
Trauerweide 12
Treppen 19, 26, 44, *28*, 52, 56 f., *56–60*, 142, *199*
Trittsteine *42*, 44, *124*, *155*, 178, *179*, 194, *195*
Trockenmauern 48, 78, 80, *80*, *83*, 157, *158*
trompe l'œil 64, 106, 116, *116 f.*, 127
Tunnel 62, 68, *68*

U

Überhöhung *31*
Ufergestaltung *124*, *143*, 146, 148, *148 ff.*, *178 f.*, *181*
Umkleidekabinen *120*, 169
Unkräuter 29, 192, 200
Unterbau *41*, *42*, *43*, 44, 48, *48 f.*, *51*, 52, *53*, 54, *55*, *122*
Untergrund 29, 37, 74, *74*

V

Veranden 34, 62, 64, *106*
   siehe auch Terrassen

Vergißmeinnicht *10*, 131
Verglasung *123*
Versailles-Kübel 131, *131*
Vierkantstahl *105*, *109*
Vinca minor 39, *39*, 66 f., 69, 128
Vitis coignetiae 108
Vogelbäder 20, 127
Vogelhäuschen 138, 141, *141*
Vogeltränke *39*, 138, 141, *141*, *191*
Vorgärten *27*, *191*

W

Wacholder 66, *157*, *167*
Wachstumsbedingungen 38 f., 68, 184, 200
Wandmalerei *117*
Waschbeton *55*, *61*, *87*, 148, *172 f.*, 178, *179*
Wasserbecken *44*, 116, 146, *146 f.*, 148, *150*, 152, *154*, *196*, 198, *199*
Wasserdruck *32*
Wasserfall 144, 146, 151, 154, *154*
Wasserflächen 25, *25*, 37, 155
Wassergärten 6, 178, *178 f.*
Wasserpflanzen 146, *154*, *179*
Wasserrinne *31*
Wasserspeicher *132*, 146,
Wasserspeier *119*, *124*, 136, 146, 151, *153 f.*
Wassertiefe 146, 148, *173*
Wege 12, *12 f.*, *17*, 19, *19*, *26*, 27, 33 f., 36 f., *41*, 42, *43*, *45*, 52, *53*, 57, 64 f., *69*, 106, *113*, *129*, 132, 136, *137*, 142, *143*, 155, 157, *158*, *174*, 176, 178, *179*, 180, *181*, 184, *185*, *189*, 190, *190 f.*, 192, *193*, 194, *197*, *199*, 201
Weichhölzer 44, *112*, 201
Weidenreisig *30*
Weidenruten *118*
Weidezäune 94
Wein 69
Weißbirken *38*
Weißdorn 67
Werkplan 10, 21, *27*, 27 f.

Wicken 69
Wildblumen 38, *47*
Wildblumenwiese 192, *193*
Wildkräuter 42
Windrichtung 24, *24*
Windschäden 133
Windschutz *64*, 64 f., 100, *101*, 114
Wintergärten *185*, 190, *191*
Witterungsschäden 70
Wolfsmilch *190*
Wollziest 39, *39*
Wuchsformen 66, 128, *129*, 180

Y

Yucca 128, 194

Z

Zäune 6, *12*, 13 f., 16, 26, *26*, 28 f., 37, *62*, *64*, 64 f., 88, 90 f., *90–99*, *93 f.*, 96, 98, 102, *102*, *104*, 167, *167 f.*, 184, *185*, 190, *191*, 194, 196, *197*
Zaunfelder 96, *96 f.*, 99, 114
Ziegel 6, 13, 20, *28*, *31*, *36*, 37 f., 41 f., *42 f.*, 46, *46 ff.*, 52, *52*, 54, 56, *61*, 61 f., 64 f., *70 f.*, 71, 76, *76*, *83*, 108, *108 f.*, 114, *117*, 118, *123*, *160 f.*, 163, *163*, 166, *169*, *181*, *189*, 190, *191*, 201
Ziegelmauern *73*, 76 f., *77 ff.*, 80 f., 100
Ziegelrinne *31*
Ziergitter 62, 64, 69, 88, 99, 100, *105*, 105 f., 114, *114–117*, 116, 118, *120*
Ziergräser *44*, *143*
Zierobjekte 127, 138 f., *138 f.*, 190
Zimmeraralie 194
Zistrosen 198, *198*
Zuschlagstoffe 50, *51*, 54, *55*, *60*, 81, *85*
Zwergmispel 39
Zwiebelblumen 180, *181*, *183*
Zyklopenmauerwerk *83*

Bildnachweis

Die Angaben in Klammern beziehen sich auf Gärten, Gartenbesitzer sowie Gartengestalter (G).

Neil Campbell-Sharp 167.
Garden Picture Library/Gary Rogers S. 9, S. 21 (G: Henk Weijers); John Miller S. 18, S. 122; C. Pemberton-Piggott S. 72; Ron Sutherland S. 1 (G: Edna Walling), S. 86, S. 93 (G: Paul Fleming), S. 102, S. 106 (G: Edna Walling), S. 116 (G: Duane Paul Design Team); Henk Dijkman S. 88; Brigitte Thomas S. 5 oben links, S. 92, S. 96; Zara McCalmont S. 118; Michele Lamontagne S. 159 (G: Erwan Tymen); John Glover S. 5 oben rechts, S. 194 (G: John Duane); Steven Wooster S. 193, Jerry Harpur S. 2 (G: Ian Teh, London), S. 4 (G: Rick Mosbaugh, Los Angeles), S. 5 unten (Japanese Stroll Garden, New York), S. 7 (G: Helen Yemm, London), S. 11 (G: Christopher Masson, London), S. 14 (G: Roy Strong, Ross-on-Wye, Hereford und Worcester), S. 16 (G: Patrick Presto, San Francisco), S. 19 (G: Jane Fearnley-Whittingstall, Wotton-under-Edge, Cloucestershire), S. 20 (G: Claus Scheinert, Alpes-Maritimes), S.35 (G: Simon Fraser, London), S. 36 (G: Mark Laurence), S. 37 (G: Felicity Mullen, Johannesburg), S. 38 (Terry Moller, Johannesburg), S. 40 (Shepherd House, Inveresk, Lothian), S. 44 (G: Oehme and van Sweden Associates, Washington D.C.), S. 50 (G: Jim Matsuo, Los Angeles), S. 52 (G: Cyrille Schiff, Los Angeles), S. 54 (G: Mel Light, Los Angeles), S. 58 (La Mamounia Hotel, Marrakesch), S. 59 (G: Rick Mosbaugh, Los Angeles), S. 61 (G: Tom Stuart-Smith, Bedmond, Hertfordshire), S. 63 (G: Edwina von Gal, New York), S. 71 (G: Paul Miles, Woodbridge, Suffolk), S. 74 (G: Geoff und Faith Whiten, London), S. 77 (G: Phillip Watson, Fredericksburg, VA), S. 78 (Fudlers Hall, Mashbury, Essex), S. 84 (G: Alan Izard, Ohoka, North Canterbury), S. 94 (G: Edwina von Gal, New York), S. 105 (Broughton Castle, Oxfordshire), S. 110 (G: Bruce Kelly, New York), S. 113 (G: Gail Jenkins, Melbourne), S. 120 (G: Chris Rosmini, Los Angeles), S. 121 (Tyninghame House, Dunbar, Lothian), S. 127 (G: Simon Fraser, London), S. 128 (Cruden Farm, Victoria), S. 130 (Manor House, Birlingham, Hereford und Worcester), S. 135 (G: Edwina von Gal, New York), S. 139 (Bishops House, Perth, WA), S. 144 (Japanese Stroll Garden, New York), S. 145 (G: Isabelle C. Greene, Santa Barbara, CA), S. 151 (Lower Hall, Worfield, Shropshire), S. 169 (G: Jim Matsuo, Los Angeles), S. 171 (G: Thomas Church), S. 175 (G: Michael Bates, Sonoma, CA), S. 178 (G: Randon Garver, Los Angeles), S. 182 (G: Berry's Garden Co., London), S. 184 (G: Oehme and van Sweden Associates, Washington D.C.), S. 188 (Lower Hall, Worfield, Shropshire), S. 190 (Mill Cottage, Higham, Suffolk), S. 192 (»Dolwen«, Powys), S. 196 (G: Raymond Hudson, Johannesburg), Umschlag-Vorderseite (G: David Stevens) mit freundlicher Genehmigung von **Leaky Pipe Systems Ltd.,** Frith Farm, Dean Street, East Farleigh, Maidstone, Kent ME5 OPR (Tel.: 01622/746495) 32.
Clive Nichols S. 10 (Redenham Park, Hampshire), S. 42 © FLL (G: Robin Williams), S. 46 © FLL (G: Robin Williams), S. 49 © FLL (G: Robin Williams), S. 57 (Redenham Park, Hampshire), S. 66 (Wollerton Old Hall, Shropshire), S. 81 (Bennington Lordship, Hertfordshire), S. 98 (Barnsley House, Gloucestershire), S. 108 (Pyrford Court, Surrey), S. 126 (G: Jill Billington), S. 131 (G: Lucy Gent), S. 163 © FLL (G: Robin Williams), S. 177 (Ivy Cottage Dorset).
Elizabeth Whiting and Associates/Jerry Harpur S. 158.
Steven Wooster S. 13 © FLL, S. 28 (Jan und Brian Oldham, Garden Creations, Auckland), S. 69 © FLL, S. 125 (G: Anthony Paul, London), S. 149 (Gordon Collier, Titoki Point, Taihape), S. 180 (Bruce und Jetta Cornish, N.Z.), S. 186 (Liz Morrow, Auckland).

Danksagung des Autors

Ich spreche allen Mitarbeitern von Frances Lincoln, die an der Entstehung dieses Buches beteiligt waren, meinen herzlichen Dank aus. Sie waren stets hilfsbereit, und es war ein Vergnügen, mit ihnen zusammenzuarbeiten. Zudem danke ich Kate Besley für das Schreiben des Manuskriptes.

Danksagung des Verlags

Frances Lincoln Limited dankt Mr. und Mrs. Stanley Silver für die Genehmigung, ihren Garten zu fotografieren, sowie Coleen O'Shea und Susanne Mitchell für ihre Mitarbeit und ihren Rat.

Weitere Gartenbücher aus dem Christian Verlag

JANE TAYLOR
Schattige Gärten
Ratschläge für Planung, Gestaltung und Pflege. Mit Gartenkalender und Pflanzenkatalog.
128 Seiten mit 90 Farbfotos und 40 farbigen und s/w Illustrationen.

ANNA PAVORD
Gartengestaltung
Die 60 schönsten Pflanzpläne für Beete, Mauern, Rabatten, Pergolen, Patios, Treppen, Kiesflächen und »vergessene« Plätze.
160 Seiten mit 500 Farbfotos und Zeichnungen.

PETER ROBINSON
Wassergärten
Ratschläge für Planung, Gestaltung und Pflege von großen und kleinen Wassergärten. Mit Gartenkalender und Pflanzenkatalog
128 Seiten mit 81 Farbfotos und 62 farbigen und s/w Illustrationen.

NOEL KINGSBURY
Wildblumen-Gärten
Ratschläge für Planung, Gestaltung und Pflege. Mit Gartenkalender und Pflanzenkatalog.
128 Seiten mit 105 Farbfotos und 45 farbigen und s/w Illustrationen.

JOHN WATKINS
Gärten unter Glas
Ratschläge für Planung, Gestaltung und Pflanzenpflege in Gewächshäusern, Frühbeeten und Wintergärten. Mit Gartenkalender und Pflanzenkatalog.
128 Seiten mit 90 Farbfotos und 50 farbigen und s/w Illustrationen.

SUE PHILLIPS
Cottage-Gärten/Bauerngärten
Ratschläge für Planung, Gestaltung und Pflege. Mit Gartenkalender und Pflanzenkatalog.
128 Seiten mit 90 Farbfotos und 40 farbigen und s/w Illustrationen.

CHRISTOPHER GREY-WILSON
Steingärten
Ratschläge für Planung, Gestaltung und Pflege. Mit Gartenkalender und Pflanzenkatalog.
128 Seiten mit 110 Farbfotos und 50 farbigen und s/w Illustrationen.

STEFAN BUCZACKI
Schöne Pflanzen durch richtige Pflege
Alles was man wissen muß über Boden, Standort, Wässern und Düngen, Schnitt, Vermehrung, Krankheiten und Schädlinge. Mehr als 300 Sträucher, Kletterpflanzen, Stauden, Zwiebel- und Knollenpflanzen, Wasserpflanzen, Bäume.
240 Seiten mit 110 Farbfotos und 250 farbigen Illustrationen.

THOMASINA TARLING
Gärten in Töpfen und Kübeln
Ratschläge für Planung, Gestaltung und Pflanzenpflege. Mit Gartenkalender und Pflanzenkatalog.
128 Seiten mit 112 Farbfotos und 63 farbigen und s/w Illustrationen.

ANDI CLEVELY
Küchen- und Kräutergärten
Ratschläge für Planung und Gestaltung sowie zur Pflege von Kräutern, Gemüse, Salat, Früchten und Obstgehölzen.
128 Seiten mit 94 Farbfotos und 125 farbigen und s/w Illustrationen.